DIEDERICHS
GELBE REIHE

W0065017

Die Stille. Zen-Kalligraphie von Yamada Mumon.

Thomas Hoover

Die Kultur des Zen

Aus dem Amerikanischen
von Frank Meyer

Eugen Diederichs Verlag

Die Kalligraphie auf dem Umschlag stammt von der japanischen Priesterin Yamamoto Seizan. Das Zeichen bedeutet *Mu*, Nichts und zeigt in seiner Urform einen im Federkleid tanzenden Schamanen. (Mit freundlicher Genehmigung des Museums für Ostasiatische Kunst, Köln)

Die amerikanische Originalausgabe
erschien unter dem Titel *Zen Culture*
bei Random Hose Inc., New York
© Thomas Hoover 1977

Die Deutsche Bibliothek – CIP-Einheitsaufnahme
Hoover, Thomas:
Die Kultur des Zen / Thomas Hoover. Übers. von Frank Meyer.
5. Aufl., München : Diederichs, 1991.
  (Diederichs Gelbe Reihe ; 44 : Japan)
  Einheitssacht.: Zen Culture <dt.>
  ISBN 3-424-00744-7
NE: GT

5. Auflage 1991
© der deutschsprachigen Ausgabe
Eugen Diederichs Verlag, München 1978
Alle Rechte vorbehalten

Umschlaggestaltung: Zembsch' Werkstatt, München
Produktion: Tillmann Roeder, München
Satz: Ebner, Ulm
Druck und Bindung: Pressedruck, Augsburg

ISBN 3-424-00744-7

Printed in Germany

Inhalt

Vorwort

Jeder, der sich mit den Zen-Künsten beschäftigt, stellt bald
verblüfft fest, wie modern sie erscheinen. Viele der berühmten Steingärten sind reinster abstrakter Expressionismus,
geschaffen aus ein paar objets trouvés. Die Keramik der
Zen-Künstler des sechzehnten Jahrhunderts könnte man
ohne weiteres mit den rauhen und unebenen Gefäßen vertauschen, wie sie für unser heutiges keramisches Kunsthandwerk charakteristisch sind, und kaum jemand würde
einen Unterschied bemerken. Die antiken Zen-Kalligra-
phien lassen in ihrer Kühnheit und Schärfe an die monochromen Bilder von Franz Kline und Willem de Kooning[1]
denken, und wenn das Wort »impressionistisch« überhaupt
noch eine Bedeutung hat, dann sind die spontanen, intuitiven und impulsiven Zen-Maler die ersten, die es für sich beanspruchen dürfen. Das augenscheinlich Unsinnige und
Unlogische der Zen-Parabeln deckte die Grenzen der Sprache auf, lange bevor das Absurde Theater daranging, sich
über unser heutiges Blabla lustig zu machen. Jenen japanischen Künstlern, die im *Nô*-Theater und in der Gedichtform
des *Haiku* auf je eigene, doch sehr subtile Weise das naive
Vertrauen in die Aussagekraft des Wortes hintergehen, war
die Skepsis, mit der wir der Sprache als Kommunikations-
mittel neuerdings begegnen, längst selbstverständlich.
Vierhundert Jahre alte Baukunst des Zen scheint ihre Ge-
staltungsprinzipien der modernen Architektur abgeschaut
zu haben: modulare Proportionierung, Hölzer und andere
Baustoffe unverhüllt sichtbar, bewegliche Abtrennungen,
multifunktionale Räume, kahle Wände und der umbaute
Raum nicht vollgestopft mit Einrichtungsgegenständen,
indirekte Lichteffekte und eine innige Verbindung von
Haus und Garten, wie sie für Kalifornien so typisch ist. Die
berühmte Teezeremonie könnte man als eine Frühform japanischer Gruppentherapie auffassen, während die Land-

Moderne Zen-Kalligraphie im traditionellen Stil, von einem Zen-Künstler des Ryôan-ji (Kyôto) geschaffen.

schaftsgärten des Zen nichts anderes als meisterhafte Täuschungen sind, die »Natur« vorgaukeln.

Genügen uns diese Parallelen noch nicht, so sollten wir uns einen Augenblick auf die ästhetischen Konventionen und Ideale unserer Zeit besinnen. Wie vieles von dem, was wir als »modern« bezeichnen, neigt die Zen-Malerei zu größtmöglicher Einfachheit, zu klarer, ja strenger Linienführung. Alles Dekorative ist ihr wesensfremd; die Zen-Künstler fanden nicht mehr Geschmack am bloß Ornamentalen als wir Heutigen. Die Werke der mittelalterlichen Zen-Künstler waren skizzenhaft und unsymmetrisch und machten den Betrachter durch geschickte Ausnutzung bewußter Unvollkommenheit und Mängel sowohl auf die verwendeten Materialien als auch auf den schöpferischen Prozeß aufmerksam. Wenn es stimmt, daß die klassische Kunst die Form und die romantische den Künstler sichtbar macht, dann läßt uns die Zen-Kunst das Kunstwerk selbst erblicken.

Fast unbemerkt hat sich unsere westliche Kultur die von der Zen-Ästhetik geprägte japanische Form der Architektur, der Gartenbaukunst und des Blumenarrangements einverleibt. Anderes, wie etwa die Haiku-Lyrik und die Töpferkunst des Zen, haben wir offener und in bereitwilliger Anerkennung ihrer Herkunft übernommen. Tatsächlich ist keine der Zen-Künste unerreichbar für uns, und fast jede hat im Westen mittlerweile kritische Nachahmung gefunden. Der große irische Dichter und Dramatiker William Butler Yeats (1865–1939) schöpfte Anregung aus dem vom Zen inspirierten Nô-Theater, obwohl er vermutlich so gut wie nichts über Zen wußte – denn bis weit ins zwanzigste Jahrhundert hinein gab es keine englischsprachigen Bücher darüber. Man kann es wohl so sagen: Die Zen-Künste sind deshalb heute so interessant für uns, weil sie eine Art der Weltsicht ausdrücken, zu der wir, etliche hundert Jahre später, allmählich ganz von selbst gelangt sind.

Und doch bleibt, bei aller augenscheinlichen Verwandtschaft, ein Gefühl der Fremdheit bestehen. Nicht immer erkennen wir, welch ungeheure Bewußtseinsmanipulation in den Zen-Künsten am Werk ist. Warum zum Beispiel erscheint ein Zen-Garten oft viel größer, als er in Wahrheit ist? Wie kann ein Zimmer im japanischen Stil unsere Wahrnehmung derart verändern, daß wir die anderen Menschen in diesem Raum intensiver erleben? Woran liegt es, daß Zen-Keramiken unsere Aufmerksamkeit immer auf die Beschaffenheit ihrer Oberfläche lenken? Diese unmerkliche Manipulation unserer Wahrnehmung beruht allein auf raffinierten, freilich sorgfältig verborgenen Tricks. Weil aber die Zen-Künste so modern anmuten, lassen wir uns gern davon ablenken, unter die Oberfläche zu schauen, um die fundamentalen Unterschiede zu sehen.

Vor allem aber ist gerade das leicht zu verfehlen, was das charakteristischste Merkmal der Zen-Künste ist – ihre Fähigkeit, die Kräfte der *direkten* Wahrnehmung in uns freizusetzen. Da Zen lehrt, daß Kategorisierung und systematische Analyse ein wirkliches Verstehen der äußeren (und inneren) Welt nur behindern, sind viele Zen-Künste speziell darauf angelegt, unsere schlummernde Fähigkeit zur direkten Wahrnehmung aufzuwecken. An der Oberfläche blikken sie ganz unschuldig drein, während sie den Betrachter, ohne daß er es bemerkt, einer subtilen Gehirnwäsche unterziehen. Und darin unterscheiden sich die Zen-Künste von allem, was wir Europäer im zwanzigsten Jahrhundert auf diesen Gebieten entwickelt haben.

In diesem Buch will ich versuchen, die Geschichte und die Wesenszüge sowohl des Zen wie der Zen-Künste nachzuzeichnen – zu erklären, woher sie kamen, warum sie sich entfalten konnten, was sie erreichen sollten und wie sie das bewerkstelligen.

Dabei sollen ihre ganz »unwestlichen« Merkmale auf durchaus westliche Weise analysiert werden. Die ästhetischen Prinzipien und die künstlerischen Zeugnisse der Zen-Kultur gehören zu den erstaunlichsten Errungenschaften der Kunstgeschichte. Am Prozeß der Wahrnehmung ebenso wie am konkreten Kunstwerk interessiert, kann die Zen-Kultur unsere Sinne öffnen, so daß wir die Kunst des Ostens *und* des Westens, der Vergangenheit *und* der Gegenwart auf neue Weise zu sehen lernen.

Mein Dank gilt all denen, die am Zustandekommen dieses Buches mitgewirkt haben: Anne Freedgood für die Redaktion des Manuskripts und viele nützliche Anregungen; Prof. Ronald F. Miller für seinen kritischen Rat auf dem Gebiet westlicher Kunst und Ästhetik; Prof. Gary D. Prideaux, der mir erste Kenntnisse über Japan und die japanische Sprache vermittelte; Tatsuo und Kiyoko Ishimoto für ihre Hilfe zum

Verständnis japanischer Architektur; Julie Hoover, Lynne Grifo, Anna Stern, Ellen O'Hara und allen anderen, die das Manuskript während seiner Entstehung kritisch gelesen und wertvolle Anregungen gegeben haben; den Professoren Shigeru Matsugami und Takashi Yoshida sowie dem Gartenkünstler Masaaki Ueshima für ihre große Hilfe; ohne sie hier einzeln nennen zu können, sei schließlich allen gedankt, die während der jahrelangen Vorarbeiten mit ihren Kenntnissen und Erfahrungen zu diesem Buch beigetragen haben.

I. Die Anfänge
Von der prähistorischen Zeit bis 1333

Die Zen-Kultur und der Gegen-Geist

> Betrachtet die Lilien des Feldes, wie sie wachsen!
> Matthäus 6, 28

Die Überlieferung des Zen geht über etwa fünfzehn Jahrhunderte auf einen umherziehenden indischen Lehrer namens Bodhidharma zurück. Wie es die indischen Gurus so gerne tun, verließ auch Bodhidharma sein Heimatland und reiste auf einem in jenen Tagen vielbefahrenen Seeweg nach China. In Nanking (der Hauptstadt des chinesischen Südreiches Liang) machte er halt, um den Kaiser Wu aufzusuchen, der als ein besonders frommer Buddhist galt. Der Kaiser war entzückt darüber, den berühmten indischen Lehrer zu Gast zu haben, und brüstete sich sogleich mit seinen eigenen Ruhmestaten. »Ich habe zahlreiche Tempel erbauen lassen. Ich habe Abschriften von den heiligen Sûtren anfertigen lassen. Ich habe viele Menschen zu Buddha geführt. Ich frage dich: Was ist mein Verdienst? Welche Belohnung habe ich mir verdient?« Bodhidharma, so heißt es, brummte darauf: »Nicht die geringste, Majestät.« Der Kaiser war betroffen, doch er beharrte: »Dann sage mir – welches ist der höchste Sinn der Heiligen Wahrheit?« »Offene Weite – nichts von heilig«, erwiderte Bodhidharma, womit er natürlich die Leere des Nicht-Haftens meinte. Der Kaiser, der aus seinem Gast nicht schlau wurde, fragte, nun schon weniger freundlich: »Wer bist du, der mir hier gegenübersteht?« Worauf Bodhidharma gestand, er habe keine Ahnung.[1]

Weil er sah, daß der Kaiser noch nicht bereit war für seine Lehren, verließ Bodhidharma den Palast und reiste zu einem Bergkloster im Nordreich Wei, wo er sich nun für eine lange Zeit der Versenkung widmete. Mit den Jahren zog sein Ruf, ein großer Weiser zu sein, immer mehr Jünger an – chinesische Dissidenten, die sich vom klassischen Buddhismus mit seinem feierlichen Brimborium abkehrten und der Versenkungspraxis Bodhidharmas zuwandten, dem *Dhyâna*, welches Sanskrit-Wort sie als *Ch'an-na* oder kurz *Ch'an* aussprachen – die Japaner nannten es später *Zen*. Diese Lehre von der Versenkung und der Offenen Weite hatte kaum etwas mit den anderen Sekten des chinesischen Buddhismus gemein. Ch'an kannte keine heiligen Bilder, weil es keine Götter verehrte, und weil sein zentrales Dogma darin bestand, daß Dogmen sinnlos sind, nahm es auch den Schriften ihre sakrale Bedeutung. Der Meister gab dem Schüler die paradoxe Lehre weiter, daß nichts gelehrt werden kann. Ch'an (und Zen) zufolge ist wahre Erkenntnis nur möglich, wenn wir unsere instinktiven und intuitiven Kräfte sprechen lassen, statt sie der Herrschaft des Verstandes unterzuordnen.

So wurde Zen die Religion des Antirationalen, dessen, was man den Gegen-Geist nennen könnte. Mit der Entdeckung, daß der menschliche Geist keine monadische Einheit, sondern in zwei völlig verschiedenartige Funktionsbereiche geteilt ist, hat die Bedeutung des Gegen-Geistes in den letzten Jahren immer mehr Gestalt angenommen. Heute wissen wir, daß in der linken Hemisphäre des Gehirns unsere logischen, analytischen Fähigkeiten lokalisiert sind, während die rechte Hemisphäre der Sitz des intuitiven, nonverbalen Wahrnehmens und Verstehens ist.[2] Seit den Tagen der alten Griechen sind wir Europäer unerschütterlich von der Überlegenheit der analytischen Seite des Geistes überzeugt, und diese Überzeugung dürfte das charakteristischste Merkmal aller westlichen Philosophie sein. Ganz anders der Osten, wo man allgemein – und besonders im Zen – zur entgegengesetzten Ansicht gelangte. So haben die Zen-Meister ganz bewußt Techniken wie die alogischen Rätsel oder *Kôan* entwickelt, durch die der logisch-verbale Teil des Geistes in seinem Machtanspruch erschüttert und der intuitiven Wahrnehmung der rechten Hemisphäre, dem Gegen-Geist, ermöglicht wird, die Wirklichkeit zu definieren.

Wie müssen wir uns den Gegen-Geist vorstellen? Woran liegt es, daß die westlichen Denker ihn jahrhundertelang mit Mißachtung gestraft haben? Die Antwort auf diese Fragen ist nicht einfach, aber der Weg zu ihr liegt direkt vor unseren Augen. Zen hat eine reiche Kultur hervorgebracht, der wir uns nun ausführlich widmen wollen. Der Einfluß des Zen auf Japan war, wie der Gelehrte und Diplomat George Sansom bemerkt hat, »so subtil und durchdringend, daß es zur Essenz der kostbarsten Errungenschaften japanischer Kultur wurde«.[3] Und in der klassischen Kultur Japans lassen sich die erhellendsten Beispiele für die Künste des Gegen-Geistes entdecken. Die Zen-Kultur lädt uns ein, die Wirklichkeit ohne die ablenkende Intervention von Verstand, Kategorien und Analyse zu erfahren. Hier werden wir die besten Beweise dafür finden, was die intuitive Seite des Geistes hervorzubringen vermag – Beweise, die um so faszinierender sind, als sie den bestgehüteten Glaubenssätzen der westlichen Zivilisation Hohn sprechen. Näherer Betrachtung erschließt die Zen-Kultur in Japan mindestens drei aufeinander bezogene Aspekte oder Gesichter. Da ist zunächst die Kunst, Schöpfung der Schönheit und zugleich das Medium, mit dem die Zen-Meister Erkenntnisse vermitteln, die anders nicht auszudrücken wären. Interessanterweise machten sich die Zen-Meister nicht die Mühe, neue Kunstformen zu erfinden, sondern sie übernahmen einfach schon vorhandene japanische (und gelegentlich auch chinesische) Gattungen und formten sie den Bedürfnissen des Zen entsprechend um. Im Mittelalter wurde der bei der japanischen Aristokratie so beliebte chinesische Garten zum Vorbild für die Gartenanlagen des Zen-Tempels – doch dies erst, nachdem er zunächst in ein kleineres Landschafts-»Bild« und später in eine monochrome Abstraktion umgewandelt worden war. Man führte die chinesische Tuschmalerei ein, sowohl die der Sung-Schule wie die der exzentrischen chinesischen Ch'an-Mönche, und machte sie zur offiziellen Kunst des Zen. Ideen der Shintô-Architektur wurden mit bestimmten Elementen der Ch'an-Klöster des Festlands kombiniert, woraus der vom Geist des Zen durchdrungene klassische Stil des japanischen Hauses entstand. Verschiedene Arten derbkomischer dramatischer Tänze, wie sie die japanischen Bauern zu bestimmten Gelegenheiten aufführten, verwandelten sich unter dem Einfluß der Zen-Ästhetik in eine feierlich-ernste Theaterform – das Nô, dessen Dramaturgie und epische Poesie von solcher Strenge, Symbolkraft und Tiefe sind, daß es wie eine Art Messe des Zen anmutet.

In späteren Zeiten, nachdem die Zen-Kultur volkstümlich geworden war, ersetzten die Dichter die bislang übliche und in etwa unserem Sonett vergleichbare lyrische Form des *Tanka* durch einen kürzeren, epigrammatischen Ausdruck des Zen-Geistes – das siebzehnsilbige Haiku. Die Zen-Keramik ist eine seltsame Mischung aus althergebrachtem japanischem Töpferhandwerk und vollendeter chinesischer Kunstfertigkeit; im Blumenstellen verbindet sich Zen mit der japanischen Liebe zur Natur, zur Blüte und zur Schönheit. Selbst die gewöhnliche japanische Küche dient oft eher der festlichen Verwirklichung von Zen-Idealen als der Befriedigung des Hungers. Aus einem chinesischen Gesellschaftsspiel entwickelte sich die berühmte japanische Teezeremonie – eine feierliche Zusammenkunft im Geist idealer Schönheit, innerer Ruhe und des Lebens aus Zen.

Der zweite Aspekt der Zen-Kultur zeigt sich am deutlichsten in dem, was das Leben des Japaners von dem unseren unterscheidet. Nicht daß wir in jedem Japaner eine lebendige Verkörperung des Zen zu sehen hätten – doch viele der Eigentümlichkeiten des japanischen »way of life«, positive wie negative, beruhen auf Einstellungen, die im Zen wurzeln. Im Kriegertum machte sich der Einfluß des Zen zunächst durch dessen besondere Auffassung von der Fechtkunst und dem Bogenschießen bemerkbar, um schließlich eine solch entschlossene Todesbereitschaft zu entwickeln, wie sie keine andere Religion, außer vielleicht bei einigen Heiligen, je hervorgebracht hat. In der Kriegskunst wie in anderen Bereichen des Lebens ist Zen der japanischen Kultur zugleich vorangegangen und gefolgt: Es hat sie entscheidend geformt, aber auch vielen Tendenzen zum Ausdruck verholfen, die weitaus älter sind als das Zen – so die traditionelle Naturliebe der Japaner, die Bejahung von Mühsal und Entbehrung als einem Weg, den Geist zu vervollkommnen, die Weigerung, das Religiöse vom Profanen zu trennen, und schließlich die Bereitschaft zu höchst beschwerlichen Formen der Selbstdisziplin. Die Ideale des Zen, so könnte man sagen, schlugen eine empfängliche Saite im japanischen Charakter an und fügten die zuvor einzeln und willkürlich erklingenden Töne zur Harmonie zusammen.

Etwas Neues gab Zen den Japanern auch mit dem, was man als »Religion der Stille« umschreiben könnte – die Vorstellung, daß die Religion vor allem zur Stille, zur Ruhe und Gelassenheit, führen müsse. Die Kehrseite dieser Stille ist der dem Zen eigene Sinn für Humor. In seinen absurden *Kôan* ähnelt Zen sehr der Art und Weise, wie sich die Marx Brothers über das Leben lustig machten. Was soll man von einer Philosophie halten, deren Lehrer auf die Frage »Wie kommt es, daß du die Dinge so klar siehst?« schlicht und einfach antwortet: »Ich schließe die Augen!«? Mit seinem Blick für die Komik des Lebens ernüchtert Zen all jene, die an ihre eigenen Systeme und Kategorien zu glauben beginnen. Es ist leichter, sein Leben heiter und gelassen zu leben, wenn man begriffen hat, wie unnütz der Ernst ist.

Zum andern beruht die Religion der Stille auf der Notwendigkeit, im Angesicht des Chaos den Frieden des Geistes zu bewahren. Die stille Meditation ist der traditionelle Grundzug aller östlichen Religion, doch erst das Zen brachte es fertig, die aus der Versenkung erwachsende innere Ruhe in den Alltag hineinzunehmen. Dieser Gleichmut stammt aus inneren Kraftquellen, die durch spirituelle Übung erschlossen werden. Es braucht kein Zen, um ihn zu besitzen, aber er ist das handgreiflichste Ziel des Zen. Berühmt für ihre Fähigkeit, die Zerstreuungen einer hektischen Welt zu ignorieren, nutzen die Japaner Zen und die Zen-Künste (wie etwa die Teezeremonie, das Blumenstecken oder die Tuschmalerei) ganz bewußt dazu, dem Streß des modernen Lebens entgegenzuwirken.

Daß ihn der Anprall der Welt nicht schwanken läßt, verdankt der Zen-Anhänger einer Sichtweise, die (nach unseren westlichen Begriffen) das Verhältnis von Wirklichkeit und Illusion umkehrt. Eines der beliebtesten *Kôan* mag das verdeutlichen. Drei Mönche betrachten die Tempelfahne, die im Wind flattert. »Die Fahne bewegt sich«, bemerkt der eine. »Der Wind bewegt sich«, erwidert der zweite Mönch. »Ihr habt beide unrecht«, sagt schließlich der dritte. »Es ist euer Geist, der sich bewegt.«[4] Worum geht es hier? Dem neuzeitlichen westlichen Denken gilt als wirklich allein die sinnlich oder physikalisch erfaßbare Welt – die unsichtbare, nichtphysische Welt ist nur eine Abstraktion. (Sei sie nun trostreich oder ängstigend, von unserem Glauben oder unseren unmittelbaren Bedürfnissen bestimmt – für den, der im Schützengraben hockt, soll die spirituelle Welt jedenfalls erheblich weniger abstrakt sein.) Zen aber schlägt den entgegengesetzten Weg ein, indem es behauptet, daß die wahre Wirklichkeit in der fundamentalen Einheit von Geist und Materie, von »Subjekt« und »Objekt« besteht. In diesem Licht betrachtet, kann es im Leben weder Erfolg noch Mißerfolg, weder Glück noch Unglück geben; das Leben ist ein Ganzes, und wir sind nur ein Teil von ihm. Es gibt keine Dualitäten, und also gibt es nichts, worum man sich sorgen müßte. Das Ergebnis ist eine vollkommene Gelassenheit.

Doch einen Haken hat die Sache natürlich. Wie soll man im Alltag bestehen, wo die Welt mit all ihren Dualitäten höchst wirklich auf uns eindringt? Wir müssen nur, so lautet die einfache Lehre des Zen, die physikalische Welt so behandeln wie Anhänger westlicher Religionen gelegentlich die spirituelle: als eine brauchbare Konvention, auf deren Phänomene wir eingehen, *als ob* sie wirklich existierten, ohne jemals zu vergessen, daß sie tatsächlich nur Fiktionen sind. Die Welt der Zwietracht und der relativen Werte mag die beunruhigen, die sie irrtümlich für das Wirkliche halten, doch der Zen-Mensch kann im Sinne Hamlets sagen: »Wir, die wir freien Geistes sind, es berührt uns nicht.« In der Tat, die Welt hat keinen Sinn. Es ist unser Geist, der sich bewegt.

So provokant eine derartige Lehre für den westlichen Rationalisten auch sein mag – sie hat im *Samurai* und dem *Kamikaze*-Piloten des Zweiten Weltkrieges Menschen hervorgebracht, die, wie man in Japan sagt, zu leben vermochten, als seien sie bereits gestorben. Unter den weniger dramatischen Umständen des modernen Alltags ermöglicht sie es dem Japaner immerhin, auch in einer überfüllten Untergrundbahn innere Ruhe und Entspannung zu finden, sich auch in seinem dünnwandigen, vom Lärm der Nachbarn durchdrungenen Haus einsam fühlen zu können. Er spinnt sich in einen Kokon der Stille ein und ist damit geistig aus den Dingen herausgehoben. Noch einmal: diese innere Stille ist auch ohne Zen erfahrbar, doch zu einem nationalen Charakterzug konnte sie nur in einer vom Zen geprägten Kultur werden.

Auch der dritte Aspekt des Zen, sein tiefer Sinn für die Schönheit und ihre Gesetze, ging der Zen-Kultur in Japan voraus. Ästhetische Urteilskraft und Geschmacksbildung waren im mittelalterlichen Japan für den sozialen Aufstieg so unerläßlich wie bei uns im Westen heute eine gepflegte Sprache; der charakteristische Sinn fürs kleine Detail und die unverdorbene Fähigkeit, Dinge *wahrzunehmen*, seien es die flaumzarten Farbtönungen einer halbgeöffneten Blüte oder die schillernden Lichtbrechungen in einem Tautropfen, waren bereits weit entwickelt. Ehe Zen nach Japan kam, hätte die Vorstellung, daß die Ästhetik einer philosophischen Sicht Ausdruck geben könnte, Befremden ausgelöst. Doch für die Zen-Ästheten, die in der japanischen Kultur geschmacksbildend wirkten, war die Kunst die Dienerin spiritueller Ideen; sie hatte eine Aussage zu vermitteln, und so wurde die Kunst zum Ausdruck der Religion – dies freilich nicht so, daß sie sich wie die christliche Kunst auf die Darstellung religiöser Motive konzentrierte, sondern in dem Sinne, wie es auch die alten Griechen verstanden: daß die Kunst selbst wesenhaft religiös ist. Doch während die Griechen danach strebten, in der Vollendung der Form Zeugnis zu geben für die Verwandtschaft des Menschen mit den Göttern, ist der Zen-Künstler sorgsam darauf bedacht, Perfektion zu vermeiden, will er nicht eine Welt idealisieren, deren Existenz ihm fragwürdig erscheint.

Das auffälligste Merkmal der Zen-Kunst ist wohl die Asymmetrie: vergeblich suchen wir nach geraden Linien, nach gerader Anzahl, nach kreisrunden Kreisen. Überdies scheint nichts auf ein Zentrum hin angeordnet zu sein. Der erste Impuls des Betrachters ist: in das Kunstwerk hineintreten und die Dinge zurechtrücken. Und genau diesen Effekt hat der Künstler beabsichtigt. Symmetrische Kunst, in selbstgenügsamer Vollkommenheit erstarrt, gibt eine geschlossene Form; da ist nichts mehr hinzuzufügen oder wegzunehmen. Asymmetrische Kunst lädt den Betrachter dazu ein, seine Phantasie spielen zu lassen und am schöpferischen Prozeß teilzunehmen. Auf geheimnisvolle Weise zwingt ihn das Fehlen bilateraler Symmetrie, unter die Oberfläche der Form zu dringen und die Individualität des Kunstwerks aufzuspüren. Mehr noch – die Asymmetrie der Zen-Kunst treibt ihm jeden Gedanken daran, daß ästhetische Formvollendung so etwas wie eine zeitlose Vollkommenheit materieller Dinge darstellen könnte, gründlich aus. Zen leugnet die Bedeutung der äußeren Welt und unterstreicht das noch dadurch, daß es die Welt nie statisch, dauerhaft und geschlossen abbildet. Man soll, so sagt uns seine Kunst, diese Welt nicht zu ernst nehmen.

Der Asymmetrie in den bildenden Künsten entspricht in der Dichtung des Zen ein Kunstmittel, das man als »suggestive Evokation« bezeichnen könnte. Es kennzeichnet schon die aristokratische Poesie in der Zeit vor Zen, doch erst die

Haiku-Dichter brachten es zu seiner vollen Entfaltung. Das Haiku führt den Leser über die ersten beiden Zeilen so weit, daß er bereit ist für die letzte – und diese versetzt ihn blitzartig in die evozierte Bildlichkeit hinein. Das berühmteste aller Haiku mag das beispielhaft demonstrieren:

Der uralte Weiher
Ein Frosch springt hinein –
Wasserplatschen.

Man versuche, das Platschen im Wasser *nicht* zu hören oder die Bilder und Einzelheiten, mit denen unsere Vorstellung die Szene füllt, zu unterdrücken! Es ist wie mit den ungleichgewichtigen Bildern und Gärten: der Zen-Dichter zwingt uns, an der Schöpfung des Werks teilzunehmen. Und damit erreicht er eine Tiefe und einen Nachhall, der mit Worten allein nicht zu erzielen ist. Explizite Kunst, die alles zu sagen versucht, was sie bedeuten will, bedeutet noch weniger, als sie sagt; sie schließt sich selbst in ihren Grenzen ein. Die Kunst der suggestiven Andeutung dagegen ist grenzenlos – sie ist so weit und so tief, wie unsere eigene Phantasie sie macht.

Eine andere auffallende Eigenschaft der Zen-Kunst ist ihre Einfachheit. Wieder denkt man an die griechische Kunst in ihrer Kargheit und Reinheit, und wieder ist diese Gedankenverbindung falsch. Sinnvoller wäre der Vergleich mit der indischen Kunst, wobei man ebenso ihre Plastiken wie die über und über verzierten Sakralbauten der Inder heranziehen kann. Die indische Kunst verherrlicht das Leben und die Vitalität, während Zen, für das Kategorien und Unterschiede keine Wirklichkeit haben, dekorativer Vielfalt naturgemäß weniger abgewinnen kann. Niemals überladen, hektisch, blendend und bis ins letzte ausgefeilt, ist die Zen-Kunst erstaunlich modern. Ob wir das klassische japanische Haus, einen Steingarten oder ein schlichtes Tongefäß im Blick haben – ihre Formen sind stets klar und elegant. Indem er jede Übertreibung vermeidet, erzeugt der Zen-Künstler den Eindruck disziplinierter Selbstbeschränkung, so als habe er noch etwas zurückgehalten. Man spürt seine Stärke und hat das Gefühl, als habe man nur eine leise Ahnung von der Kraft des Künstlers erhalten und keineswegs alles bekommen, was er zu geben hat.

Das »Understatement«, die beherrschte Zurückhaltung der Zen-Kunst, deren Tiefen und Geheimnisse sich nicht gleich dem ersten Blick erschließen, findet sich auch in den poetisch-erzählenden Partien des Nô-Theaters. So kunstvoll in der suggestiven Andeutung wie die leichteren Haiku-Gedichte, eignet ihnen doch eine Schärfe, die tief in die elementaren Gefühle des Menschen einzudringen vermag. Obwohl die Charaktere des Nô offensichtlich nur von Dingen der äußeren Welt sprechen, vermögen sie uns doch Ängste zu enthüllen, die zu abgründig sind, als daß es Worte dafür gäbe. So ist es auch mit den japanischen Steingärten: anders als die architektonischen Gärten Europas oder etwa Persiens, die ihre ganze Pracht und Schönheit gleich offen darbieten, lassen uns die Zen-Gärten Neues entdecken, so oft wir sie betrachten. Der Zen-Künstler verweigert uns jede Üppigkeit; doch in den leeren Räumen des Unausgesprochenen liegt eine verborgene Fülle, die sich uns erschließt, sofern und soweit wir bereit sind, sie wahrzunehmen.

Mit der Einfachheit und Verhaltenheit der Zen-Kunst unlösbar verbunden ist ihre Natürlichkeit, negativ formuliert: ihr Mangel an Künstlichkeit. Zen-Kunst erscheint immer spontan und impulsiv, niemals gewollt oder ausgeklügelt. Um eine solche Wirkung zu erreichen, muß der Künstler seine Technik so vollkommen beherrschen, daß sie der Realisation seiner Absichten niemals im Wege steht. Auch darin kommt wieder zum Ausdruck, wie Zen die materielle Welt einschätzt – der Künstler soll nie den Eindruck vermitteln, seine Kunst, oder gar das Leben selbst, zu ernst zu nehmen. Besonders verblüffend ist dieser täuschende Eindruck von Natürlichkeit in der späteren Keramik des Zen, bei der die Töpfer alles taten, um ihren Schalen ein derbes, unebenes Aussehen zu geben. Sie verwendeten große Mühe darauf, den Eindruck der Mühelosigkeit zu vermitteln. Das

Gerüst des japanischen Hauses wird mit einer Sorgfalt zusammengefügt, die selbst die europäischen Kabinettmacher des 17. Jahrhunderts übertrieben gefunden hätten – und dann läßt man das Holz unpoliert, damit es natürlich altern kann! Das ist der umgekehrte Snobismus der Zen-Ästheten.

Die Vorliebe für das Neue, an dem der Zahn der Zeit noch keine Spuren hinterlassen hat, gilt dem Japaner als Signum des ästhetischen Spießertums. Zwar halten es auch wir Europäer häufig für ein Zeichen kultivierten Geschmacks, wenn man dem neuesten industriellen Erzeugnis ein altes Stück vorzieht; gleichwohl besteht hier ein entscheidender Unterschied – der Japaner würde eine Antiquität niemals »restaurieren«. Daß sie von Alter und Abnützung gezeichnet ist, schätzt er als ihre schönste Eigenschaft. Diese Einstellung entwickelte sich bereits unter der japanischen Aristokratie in der Zeit vor Zen, als die Ästheten bei Hofe die Beobachtung machten, daß sich die Schönheit der Kirschblüte oder des Herbstlaubs ihrer kurzen Dauer verdankt. Je kurzlebiger und vergänglicher etwas war, so galt es bald allgemein, desto schöner und faszinierender wurde es. (Eine unglückselige Folge dieses Standpunktes war eine Flut äußerst mittelmäßiger Gedichte über den Tau.) Zen übernahm dieses ästhetische Kriterium, weitete es allerdings auch auf jene Dinge aus, die langsam altern und vergehen – und nicht lange, da wurde das Alte und Abgenutzte, in gewissem Sinn bereits Vergangene, zum Inbegriff des Schönen. Das paßte gut zur Überzeugung des Zen, daß die stoffliche Welt keinen wahren Wert besitzt und nicht zu wichtig genommen werden sollte. Tatsächlich haben alte und gebrauchte Gegenstände eine Würde, die uns veranlaßt, über das Unvergängliche nachzusinnen und die Moden des Augenblicks zu verachten. Eine Teeschale, die Sprünge und Klebstellen aufweist, oder ein zerfranstes Rollbild, das schon fast auseinanderzufallen scheint, sind wirklich schöner, als sie es im Neuzustand waren. Die Patina des Alters lehrt uns, daß die Zeit ewig währt und daß wir, deren Leben kaum einen Augenblick dauert, gut daran täten, im Angesicht der Ewigkeit Demut zu bewahren.

So erweisen sich die ästhetischen Prinzipien der Zen-Kultur zugleich als ein praktischer Aspekt der Religion der Stille. Betrachtet man einen Steingarten oder auch die gemessenen Bewegungen bei der Teezeremonie, dann spürt man, welche Selbstsicherheit und innere Ruhe die Kunst des Zen ausstrahlt. Was zählt, hat festen Grund in ihr, was nicht zählt, wird in den Wind gestreut wie Spreu.

Die Zen-Kunst, das erkennt man hier, ist nicht das Produkt eines feinsinnigen Ästhetizismus, sondern ein Werk männlicher Stärke und Sicherheit.

Es wird kaum verwundern, daß die Japaner selbst wenig Neigung verspüren, sich auf eine Erörterung oder gar eine wissenschaftliche Analyse der Künste des Zen einzulassen. Als Religion des Gegen-Geistes zieht Zen die intuitive Bewußtheit dem analysierenden Bewußtsein vor. Für die Kunst ist ihre Analyse, was die Grammatik für eine lebende Sprache ist: der fade zweite Aufguß aus der Gelehrtenküche. Die Sucht des Interpretierens gleicht der Vivisektion – um das Lebendige »begreifen« zu können, muß sie es töten. Der Zen-Künstler braucht und will keine Kategorien; er weiß auf andere, auf intuitive Weise, worin seine Kunst besteht und wohin sie zielt. Er hält es mit dem alten taoistischen Spruch: »Der Wissende redet nicht. Der Redende weiß nicht.«[5] Auf die Bitte, uns einen Zen-Garten zu »erklären«, wird ein Japaner verduzt und verständnislos reagieren. Eine solche Frage würde ihm nie in den Sinn kommen. Vielleicht hilft er uns aus unserer Verlegenheit, indem er so tut, als habe er unsere Frage überhört, oder er wechselt rasch das Thema des Gesprächs. Beharren wir auf unserer Bitte, so geht er – in dem Glauben, damit unserem westlichen Bedürfnis nach Objektivität Genüge zu tun – vielleicht hin und gibt uns die Größenmaße des Gartens an. Erst wenn wir aufhören zu fragen und es uns erlauben, die Dinge einfach wahrzunehmen und auf uns wirken zu lassen, haben wir die Reise in die Kultur des Gegen-Geistes begonnen.

Das Vorspiel zur Zen-Kultur

Es war eine klare, mondhelle Nacht... Ihre Majestät saß auf der Veranda, und Ukon no Naishi spielte für sie auf der Flöte. Die anderen diensthabenden Hofdamen saßen schwatzend und scherzend beisammen, ich aber blieb, an einen der Pfeiler zwischen Haupthalle und Veranda gelehnt, für mich allein.

»Warum so still?« fragte Ihre Majestät. »Sag etwas! Es ist so traurig, wenn du nicht sprichst.«

»Ich blicke in den Herbstmond«, erwiderte ich.

»Genau das«, sprach sie, »hättest du sagen sollen.«

Aus dem *Kopfkissenbuch* der Hofdame Sei Shônagon (um 995 v. Chr.)

Die Kultur des Zen sprang nicht als eine ganz und gar fremde Kraft auf die japanischen Inseln über und warf dort bodenständige Glaubensvorstellungen, Ideale und Werte über den Haufen. Es war eher so, daß die Japaner das Zen als ein Mittel benutzten, ihrer eigenen Haltung gegenüber der Natur, dem Intellekt, der Ästhetik und dem Leben künstlerischen Ausdruck zu verleihen. Das Zen hat Japan nicht umgekrempelt, genausowenig wie Japan das Zen umkrempeln mußte. Beide Elemente flossen zusammen, und die Ergebnisse dieser Mischung erwecken oft den Eindruck, ganz und gar ›Zen‹ zu sein, während sie in Wirklichkeit bloß ältere japanische Vorstellungen und Ideale in einem neuen Gewand sind.

Einige der charakteristischen Eigenschaften der japanischen Hochkultur gehen in ihren Anfängen bis auf eine Zeit zurück, da die Japaner noch keine Schrift kannten und die Götter der Wälder und Felder verehrten. Diese frühen Bewohner Japans hatten keine andere Religion als die Achtung vor der Natur und vor der Unauflöslichkeit von Sippe und Gemeinschaft. Sie kannten keine Gebote und keinen Begriff des Bösen. Ihre Ethik bestand allein in der Überzeugung, daß nichts in der Natur als schlecht oder böse angesehen werden darf – folglich auch der Mensch nicht, der ja ein Kind der Natur ist. Die einzige »Sünde« heißt Unlauterkeit: der achtlose Bruch des Pakts zwischen Mensch und Natur.

Die frühen Japaner haben uns keinerlei Hinweise darauf hinterlassen, daß sie über das Wesen der Natur nachgrübelten oder sie sich mit Hilfe bestimmter Rituale gefügig zu machen suchten. Vielmehr hießen sie die Natur als einen freudespendenden, wenn auch unberechenbaren Lebenspartner willkommen, dessen Schönheit allein Grund genug war, ihn zu lieben. Diese in der japanischen Mentalität tiefverwurzelte Naturliebe und den Glauben, daß die Welt die einzige Offenbarung Gottes ist, teilen die Anhänger des Zen mit ihren frühen Vorfahren. Wie sie jedem Götter- und Bilderdienst abgeneigt, beziehen sie ihre religiöse Symbolik unmittelbar aus der Welt, in der sie leben.

Die ersten Ankömmlinge auf der japanischen Inselgruppe waren Steinzeitmenschen, die – vermutlich im 4. Jahrtausend v. Chr. – über eine damals noch existierende Landverbindung aus Nordostasien einwanderten. Die *Jômon* (so benannt nach dem japanischen Wort für »Schnurmuster«, das Kennzeichen ihrer Handtöpferei) siedelten vorwiegend im Norden Japans. Sie lebten in abgedeckten Erdhöhlen, begruben ihre Toten in einfachen Grabhügeln und entwickelten eine Keramik, deren bei niedriger Temperatur gebrannte Gefäße und Figuren bereits jenen liebevollen Sinn für Material und Form erkennen lassen, wie er viele Jahrhunderte später so charakteristisch für die Kunst des Zen wurde.

Etwa um die Zeit des Aristoteles fand das freie, halbnomadische Leben der *Jômon* ein Ende. Kriegerische Stämme der Bronzezeit kamen auf die Inseln, trieben die *Jômon*-Menschen weiter in den Norden hinauf und rotteten sie schließlich völlig aus. Götter und Kultur der *Yayoi* (wie man diese Stämme, nach dem Ort der frühesten Funde, bezeichnet) lassen vermuten, daß sie aus tropischen Gegenden stammten, möglicherweise aus dem nahen Südchina. Sie ließen sich auf den südlichen Inseln nieder, errichteten Behausungen, wie sie für ein tropisches Klima geeignet sind, und begannen Reis anzubauen. Bald verstanden sie auch Werkzeuge aus Eisen herzustellen, Stoffe zu weben und in der Keramik die Töpferscheibe und Hochtemperaturöfen zu benutzen. Die *Yayoi* sind die eigentlichen Vorfahren der Japaner.

Etliche hundert Jahre lang gelang es den *Yayoi* trotz ihrer Fortschritte in der Töpfertechnik nicht, das künstlerische Niveau der *Jômon*-Keramik zu erreichen. Doch nach der Vereinigung ihrer verstreuten Siedlungsgebiete zu einem Staat im 4. Jahrhundert n. Chr. begann eine neue Ära der Kunst in Japan. Von nun an bis zur Einführung des Buddhismus im 6. Jahrhundert – während der sogenannten »Hügelgrabzeit« also – blühten die Künste auf und brachten einige der schönsten Skulpturen hervor, die uns die Antike hinterlassen hat. Die oft viele Hektar großen Hügelgräber, in denen die *Yayoi* ihre Stammesfürsten bestatteten, enthielten (ähnlich den Pyramidengräbern der ägyptischen Pharaonen) eine Fülle von Grabbeigaben und waren von hohlen Tonstatuen umsäumt, die wir wohl als symbolische Grabwächter zu verstehen haben. Diese – gewöhnlich zwischen einem halben und einem Meter großen – realistischen Figuren aus braunem Ton bezeichnen wir als *Haniwa*. In ihnen haben wir eine reichhaltige Porträtsammlung des japanischen Lebens jener Zeit: da gibt es Krieger in voller Rüstung, kampfbereite Schlachtrosse, Höflinge, grobschlächtige Bauern, elegante Hofdamen, und sogar das Wildschwein fehlt nicht.

Nachdem die buddhistische Kultur Chinas im 6. Jahrhundert allmählich auch unter der japanischen Aristokratie Fuß faßte, starb die Herstellung der *Haniwa*-Figuren aus, doch die ästhetischen Werte, die sie verwirklicht hatten, waren zu fundamental, um mit ihnen in Vergessenheit zu geraten. In der Zen-Kultur des Mittelalters erwachten all diese Werte wie nach einem bloßen Schlummer zu neuem Leben; Künstler-Mönche kehrten zur Betonung natürlicher Materialien zurück – ob in den Teeschalen aus weichem Ton, den

*Haniwa-Tonfigur aus der präbuddhistischen Grabhügelzeit (6. Jh. n.Chr.),
einen Falkner darstellend; Originalgröße 76 cm. Bereits hier ist jenes Gespür für die Eigenheiten des Materials und die Schlichtheit der Form erkennbar, das später in der keramischen Kunst des Zen zum Ausdruck
kommt.*

unbehauenen Felsblöcken der Gärten, in der Architektur
der unpolierten Hölzer oder ganz allgemein in ihrer Vorliebe
für das schmucklos Einfache. Daß sie in ihrer Kunst und Architektur scheinbar grobe und unvollkommene Materialien
verwendeten, entsprang keiner Notlage, sondern freier und
wohlüberlegter Entscheidung – nach aller Menschen-
kenntnis eine seltene, wenn nicht einzigartige Vorliebe.

In den Jahren nach der Einführung des Buddhismus verleug-
neten die Japaner ihre einheimischen künstlerischen Werte
und Instinkte; in sklavischer Bewunderung der chinesischen Kultur imitierten sie die prachtvolle, bis ins Detail

ausgefeilte Kunst des Festland-Buddhismus. Die offensichtlich machtvolle Religion aus China schüchterte die naturreligiösen japanischen Stämme ein. Nicht weniger beeindruckt waren sie von der Art und Weise, wie der chinesische Kaiser sein Land regierte, und kaum hatten sie China kennengelernt, so begannen sie bereits, auch die chinesischen Regierungsformen zu kopieren. Gleichermaßen bedeutsam ist, daß die Japaner, die bis dahin keine Schrift kannten, ein chinesisches Schriftsystem übernahmen – auf eine etwas merkwürdige Weise allerdings, indem sie nämlich die chinesischen Symbole ihrem phonetischen Wert und nicht ihrer Bedeutung entsprechend verwandten. Einige Jahrhunderte lang blieb es dabei, bis die Japaner schließlich vor den Schwierigkeiten des Systems kapitulierten und ein vereinfachtes System erfanden, das ihr eigenes Silbenalphabet berücksichtigte.

Administrationsformen, Kunst und Schrift hatten sie bereits von den Chinesen entlehnt, da beschlossen die Japaner, eine chinesische Stadt nachzubauen, und im Jahre 710 konnten sie Nara, eine Miniaturausgabe der Hauptstadt Ch'ang-an der chinesischen T'ang-Dynastie, einweihen. Schon bald war die Stadt übersät von chinesischen Tempeln und Pagoden. Neu ordinierte japanische Priester rezitierten buddhistische Schriften, die sie kaum verstanden, während die einheimischen Aristokraten, Verse der T'ang-Poeten auf den Lippen, in chinesischen Gewändern umherstolzierten.

Nara war die erste wirkliche Stadt Japans, und ihre Einwohnerzahl wuchs rasch auf etwa Zweihunderttausend an. Doch weniger als ein Jahrhundert nach ihrer Gründung verließ der Hof sie bereits wieder – möglicherweise deshalb, weil ihm die neue buddhistische Priesterschaft zu eigenmächtig wurde. Im Jahre 794 war eine neue Hauptstadt errichtet: Heian-kyô (das heutige Kyôto). Hier nun verstand man es, den Einfluß der Buddhisten zu beschränken, und innerhalb der Grenzen von Heian-kyô wurde es möglich, die chinesischen Vorbilder allmählich zu überwinden: die erste echt japanische Hochkultur entstand. Nicht länger bloße Nachahmer, begannen sich die Aristokraten von Heian-kyô auf ihr Eigenes zu besinnen, um eine hochdifferenzierte säkulare Zivilisation zu schaffen.

Will man verstehen, worin die Schönheitsideale des Zen gründen, dann muß man sich näher mit der Heian-Kultur beschäftigen, denn viele der Zen-Künste und der ästhetischen Regeln, die man später dem Zen zuschrieb, entstanden in dieser Zeit. Ließe sich die Entwicklungsstufe einer Zivilisation daran ablesen, bis zu welchem Ausmaß zwischenmenschliche Beziehungen durch künstliche Formen vermittelt werden, dann hätten wir hier das schönste Beispiel der Geschichte vor uns. Etikette und Empfindsamkeit waren Trumpf. Der Tag eines Höflings, das war ausgeklügeltes Zeremoniell, das Anlegen extravaganter Gewänder, zartes Verseschmieden, seine Nächte: Liebesaffären und -intrigen, die sich auf so hochritualisierte und formelle Weise vollzogen, daß die höfische Minne der Provence dagegen geradezu grobschlächtig erscheint.

Wie man bei Hofe lebt, hatte man erst von der T'ang-Dynastie gelernt, doch bereits 894, genau hundert Jahre nach der Gründung von Heian-kyô, brach man die Beziehungen zum T'ang-Hof wieder ab. Bis zur Einführung des Zen etliche Jahrhunderte später gab es nur wenige offizielle Kontakte mit China. Da Japan geeinigt war und Frieden herrschte, verkümmerte das politische Engagement der Aristokratie allmählich. Sie hatte nun Muße genug, sich ganz der Erschaffung einer höchst eigenen künstlichen Welt zu widmen.

Diese Periode war zugleich die große Epoche der japanischen Literatur. Die Müßiggänger bei Hofe hatten Zeit – und Langeweile; unter solchen Bedingungen konnten nuancenreiche psychologische Erzählungen und Tagebücher entstehen, die zu den frühesten und offenherzigsten der Weltliteratur gehören. Nie zuvor und niemals wieder hat es eine solche Begeisterung für die Poesie gegeben. Die Literatur dieser Zeit gibt das Bild einer Gesellschafts-

schicht, der die Schönheit, in der Kunst und Leben verschmelzen, alles bedeutete, und die (wie später auch die
Zen-Kultur) davon überzeugt war, daß die höchste aller
menschlichen Fähigkeiten der Sinn für die Schönheit ist.

Das erstaunlichste Charakteristikum dieser Blütezeit der
japanischen Literatur dürfte die Tatsache sein, daß sie fast
ausschließlich von Frauen verfaßt wurde. Die kaum zu
überschätzende Bedeutung der Kalligraphie, das feine Gespür für den Unterschied zwischen Schönheit und Prunk,
das ästhetische Vokabular und die eingehende Beschäftigung mit den Nuancierungs- und Kombinationsmöglich-
keiten der Farben, die Verfeinerung der lyrischen Form
schließlich, die später zum Zen-Haiku führte – all das verdankt die Zen-Kultur dem ästhetischen Vermächtnis dieser
Frauen.

Will man die Bedeutung des Heian-Erbes richtig verstehen,
so beginnt man am besten mit dem Sinn für Farben, denn
was die Zen-Künste später kennzeichnete, waren gedämpfte, sorgfältig aufeinander abgestimmte und nach komplizierten Geschmacksregeln verwendete Farbschattierungen.
Wie ernst es die Heian-Höflinge damit nahmen, läßt ein berühmtes Tagebuch aus jener Zeit erkennen:

Eines (von den Gewändern der Hofdame) wies am Ärmelbund einen kleinen Fehler in der Farbkombination auf. Als sie einmal vor der Kaiserlichen
Hoheit erschien, um etwas zu bringen, bemerkten es die Adligen und die
hohen Hofbeamten. Darauf schämte sie sich sehr. Es war nicht so
schlimm; nur eine der Farben war ein wenig zu blaß.[1]

Bezeichnend ist auch, worauf die Verfasserin eines anderen
Tagebuchs ihr Augenmerk richtet, wenn sie beschreibt, was
sie einmal während der Morgendämmerung im Zimmer einer anderen Hofdame erspähte.

Es dämmert, und eine Frau liegt in ihrem Bett, nachdem ihr Liebhaber eben
fortgegangen ist. Sie ist bis zum Kopf mit einer leichten, malvenfarbigen
Robe zugedeckt, die innen dunkelviolett gefüttert ist. ... Die Frau ... hat
ein ungefüttertes orangefarbenes Gewand und ein steifseidenes Hemd von
dunklem Karmesin an. ... Ganz in der Nähe geht der Liebhaber einer anderen Dame durch den Morgennebel heim. Er trägt weite violette Hosen, ein

Jagdkostüm von so blassem Orange, daß man kaum sagen könnte, ob es gefärbt ist oder nicht, ein weißes Gewand aus steifer Seide und eine schar-
lachrote Robe aus glänzender, schon ein wenig abgenutzter Seide.[2]

Das Interesse für die Farben und Texturen von Materialien
charakterisiert die Japaner bis auf den heutigen Tag. Dafür
sorgten die Zen-Ästheten ebenso wie die Kunstliebhaber
späterer Zeiten, die mit feinem Gespür erkannten, daß diese
Errungenschaft ihrer Kultur allem Vergleichbaren in der
Welt überlegen war.

Wie man aus der oben zitierten Passage bereits ersehen mag,
neigte die elegante Welt von Heian nicht gerade zum Zöli-
bat. Ehen wurden erst dann geschlossen, wenn es feststand,
daß man sexuell zueinander paßte; um das herauszufinden,
pflegte ein junger Mann eine junge Dame in mehreren aufeinanderfolgenden Nächten zu besuchen, bevor er bei ihren
Eltern offiziell um ihre Hand anhielt. Diese heimlichen Be-
suche blieben natürlich niemandem verborgen, und es kam
sogar vor, daß eine junge Dame durch eine offene Einladung
zu dieser Prüfung aufforderte. An Schrift und Stil eines solchen Briefes konnte ein Mann freilich bereits im voraus ab-
schätzen, ob er nicht vielleicht seine Zeit damit ver-
schwenden würde, einem ungebildeten Mädchen den Hof
zu machen. Die folgende Tagebuchnotiz enthüllt die eigen-
tümliche Beziehung zwischen Schreibkunst und Erotik in
der Heian-Kultur:

Ich erinnere mich an eine gewisse Dame, die nicht nur sehr schön und von
anziehendem Wesen war, sondern auch eine erlesene Handschrift besaß.
Und doch, als sie dem Mann ihrer Wahl ein wunderschön geschriebenes
Gedicht gesandt hatte, schickte dieser ihr nur einige anmaßende Bemerkungen zur Antwort und machte sich nicht einmal die Mühe, sie persönlich aufzusuchen. ... Jedermann, selbst wer von der Angelegenheit nicht
betroffen war, war empört über dieses gefühllose Benehmen, und die Familie der Dame war sehr betrübt.[3]

Daß eine Gesellschaftsschicht, in der die Beherrschung der
Kalligraphie die Grundbedingung gesellschaftlicher Anerkennung war, den Keim für die Hochblüte der monochromen Zen-Malerei im späteren Japan legte, ist kaum verwunderlich – denn schön zu schreiben, darauf hat George

Sansom hingewiesen, bedeutet, gewisse fundamentale Probleme der Kunst zu bewältigen; das gilt erst recht, wenn diese Schrift mit dem Pinsel ausgeführt wird.

Das Handwerkszeug der Schreibkünstler am Hofe von Heian bestand aus dem, was die Chinesen »Die vier Schätze« nannten: ein Pinsel aus Tierhaaren oder -borsten; ein Stück fester Tusche, aus Lampenruß und Leim bestehend; ein konkaver Tuschstein, auf dem die getrocknete Tusche zerrieben und angefeuchtet wurde; und eine Schreibfläche aus Papier oder Seide. All das soll – um die Wende zum 7. Jahrhundert – ein buddhistischer Priester aus Korea nach Japan eingeführt haben, doch hatten diese Dinge in China bereits eine lange, wohl fast tausendjährige Geschichte.

Mit ihnen schuf der Kalligraph von Heian – und später der monochrome Zen-Maler – eine zarte Welt aus Licht und Schatten. Schon die Vorbereitung für das Schreiben (und später das Malen) ist ein fast religiöses Ritual. Die Tusche, *Sumi* genannt, muß jedesmal aufs neue zubereitet werden: in die Aushöhlung des Tuschsteins kommt ein wenig Wasser, und dann wird der leicht angefeuchtete Tuschblock so lange am Stein gerieben, bis die so entstehende flüssige Tusche den gewünschten Ton hat. Der Pinsel wird zunächst sorgfältig gewässert, dann durch Abstreifen an einem Papierfetzen wieder getrocknet, in die frisch zubereitete Tusche getaucht und direkt auf die Schreibfläche gebracht. Der Schreiber oder Maler hält den Pinsel senkrecht und bringt die Tusche in raschen Streichen aufs Papier, was weder Fehler noch nachträgliche Verbesserungen erlaubt.

Während sich die Männer mit komplizierten chinesischen Ideogrammen herumplagten, arbeiteten die weiblichen Künstler und Kalligraphen mit einem neuen, vereinfachten Silbenalphabet von etwa fünfzig Symbolen, das in der frühen Heian-Zeit von einem buddhistischen Priester erfunden worden war. Da dieser Schrift das Eckige und die geometrische Strenge der chinesischen Schrift fehlte, war sie wie geschaffen für einen sinnlichen, freien Stil der Kalligraphie, der später die Zen-Ästhetik entscheidend beeinflußte.

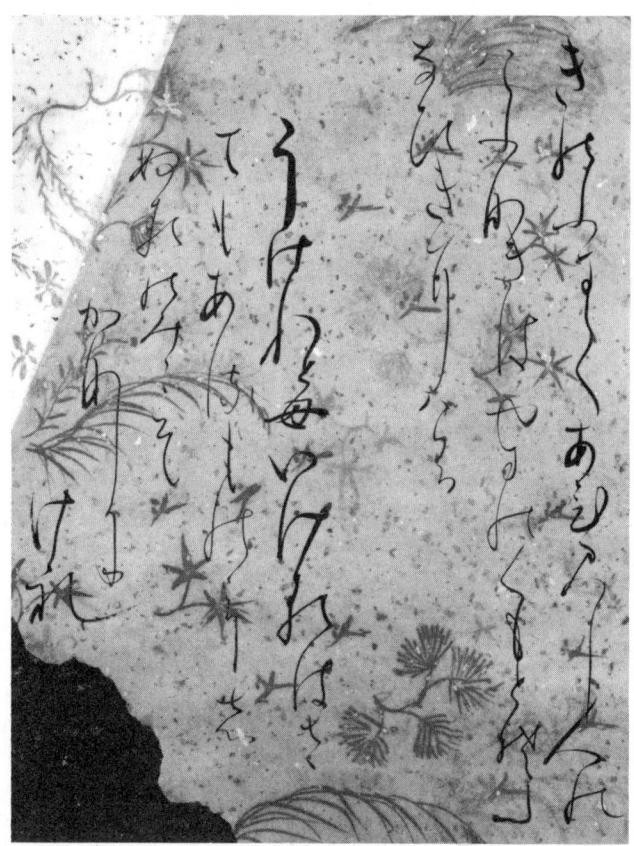

Seite aus einer Handschrift des 12. Jahrhunderts (Heian-Periode); die kontrollierte Spontaneität der zarten Pinsel-Kalligraphie weist auf die spätere Zen-Malerei voraus.

Die neue »Frauenschrift« verlangte in der Pinselführung eine geradezu tänzerische Anmut der Bewegung, jene disziplinierte Spontaneität, die zum Wesensmerkmal der Zen-Malerei werden sollte. Tatsächlich waren alle wichtigen technischen Aspekte der späteren monochromen Zen-Malerei in der Kalligraphie der frühen Heian-Zeit bereits vorhanden: die unterschiedliche Abtönung der Tusche, die zugleich präzise und spontane Pinselführung, flexibel in der Strichbreite und stets von der gesamten Komposition bestimmt, und schließlich die Auffassung, daß jedes Kunstwerk eine individuelle künstlerische Vision realisiert. Die Linien *auf* dem Papier berichten von den Bewegungsimpulsen, mit denen der Pinsel *über* dem Papier eine unsichtbare Skulptur formte; die Spur des Pinsels – jetzt trocken, dann wieder vollgesogen mit Tusche – ist ein lineares Zeugnis von Nuancen in Schwarz über der weißen Fläche. Die meisterhafte Beherrschung von Pinsel und Tuschlinie gab den monochromen Malern ein sicheres Fundament perfekter Technik und den Dichter-Kalligraphen eine Tradition der Spontaneität, wie sie den Zen-Idealen entsprach.

Ein anderes Erbe, von dem die Zen-Künstler zehren konnten, war die spontane Versschöpfung; auch sie schärfte die entsprechenden Fähigkeiten und verlangte zugleich eine sichere Beherrschung der Technik. Da man sich in den gebildeten Kreisen beim Gespräch häufig der Gedichtform bediente, mußte, wer dort bestehen wollte, über jedes beliebige Thema aus dem Augenblick heraus ein Gedicht zu verfassen imstande sein. Eine berühmte Roman- und Tagebuchautorin hat dies anschaulich geschildert:

Der Herr Premierminister pflückte eine der Jungfernblumen, die am Südende der Brücke in voller Blüte stehen. Er spähte über meinen Wandschirm und sagte: »Ihr Gedicht darüber! Wenn Sie lange zögern, ist der Spaß vorbei!« Und ich säumte nicht, an meinen Schreibkasten zu eilen, und verbarg mein Gesicht –

Blühende Jungfernblume –
Schöner noch im Glanz des Taus,
Der ihr geneigt und niemals wohlgesonnen mir.

»So rasch!« sagte er lächelnd und befahl, daß man auch ihm einen Schreibkasten bringe. Seine Antwort:

Nicht wählerisch in seiner Gunst der Silbertau
Aus ihrem Herzen
Die Schönheit der Jungfernblume.[4]

Solche improvisierten Verse wirken unvermeidlich etwas gezwungen; doch der Geist künstlerischer Impulsivität, der aus dieser Episode spricht, blieb lebendig und wurde zu einem wichtigen Merkmal der Schöpfungen des Zen. Entscheidender noch als die Kunstformen und -techniken, die sie dem Erbe der Heian-Höflinge verdankten, war für die Zen-Künstler deren *Einstellung* zur Schönheit, konkret: der offene Sinn für die Bedeutung der Schönheit im Leben – und eine künstlerische Sprache, in der dies mitteilbar geworden war. Als dauerhaft erwies sich auch die Überzeugung, daß die Vergänglichkeit einer Sache deren Schönheit nur erhöhen kann. (Das Bewußtsein der Vergänglichkeit scheint eine der wenigen Spuren zu sein, die der Buddhismus in der Heian-Ästhetik hinterlassen hat.) Schönheit war um so faszinierender, je unausweichlicher sie vergehen mußte. Als das treffendste Symbol dafür bot sich natürlich die Blüte des Kirschbaumes an; das folgende Beispiel ist wahllos aus einer Gedichtsammlung der Heian-Zeit herausgegriffen:

O Kirschbaum, wie gleichst du doch
Der unbeständigen Welt –
Gestern noch in voller Blüte,
Bist du heute schon verwelkt![5]

Viele Grundwahrheiten späterer Zen-Kunst rühren von dieser ersten philosophischen Melancholie her, wie sie in der Heian-Ära angesichts der Vergänglichkeit des Lebens aufkam. Tradiert wurde dieses Erbe durch ein besonderes ästhetisches Vokabular, mit dem sich subtile Eigenheiten der äußeren Welt ebenso beschreiben ließen wie die ihnen korrespondierenden inneren Vorgänge bei einem kultivierten Betrachter. Dazu bedurfte es eines Systems ästhetischer Differenzierungen, dessen Feinheiten wohl nur wenigen Europäern durchschaubar sein dürften.[6] Das Wort, mit dem die delikate Unterscheidungsfähigkeit der Heian-Höflinge umschrieben wurde, war *Miyabi*; zunächst nichts weiter als »höfisch« bedeutend, bezeichnete es bald all jene Aspekte der Schönheit, die nur ein äußerst verfeinerter Geschmack genießen konnte: die blassen Farbtönungen eines Gewandes, die zerbrechliche Geometrie eines vom Tau schweren Spinngewebes, das zarte Blatt eines purpurnen Lotus, die Textur des Papiers, auf dem ein Liebesbrief geschrieben war, fahle gelbe Wolken über einem blutroten Sonnenuntergang dahinziehend. Eine weniger zurückhaltende, eher lebendig und freimütig sich offenbarende Schönheit bezeichnete man als *En*, was »bezaubernd« bedeutet. Der beliebteste ästhetische Begriff war *Mono no aware* oder kurz *Aware*, womit eine angenehme Empfindung gemeint ist, die ein betrachteter Gegenstand *(Mono)* plötzlich in uns auslöst. *Aware* ist das, was wir empfinden, wenn wir eine Kirschblüte oder ein herbstliches Ahornblatt anschauen. (Diese Verinnerlichung ästhetischer Qualitäten sollte später in den Zen-Künsten eine große Rolle spielen; indem sie sich auf ihre suggestive Kraft verließen, übertrugen sie dem Wahrnehmenden eine große Verantwortung.) Das geschärfte Bewußtsein von der Vergänglichkeit der Schönheit färbte die Freude des *Aware* schließlich mit der Bitterkeit darüber, daß alle Freude ein Ende hat.

Diese Begriffe verfeinerter aristokratischer Geschmacksbildung wurden später zum festen Bestandteil des japanischen Lebens. Zen fügte neue Begriffe hinzu und erweiterte so die Heian-Ästhetik um die Verehrung auch der verblühenden Schönheit und jener Dinge, die von den Unbilden des Lebens gezeichnet sind. Dazu gehört auch *Yûgen*, eine Ausweitung des *Aware* in jenen Bereich »geheimnisvoller Tiefe« hinein, von dem es keine Worte, sondern nur eine beklommene Ahnung geben kann. Im Anblick eines farbenprächtigen Sonnenuntergangs empfindet man *Aware*; doch wenn die Schatten tiefer werden und die Nachtvögel schreien, dann fühlt man *Yûgen*. So wurde den Zen-Künstlern aus der ästhetischen Reaktion der Heian-Zeit eine Erfahrung des inneren Menschen; was eine oberflächliche Empfindung gewesen war, wurde nun zur Erkenntnis universaler Wahrheiten.

Der wichtigste Aspekt der japanischen Mentalität, der während der Heian-Ära sichtbar wurde, war – zumindest vom

Standpunkt der späteren Zen-Kultur aus gesehen – der Glaube an die Überlegenheit der emotionalen über die intellektuellen Kräfte des Menschen. In dieser Periode entschied sich für die Japaner endgültig, daß der vorwiegend intellektuelle Zugang zum Leben ihr Weg nicht sein konnte. In seiner Beschreibung der Heian-Gesellschaft vor der Einführung des Zen schreibt Earl Miner:

Der Respekt, den man im Westen wohlfundierten oder originellen Gedanken zollt, hat in Japan seit jeher der Angemessenheit oder Aufrichtigkeit des Gefühls gegolten. Und gerade so, wie sich unsere Zivilisation dem verweigert, der ›nichts im Kopf hat‹, wird ein Mensch ohne wahres Gefühl im Herzen stets ausgeschlossen bleiben von der japanischen Zivilisation.[7]

Von einer solchen Einstellung ist der Weg nicht mehr weit bis zur intuitiven Erkenntnisweise des Zen.

Die frühen Zeiten der Isolation vom Festland sahen ein Volk mit reichentwickelter Naturreligion in Japan, dessen Künste einen tiefen Sinn für Material und Form verrieten. Das Eindringen der chinesischen Kultur brachte den Buddhismus mit sich, der zur Nationalreligion wurde und als Vehikel für die Verbreitung des Zen diente. Die aristokratische Kultur der Heian-Ära endlich entwickelte die Wahrnehmungs- und Empfindungsfähigkeit der Japaner zu höchst beachtlichen Leistungen und gab späteren Generationen ein wertvolles System geschmacklicher Normen und Ideale an die Hand. Mittelalterliche Krieger bereiteten der höfischen Zivilisation von Heian-kyô schließlich ein gewaltsames Ende; doch auch sie erlagen bald der Faszination des Zen. Wenngleich die Künstlermönche des Zen im Mittelalter eine neue Kultur schufen, die ihre eigenen Geschmacks- und Verhaltensregeln hatte, standen sie doch immer in der Schuld der Vergangenheit.

Der Aufstieg des japanischen Buddhismus

Die neue Lehre des Buddha ist über alle Maßen
vortrefflich, aber schwer zu erklären und schwer
zu verstehen.

Mit dieser Botschaft brachte um 522 n. Chr. eine
koreanische Gesandtschaft das erste Buddha-
Bildnis nach Japan

Um die Mitte des 6. Jahrhunderts v. Chr. wurde in jener
ebenso reichen wie dem Philosophieren aufgeschlossenen
Kultur, die im heutigen Grenzgebiet zwischen Indien und
Nepal blühte, der Familie Gautama aus dem Fürstenge-
schlecht der Shâkya ein Sohn geboren. Die verschiedenen
Namen, unter denen er später bekannt wurde, waren Siddhârta (»der das Ziel erreicht hat«), Shâkyamuni (»Weiser
aus dem Geschlecht der Shâkya«) oder schlicht Buddha
(»der Erleuchtete«). Nach einer idyllischen Kindheit heiratete er im Alter von sechzehn Jahren; seine Frau gebar ihm
einen Sohn. In seiner Jugend schirmten ihn die Hofbeamten
seines Vaters gegen jegliche Not und Mühsal des Leibes
vollkommen ab; die Diener hatten strikten Befehl, ihn niemals aus dem umzäunten Bereich des väterlichen Palastes
herauszulassen. Doch irgendwann, so berichtet die Legende, gelang es ihm schließlich, diesem goldenen Käfig für
eine Weile zu entkommen – lange genug, um mit dem Alter,
der Krankheit und dem Tod Bekanntschaft zu machen. Erschüttert von dem, was er gesehen hatte, begann er über die
Sterblichkeit und das Leid der Menschen nachzudenken;
seine Suche nach der Wahrheit führte ihn auch zu einem
Heiligen, dessen Frömmigkeit die Antwort auf seine Fragen
zu enthalten schien.
Seinen Überzeugungen getreu entsagte er Reichtum, Familie und fürstlichem Stand und begann, neunundzwanzigjäh-
rig, das Leben eines Asketen. In den folgenden sechs Jahren
wanderte er umher, um bei weisen Männern die Lehre zu

finden, die ihn aus den Fesseln des Fleisches zu erlösen vermöchte. Doch seine Suche blieb vergeblich. Von seinen eigenen Schülern begleitet, die sich ihm unterwegs angeschlossen hatten, verließ er alle seine Lehrer und widmete sich nur noch der Askese. Nach weiteren sechs Jahren war er vom Fasten so geschwächt, daß er dem Tode nahe war. Doch seinem Ziel war er keinen Schritt nähergekommen; so gab er die asketischen Praktiken der traditionellen Religion auf und ging hin, um Reis zu erbetteln. Seine Schüler wandten sich von ihm ab, denn in ihren Augen war er nun nicht mehr würdig, ihr Lehrer zu sein. Gautama aber ließ sich nicht beirren und genoß seine erste richtige Mahlzeit, seitdem er den väterlichen Palast verlassen hatte. Dann fiel er in einen tiefen Schlaf, und ein Traum sagte ihm, daß ihm die Erkenntnis bald zuteil werden würde. Er begab sich in einen Wald und ließ sich unter einem Feigenbaum zur Meditation nieder; hier endlich – unter dem legendären Bodhi-Baum – fand er Erleuchtung. Gautama war der Buddha geworden.

Neunundvierzig Jahre lang zog er nun als Wanderprediger einer häretischen Lehre durch Indien. Was er lehrte, läßt sich nur dann richtig einschätzen, wenn man weiß, wogegen er predigte. Die vorherrschende Religion jener Zeit war der Brahmanismus, der auf den Upanishaden (einer Sammlung früher vedischer Schriften) basierte. Nach diesem Glauben wird das Universum von *Brahman* beherrscht, einem unpersönlichen Gott, der zugleich pantheistische Allseele und Ausdruck des *Dharma*, der Ordnung des Kosmos, ist. Dieser universale Gott, so glaubte man, wohnt auch dem Menschen inne, und zwar in Gestalt des *Âtman*, was soviel wie »Selbst« oder »(Einzel-)Seele« bedeutet. Nach der Lehre des Brahmanismus vermag der Mensch sich über seine physische Existenz zu erheben und das Einswerden seines *Âtman* mit dem allbeseelenden *Brahman* zu erfahren, indem er sich einer rigorosen körperlichen und geistigen Zucht unterwirft, die als Yoga bekannt wurde. Für alle gewissermaßen offizi<elleren Beziehungen zur universalen

Gottheit bedurfte es natürlich der Vermittlung durch eine eigene Kaste von Priestern, die sich Brâhmanen nannten.

Der Buddha zog die Wahrheit dieser Glaubenssätze in Zweifel. Er lehrte, daß es keinen universalen Gott gebe und also auch keine Seele, ja daß diese Welt keine tatsächliche Existenz habe. Zwar sagen unsere Sinne uns das Gegenteil, doch das ist nur eine Illusion. Daraus folgt, daß die Erleuchtung nicht in der Verschmelzung des individuellen Âtman mit der größeren Gottheit bestehen kann, sondern allein in der Erkenntnis, daß es gar nichts gibt, was zu verschmelzen wäre. Konsequenterweise lautet das Ziel: die leidvollen Aspekte der sinnlichen Erfahrung – wie etwa den Schmerz – zu überwinden, indem man sich von der (ohnehin nicht wirklich existierenden) Welt abkehrt und in der Versenkung inneren Frieden zu erlangen sucht. Besonderes Gewicht legte der Buddha auf das, was er die »Vier Edlen Wahrheiten« und den »Edlen Achtfältigen Pfad« nannte. Die Vier Edlen Wahrheiten besagen, daß Leben Begehren und Begehren Leiden bedeutet, die Aufhebung des Leidens also nur durch die Aufhebung des Begehrens erfolgen kann; den Weg zur Erlösung vom Leiden gibt der Edle Achtfältige Pfad an: rechte Anschauung, rechter Entschluß, rechte Rede, rechtes Handeln, rechter Lebenserwerb, rechte Anstrengung, rechte Bewußtheit, rechtes Sich-Versenken. Wer dem Achtfältigen Pfad folgt, der weiß, daß die äußere Welt nur eine Täuschung ist, ihre Begierden und Leiden durch ein würdiges, von Ausschweifung wie Askese gleichermaßen entferntes Leben überwunden werden können – stets geleitet vom Bewußtsein der Nichtwirklichkeit der Welt.

Die ursprünglichen Lehren des Buddha sind eher eine Philosophie als eine Religion zu nennen, denn da ist keine Rede von einem Höchsten Gott oder einem Heilsweg, zu dem es mehr als menschlicher Anstrengung bedürfte. Irdische Glückseligkeit in der Freiheit vom Leiden durch die Auslöschung der Begierde – das und nicht mehr war das Ziel. Keine Heiligen Schriften, keine sakralen Gesänge, nichts von Seele und dem Zyklus der Wiedergeburt, kurz: nichts, was über die irdische Existenz des Menschen hinausgeht. Da der Buddha keine Schriften oder sonstigen Anweisungen für die Stiftung einer Religion in seinem Namen hinterlassen hatte, beriefen seine Jünger etwa zehn Jahre nach seinem Tod ein Konzil ein, um diese Lücke zu schließen. Das Ergebnis dieses ersten Konzils war der früheste Kanon buddhistischer Lehren: das *Tripitaka*, eine Sammlung von Sûtren oder vorgeblichen Dialogen zwischen dem Buddha und seinen Schülern. Ein Jahrhundert später wurde ein zweites Konzil abgehalten, um bestimmte Probleme zu klären, die sich auf dem ersten Treffen ergeben hatten. Doch anstatt die inzwischen offen zutage getretenen Gegensätze auszugleichen, vertiefte das Zweite Konzil die Kluft zwischen den kontroversen Positionen nur; mit einem monolithischen Buddhismus war es damit ein für allemal vorbei.

Während sich der Buddhismus über Indien nach Ceylon und Südostasien ausbreitete, kam es zum entscheidenen Bruch; der Streit, der nun zur Spaltung in zwei ›Konfessionen‹ führte, war darum gegangen, ob man die Lehre des Buddha in ihrer ursprünglichen Form bewahren müsse oder ob man auch andere Religionen gelten lassen dürfe – ein Streit zwischen Puristen und Kompromißlern, könnte man sagen. Die puristische Form, die sich in Südostasien durchsetzte, wurde als Hînayâna oder »Kleines Fahrzeug« bezeichnet. Die andere Spielart des Buddhismus, die in China Fuß faßte und von dort aus nach Japan vordrang, wurde Mahâyâna oder »Großes Fahrzeug« genannt.[1]

In der Folge dieser Aufspaltung galten auch jeweils verschiedene Versionen der Sûtren als kanonische Texte. Die Hînayâna-Buddhisten verehrten den Pali-Kanon, so benannt nach der Sprache (einem dem Sanskrit eng verwandten indischen Dialekt), in der er – um 100 v. Chr. – aufgezeichnet wurde. Zu den Sûtren der eklektischen Mahâyâna-Buddhisten kamen im Lauf der Jahrhunderte immer neue hinzu, darunter solche in Sanskrit, Tibetisch und (später) Chinesisch. Zusätzlich zu den ursprünglichen Lehren des Buddha enthielten sie ausführliche Kommentare und eigene Ergänzungen. Vor allem die spekulativ veranlagten Chinesen hatten keine Bedenken, in die Lehren eines einfachen indischen Wanderpredigers verbessernd einzugreifen. Auch für den Geschmack der Inder waren die Gedanken des Buddha ein wenig zu streng und karg, doch statt sie freimütig auszuschmücken wie die Chinesen, vermengten sie seine Lehre zunehmend mit dem theologischen Mischmasch des Hinduismus, bis sie von diesem schließlich nicht mehr zu unterscheiden war.

Im Laufe des 1. Jahrhunderts n. Chr. drang der Buddhismus bis in die entlegendsten Gebiete Chinas vor, und nach etwa dreihundert Jahren der Anpassung an die überkommenen Lehren des Konfuzianismus und Taoismus war er in China so fest verwurzelt, als sei er dort entstanden. (Die Aufnahme taoistischen Gedankenguts in den chinesischen Buddhismus schuf die Grundlagen für die Entstehung des Ch'an-Buddhismus und damit auch des japanischen Zen.) Der Buddhismus hat die beiden älteren chinesischen Religionen nicht ersetzt; vielmehr schuf er die geistigen Bedingungen dafür, daß sich die konfuzianistische Neigung zum System mit dem taoistischen Verlangen nach mystischer Erfahrung zur Schöpfung einer ganz eigenen, zugleich formalen und introspektiven Religion vereinigen konnte. Im dritten, vierten und fünften Jahrhundert erlebte China eine ganze Parade von indischen Mahâyâna-Buddhisten, die als Wanderprediger umherzogen, um ihre jeweils höchst eigene Fassung der Lehre des Buddha zu verbreiten. Die Chinesen ihrerseits brachten von ihren Reisen nach Indien Sanskrit-Sûtren mit; sie übersetzten diese Texte, indem sie die philosophischen Begriffe der Inder einfach durch bereits existierende chinesische Ausdrücke wiedergaben – anders gesagt: sie zwängten einen runden Hut auf einen eckigen Kopf. Die wirksamste Methode, fremde Denksysteme zu entstellen, ist immer noch die, sie unreflektiert Wort für Wort in die eigene Sprache zu übersetzen, und so war der chinesische Buddhismus weitgehend nichts anderes als ein Konglomerat chinesischer Philosophien.

Die Einführung des chinesischen Buddhismus in Japan wird traditionellerweise auf das Jahr 552 n. Chr. datiert. In diesem Jahr, so stellen die Berichte fest, ersuchte der König von Paikche in Korea die Japaner um militärische Hilfe gegen seine kriegslüsternen Nachbarn; mit dieser Bitte überbrachte seine Gesandtschaft ein Standbild des Buddha und eine Sammlung von Sûtren. Da die Japaner seit Jahrhunderten die Sonnengöttin verehrten, als deren direkter Abkömmling der Kaiser galt, begegneten sie neuen Religionen, die die Autorität ihrer einheimischen Gottheiten in Frage stellen könnten, natürlich mit Mißtrauen. Nach langer, reiflicher Überlegung entschied man sich, dem Buddha eine Probezeit einzuräumen, in der er seine magischen Kräfte unter Beweis stellen konnte; doch kaum war das neue Standbild auf seinem Platz, da wurde das Land von einer Pockenepidemie heimgesucht. Auf kaiserlichen Befehl wurde der Buddha unverzüglich einem Abwässerkanal überantwortet.

Zwanzig Jahre später bestieg ein neuer Kaiser den Thron; eine politische Clique, die mit Hilfe einer neuen Religion die theologisch fundierte Machtposition des etablierten Adels zu unterminieren hoffte, überredete ihn, dem Buddha noch einmal eine Chance zu geben. Ein sonderbarer Zufall wollte es, daß – kaum hatte man einen neuen Buddha kommen lassen – wieder eine Epidemie ausbrach. Mitsamt den dazugehörigen Kultgegenständen ließ man auch diese Statue schleunigst wieder verschwinden. Doch die Epidemie wütete nur noch schlimmer – was die probuddhistische Fraktion prompt zu ihrem Vorteil ausnutzte, indem sie jene, die das Kultbild des Buddha geschändet hatten, für die ganze Tragödie verantwortlich machte. Nach längerem politischen Hin und Her entschloß sich diese Fraktion zu einem unerhörten Schritt: um dem Buddhismus einen Platz im japanischen Leben zu sichern, ließ sie den zaudernden Kaiser ermorden. Der neue Glaube begann Fuß zu fassen, und Anfang des 7. Jahrhunderts wurden die ersten Tempel und Pagoden errichtet.

Das wachsende Interesse an den Lehren des Buddha und an den politischen Neuerungen der T'ang-Dynastie, die 618 in China zur Macht gekommen war, führte schließlich dazu, daß die japanische Aristokratie Kultur- und Gesellschaftsformen der Chinesen nachzuahmen begann; vieles, was der eigenen Kultur entstammte, wurde dafür preisgegeben. Bald rezitierten die ersten japanischen Mönche chinesische Sûtren und fertigten Abschriften von ihnen an; doch die meisten Japaner verstanden die – von ihren indischen Ursprüngen mittlerweile doppelt weit entfernte – buddhistische Lehre nur unvollkommen, wenn überhaupt. Die frühe Aristokratie sah im Buddhismus nichts anderes als eine neue, mächtige Form von Magie – eine willkommene Ergänzung der Kräfte ihrer einheimischen Götter oder *Kami*, die über Ernte und Gesundheit geboten.

Bis zur Einführung des Zen lassen sich drei Haupttypen des Buddhismus in Japan unterscheiden: die frühen Sekten der gelehrten Buddhisten, die in Nara schließlich die faktische Macht ausübten; die späteren aristokratischen Schulen, deren Blütezeit die vornehme Heian-Ära war; und endlich der volkstümliche Buddhismus, der auch die Bauern ansprach. Den Höhepunkt des Nara-Buddhismus bildete die Errichtung einer gigantischen, etwa vier Stockwerke hohen Buddha-Statue; ihre Vergoldung brachte die kleine Inselnation zwar an den Rand des Bankrotts, aber die psychologische Wirkung dieses Unternehmens war so groß, daß Japan schließlich zum Weltzentrum des Mahâyâna-Buddhismus wurde. Als das buddhistische Establishment seinen Einfluß bei Hofe immer ungenierter geltend machte, wurden Regierung und Kaiser von Nara nervös. Die Lösung des Problems war ebenso elegant wie einfach; man verlegte die Hauptstadt ein kurzes Stück weiter nach Norden, nach Nagaoka; zehn Jahre später bezog der Kaiser seine endgültige Residenz in Heian-kyô, wo man gegen unerwünschte Einmischungen des buddhistischen Klerus besser gewappnet war. Die reichen und machtvollen Tempel Naras herrschten nun über eine Geisterstadt.

Das Aufkommen der zweiten Spielart des Buddhismus in Heian-kyô geht auf einen politischen Schachzug des Kaisers zurück. Er wollte die Buddhisten von Nara mit ihren eigenen Waffen schlagen, und deshalb schickte er Gesandtschaften nach China, um sich dort über neue buddhistische Sekten zu informieren. Mittlerweile argwöhnisch geworden, achtete die Aristokratie darauf, daß buddhistische Tempel und Klöster nur in sicherer Entfernung vor den Toren der Hauptstadt errichtet wurden – was nicht nur dem neuen, wenig frommen Schönheitskult der Aristokratie, sondern auch der wachsenden Neigung der Buddhisten zur Abgeschiedenheit von der Welt entgegenkam.

Die erste der Heian-Sekten, nach ihrem Vorbild, der chinesischen T'ien-t'ai-Schule, *Tendai* genannt, wurde 806 von dem japanischen Priester Saichô (767–822) in Japan eingeführt. Die Heilige Schrift der *Tendai*-Buddhisten war das *Lotus-Sûtra,* das den Buddha sowohl als historische Gestalt wie als menschliche Verwirklichung des universalen Geistes begreift – eine Identität, die in dem einen, allem Seienden – ob belebt oder unbelebt – innewohnenden Buddha-Wesen begründet ist. Obwohl die *Tendai*-Sekte in unverhülltem Eklektizismus alle wichtigen Lehren des Mahâyâna-Buddhismus aufnahm, wurde sie von den Nara-Sekten erbittert bekämpft; deren Bekehrungsfeldzüge unter den *Tendai*-Novizen hatten freilich keinen Erfolg. Saichô konterte mit dem Hinweis, daß »sein« Buddhismus auf einem originalen Sûtra – Buddhas eigenem Wort also – beruhte, während die Schulen von Nara sich überwiegend in endlosen Streitereien über Kommentare und nachträgliche Interpretationen der Lehre des Buddha ergingen. Saichô warf auch die Frage der individuellen moralischen Verantwortung auf, ein Problem, das dem Nara-Buddhismus ganz augenfällig fremd war.

Im Laufe des 9. und 10. Jahrhunderts wurde Tendai zur mächtigsten buddhistischen Sekte Japans, und ihr Zentrum auf dem Berg Hiei vor Heian-kyô wuchs auf über dreitausend Gebäude an. Saichô selbst scheint, seiner ethischen

Lehre getreu, ein sanftmütiger Mann gewesen zu sein, doch in späteren Jahren wurde der Berg Hiei zur Basis für eine Armee von jähzornigen *Tendai*-Mönchen, die von dort aus häufig über Heian-kyô hereinbrachen und Höflinge wie einfache Bürger belästigten. Im späten 16. Jahrhundert ließ ein grimmiger Shôgun, der fest entschlossen war, den ständigen Einmischungen der *Tendai*-Mönche in die öffentlichen Angelegenheiten ein Ende zu setzen, den ganzen Gebäudekomplex auf dem Berg Hiei in Schutt und Asche legen und Tausende von Mönchen niedermetzeln. *Tendai* überlebte und hat heute noch etwas über eine Million Anhänger, vorwiegend in den oberen Gesellschaftsschichten; doch bereits gegen Ende der Heian-Ära erstarrte der *Tendai*-Buddhismus allmählich zum bloßen Zeremoniell.

Die andere buddhistische Sekte, die während der Heian-Zeit Bedeutung erlangte, war *Shingon*; sie wurde von Kûkai (774–835), einem jüngeren Zeitgenossen Saichôs, begründet. Wie Saichô ging auch er nach China, um dort den Buddhismus zu studieren; dabei wandte er sich besonders der wegen ihrer Verwandtschaft mit dem mystischen Tantrismus Tibets als »esoterisch« geltenden Chên-yen-Schule zu. Die komplizierten Rituale in den *Shingon*-Tempeln fanden bei der Aristokratie von Heian, die das Zeremoniell so sehr liebte, sofort großen Anklang. *Shingon*, das war glanzvolles Theater mit Rezitationen, Gesängen, magisch-symbolischen Handzeichen *(Mûdra)*, aber auch Versenkung in die heiligen *Mandalas* – geometrische Diagramme, die den Schlüssel zum kosmologischen Sinn der Wirklichkeit enthalten sollten. Der Haupttempel der *Shingon*-Sekte wurde auf dem Kôya-Berg errichtet, nicht weit von Heian-kyô, doch weit genug, um die Mönche nicht zum Politisieren zu verführen. Aber auch dieser Tempel wurde später zum Bollwerk gewinnsüchtiger Mönchskrieger, und wieder bereitete ein erboster Shôgun dem Treiben der Mönche ein gewaltsames Ende. Heutzutage liegen die *Shingon*-Klöster in entlegenen Gebirgsgegenden versteckt, ehrfurchtgebietend in ihrer umwaldeten Einsamkeit. Auf zahllose Splittergruppen verteilt, zählt die Sekte immerhin noch über neun Millionen Gläubige.

Der populäre, »offenere« Buddhismus, der auf die aristokratischen Sekten folgte, war auf heimischem Boden gewachsen, obwohl auch er noch Spuren der chinesischen Vorbilder aufwies. Sein Zentrum bildete der gütige, geschlechtslose Amida, eine buddhistische Gottheit, die über das Westliche Paradies oder Reine Land herrscht, in dem für jeden, der seinen Namen anruft, Milch und Honig fließen. Amida entstammt jener verwirrenden Versammlung von Göttern, denen das japanische Volk jahrhundertelang huldigte; seine schlichten Bedingungen für die Erlangung des Heils machten ihn jedoch auch bei den Aristokraten von Heian immer beliebter, die das rituelle Brimborium des magisch-mystischen Buddhismus allmählich leid geworden waren. Je bewegter und unsicherer die Zeiten gegen Ende der Heian-Ära wurden, desto mehr verlangte es die Menschen nach einem Messias, von dem sie Trost erwarten durften. Und so kam es, daß eine ziemlich untergeordnete Figur des buddhistischen Götterhimmels der Japaner zum Gegenstand eines neuen und weitverbreiteten Kults wurde.

Die Figur des Amida scheint zu Beginn des christlichen Zeitalters in den Buddhismus Eingang gefunden zu haben, und seine Lehren klingen verdächtig ähnlich: Kommt zu mir alle, die ihr mühselig und beladen seid, und ich werde euch erquicken; ruft meinen Namen an, und eines Tages werdet ihr mit mir im Paradiese sein... In Indien bestanden zu jener Zeit Kontakte mit dem Nahen Osten, und gewöhnlich wird Amida, von zwei minderen Göttern flankiert, in einer Dreifaltigkeit dargestellt. Allerdings lassen sich in den beiden indischen Sûtren, in denen Amida zum erstenmal beschrieben wird, keinerlei Hinweise auf fremde Einflüsse finden. Im 6. und 7. Jahrhundert wurde Amida zu einem Thema der Mahâyâna-Literatur in China, von wo er mit der *Tendai*-Sekte nach Japan kam. Anfangs war er lediglich ein Gegenstand der Meditation, und seine gütige Bereitschaft, allen Menschen Eingang ins Paradies zu gewähren, machte die individuelle Anstrengung, die der Achtfache Pfad verlangte, keineswegs überflüssig. Zu Beginn des 11. Jahrhunderts aber behauptete ein japanischer Priester in einem Traktat, die Erlösung und die Wiedergeburt im Reinen Land seien allein durch die unablässige Namens-Anrufung des Amida zu erlangen: das *Nembutsu*, kurz für *Namu Amida Butsu* (»Heil dem Amida Buddha!«).

Diese ungewöhnliche neue Lehre fand jedoch zunächst kaum Beachtung, bis im späten 12. Jahrhundert ein abtrünniger Tendai-Priester namens Hônen (1133–1212) die Lehre des *Nembutsu* in ganz Japan verkündete. Sie fand rasch viele Anhänger unter dem Volk; vermutlich ohne es zu wollen, war Hônen, der Führer einer Reformationsbewegung gegen den importierten chinesischen Buddhismus, zum Martin Luther Japans geworden. Er predigte keine Moral – die Rezitation des *Nembutsu*, so lehrte er, sei Beweis genug für einen bußfertigen Geist und rechtschaffene Absichten. Man könnte sagen, daß er den Buddhismus aus einer ursprünglich rein ethischen Lehre ohne Gott in einen Gottesglauben ohne Ethik verwandelte.

Was Hônen verfocht, war nichts anderes als eine äußerst vereinfachte Version der chinesischen Ching-t'u (jap. *Jôdo*)-Schule. Doch er scheute komplizierte theologische Erörterungen und ließ die dogmatischen Grundlagen seiner Lehre absichtlich im Dunkel. So vermied er Zusammenstöße mit den Priestern der etablierten Sekten und erleichterte es zugleich auch dem ungebildeten Laien, Zugang zu seiner *Jôdo*-Lehre zu finden. Die Aussicht, gegen kaum nennenswerte Investitionen an Geist und Tat in das Paradies jenseits des Flusses zu kommen, machte *Jôdo-shû* (»Die Schule vom Reinen Land«) ungeheuer beliebt, und so unwahrscheinlich ihre Versprechungen auch sein mochten – *Jôdo* war es zu danken, daß der Buddhismus endlich auch die Massen erreichte, die mit den bisherigen gelehrten und aristokratischen Sekten nichts anzufangen wußten.

Die Popularität seiner Lehre machte Hônen natürlich Feinde unter den älteren Schulen, die es schließlich sogar fertigbrachten, daß er im hohen Alter von 74 Jahren noch auf die Insel Shikoku verbannt wurde. Doch die Anhängerschaft der *Jôdo*-Sekte wuchs auch während seiner Abwesenheit ständig weiter an, und als er im Jahre 1211 nach Kyôto zurückkehrte, wurde ihm ein triumphaler Empfang bereitet. Man begann Gärten anzulegen, so wie man sich das Westliche Paradies vorstellte, und im ganzen Land erscholl das *Nembutsu*, den älteren Schulen zum Hohn. Noch bis weit ins 17. Jahrhundert hinein wurden die *Jôdo*-Anhänger vom buddhistischen Establishment verfolgt, aber noch heute bekennen sich über fünf Millionen Gläubige zu dieser Sekte.

Ein Schüler und Mitstreiter Hônens mit Namen Shinran (1173–1262), der ebenfalls das *Tendai*-Kloster auf dem Berg Hiei verlassen hatte, um ein Jünger Amidas zu werden, begründete einen Ableger der *Jôdo*-Sekte, der diese an Popularität noch übertreffen sollte. Seine Deutung der Amida-Sûtren war noch simpler als die Hônens; seine Studien führten ihn zu der Überzeugung, daß eine einzige wahrhaft aufrichtige Anrufung des *Nembutsu* vollauf genüge, um selbst dem übelsten Sünder die Freuden des Reinen Landes zu garantieren. Jede weitere Rezitation dieser Formel sei dann lediglich ein Ausdruck der Dankbarkeit, aber nicht mehr notwendig, um sich der Erlösung zu versichern. Shinran verschaffte der Reformationsbewegung eine breitere Grundlage, indem er die Mönchsregeln (die der konziliantere Hônen noch beibehalten hatte) abschaffte und die Priester in der Einhaltung des Zölibats nicht eben bestärkte – er selbst heiratete eine Nonne und zeugte sechs Kinder mit ihr. Für die konservativeren Buddhisten war das natürlich ein Skandal; Shinran verteidigte diesen Schritt als eine Geste, mit der die Trennung zwischen Klerus und Volk überwunden werden sollte. Er bestand auch unnachgiebig darauf, daß Amida der einzige Buddha sei, dem Verehrung gebühre – ein Punkt, den Hônen im Interesse ökumenischer Verständigung stets heruntergespielt hatte.

Die Bequemlichkeit des nur einmaligen *Nembutsu* als Vorbedingung für das Paradies und die liberalere Auffassung des Priesteramtes machten Shinrans Lehre so erfolgreich, daß sich auf ihrer Grundlage schließlich eine neue Sekte bildete: *Jôdo Shin-shû*, »Die Wahre Schule vom Reinen Land«. Mit nahezu fünfzehn Millionen Anhängern ist sie heute die stärkste buddhistische Sekte Japans. Unter den zahlreichen Kritikern der amidistischen Heilsbewegung war nur einer wirklich ernst zu nehmen: der unduldsame Renchô (1222–1282), der später den Namen Nichiren (»Sonnen-Lotus«) annahm. Schon als junger Novize im *Tendai*-Kloster schlug er einen anderen Weg als seine amidistischen Lehrer ein; er kam zu der Überzeugung, daß im *Lotus-Sûtra* selbst der Buddha anwesend war. Zwar war die *Tendai*-Schule ursprünglich auf dem Studium des *Lotus-Sûtra* begründet worden, doch Nichiren war der Meinung, daß *Tendai* von dem darin vorgeschriebenen Weg abgeirrt sei. Indem er alle Sekten ohne Unterschied verurteilte, forderte er in seinen fundamentalistischen Predigten, zur reinen Lehre des *Lotus-Sûtra* zurückzukehren. Den meisten seiner Anhänger, das wußte er, würde es zu schwer fallen, das ganze Sûtra zu lesen; deshalb erfand er eine eigene Formel zur Rezitation, die es, wie er behauptete, genauso gut tun würde. Dieses Lotus-»*Nembutsu*« hieß *Namu Myôhô Renge-kyô*, »Heil dem Wunderbaren Gesetz des Lotus-Sûtra«. Die rezitierenden Amidisten hatten ihren Meister gefunden.

Die *Tendai*-Mönche auf dem Berg Hiei nahmen diese Vulgarisierung ihrer Lehren nicht sehr freundlich auf; ihrem Drängen und Nichirens maßlosen Verlautbarungen über eine angeblich drohende mongolische Invasion war es zuzuschreiben, daß Nichiren 1261 auf die Halbinsel Izu verbannt wurde. Zwei Jahre später wurde er begnadigt und durfte nach Kamakura zurückkehren. Im Jahre 1268 wurden Nichirens düstere Prophezeiungen wahr: Eine Gesandtschaft des Mongolenherrschers Kublai-Khan, der bereits China und Korea besiegt hatte, forderte die Unterwerfung Japans. Nichiren erbot sich, Japan zu retten – unter der Bedingung, daß alle anderen Sekten verboten würden. Damit hatte er sein Spiel überreizt, denn für die herrschenden Kreise Japans war diese Bedingung unannehmbar. Drei Jahre später wurde er mit der erneuten Verbannung bestraft, und als sich die Mongolen 1274 zur Invasion anschickten, schlug eine Armee von Soldaten, die durch Zen in der Kriegführung geübt waren, den Angriff zurück – ohne Nichirens Hilfe. Die Verfolgung seiner Sekte hielt an und erreichte ihren Höhepunkt in der Mitte des 16. Jahrhunderts, als eine Bande rivalisierender *Tendai*-Mönche 21 Tempel der Nichiren-Sekte niederbrannte und alle ihre Priester, angeblich allein 3000 im letzten Tempel, hinschlachtete.

Die Sekte hat jedoch alle Verfolgungen überlebt, und heute ist jeder siebte Japaner Mitglied der *Nichiren Shôshû* oder ihres Laien-Ablegers, der *Sôka Gakkai* oder »Werteschaffenden Gesellschaft«, deren politischer Arm die militante buddhistische *Komeito*-Partei ist – drittgrößte unter den japanischen Parteien. Die *Sôka Gakkai* hat kürzlich einen riesigen neuen Tempel erbauen lassen, am Fuß des Fujiyama; es heißt, er sei das größte religiöse Bauwerk der Welt. Mit einer Liturgie, die oftmals an politische Massenveranstaltungen erinnert, hat die Nichiren-Sekte erreicht, was einst unmöglich erschienen sein mag: sie hat die geniale Philosophie ihres Begründers noch weiter vereinfacht. Auf ihren in großen Sportarenen abgehaltenen Synoden untermalt sie den Lobpreis auf das *Lotus-Sûtra* mit Paradekapellen und Schaugymnastik...

Die japanische Reformation, die sich im Amidismus und den Lehren Nichirens geltend machte, war das natürliche Ergebnis der Verachtung, mit der die frühen Sekten auf das gewöhnliche Volk herabsahen. Zugleich öffnete sie den Weg für den Zen-Buddhismus, der bei der nichtaristokratischen Kriegerklasse ebensoviel Anklang fand wie die populären buddhistischen Sekten unter den Bauern und der Bourgeoisie. Dieselbe Kriegerklasse verdrängte nach dem 12. Jahrhundert die Aristokratie aus der Regierungsgewalt – mit der Folge, daß Zen während der mittelalterlichen Blütezeit der Kunst zur inoffiziellen Staatsreligion wurde.

Die Chroniken des Zen

Eine besondere Überlieferung außerhalb der
Schriften.
Kein Verlaß auf Worte und Buchstaben.
Unmittelbar auf den Herz-Geist weisend.
Das Selbst-Wesen schauend Buddha werden.

Ausspruch aus dem chinesischen *Shih-mên-
cheng-t'un* (1237), dem Zen-Meister P'u-yüan
(748–834) aus der T'ang-Zeit zugeschrieben

Eines Tages, während der Buddha auf dem Geierberg saß,
bekam er, so berichtet die Überlieferung des Zen, eine
Blume gereicht, mit der Bitte, er möge über das Gesetz predigen. Er nahm die Blume, hielt sie in der ausgestreckten
Hand und bewegte sie langsam zwischen seinen Fingern;
währenddessen sprach er kein Wort. Da lächelte sein bester
Schüler verstehend, und die schweigende Lehre des Zen war
geboren.[1] Die lange Reihe der indischen Patriarchen soll
dieses wortlose Lächeln über ein Jahrtausend hinweg weitergegeben haben – bis hin zu Bodhidharma, dem 28. indischen und (nachdem er in China die auf der indischen Medi-
tationslehre des *Dhyâna* beruhende Schule des Ch'an-
Buddhismus begründet hatte) ersten chinesischen Patriarchen.
Das Wissen, das aus der meditativen Versenkung erwächst,
übersteigt die Möglichkeiten der Sprache, und so mußte
seine Überlieferung naturgemäß ohne die Hilfe schriftlicher
Zeugnisse auskommen – ein Umstand, der dazu angetan ist,
unsere Kenntnisse über Persönlichkeit und Rolle der vor-
hergehenden 27 indischen Patriarchen mit Vorsicht zu betrachten. So meinen manche Gelehrte, daß die chinesischen
Ch'an-Buddhisten – in dem Bestreben, ihre Schule in den

Zu nebenstehender Abbildung
*Bodhidharma-Bildnis von einem japanischen Mönchsmaler des 15. Jahr-
hunderts, der die legendäre Persönlichkeit des Ersten Zen-Patriarchen in
wenigen ausdrucksvollen, kühnen Strichen eingefangen hat.*

寛正六年季春下旬

香至王宮梅柳下

少林中水兼阿事

半身形像現全功

東土西天徳弄神

前德禪大燈章孫覚一派拜賛

Augen der etablierten Sekten zu legitimieren – einfach hingingen und aus den Namen obskurer indischer Mönche eine Abfolge von »Patriarchen« konstruierten, die sie später noch mit phantasievollen Biografien ausstatteten. Diese indischen Patriarchen, so hieß es dann, hatten die wortlosen Geheimnisse des *Dhyâna* von einem zum anderen weitergegeben und es also nicht nötig gehabt, Sûtren zu verfassen, wie es die weniger begnadeten Lehrer der anderen Sekten tun mußten.

Obwohl auch unser Bild von Bodhidharma vornehmlich auf Legenden beruht, gilt doch als gesichert, daß er wirklich gelebt hat, nach 400 geboren und vor 534 gestorben ist und indischer Herkunft war. Er freilich erhob niemals einen Anspruch darauf, als Patriarch zu gelten, und tatsächlich fiel er eher durch seine ungewöhnliche Persönlichkeit auf als durch den Versuch, eine neue Orthodoxie zu begründen. In Südchina von einem frömmlerischen Kaiser begrüßt, der sich in Prahlereien über die Größe des traditionellen Buddhismus erging, hielt es Bodhidharma nicht länger an diesem Ort. Der Legende zufolge überquerte er auf einem Schilfrohr den Yang-tse und wanderte weiter nach Norden, bis er schließlich das Tempelkloster Shao-lin-ssu auf dem Sung-Berg erreichte, wo er neun Jahre, vor einer Felswand sitzend, in einsamer Versenkung verbrachte. Sein berühmt gewordenes Gespräch mit dem Kaiser Wu symbolisiert den Auftakt zur Zen-Bewegung.

Bodhidharmas Zeitgenossen scheinen von ihm kaum Notiz genommen zu haben, und noch im *Hsü-kao-seng-chuan* (»Chronik der großen buddhistischen Lehrer«) des chinesischen Geschichtsschreibers Tao-hsüan (gest. 667) erfahren wir über Bodhidharma wenig mehr, als daß er ein frommer und weiser Mahâyâna-Buddhist war und der Meditation zuneigte. Ein reicheres Bild zeichnet erst der »Bericht von der Weitergabe der Leuchte« (chin. *Ching-tê ch'uan-têng-lu*, jap. *Kaitoku Dentô-roku*), eine dreißigbändige Sammlung von Zen-Texten und -Berichten, die der Zen-Mönch Tao-yüan im Jahre 1004 veröffentlichte. Tatsächlich scheint

Bodhidharma – wie auch der Buddha – seine Lehren nirgendwo schriftlich niedergelegt zu haben, denn die ihm früher zugeschriebenen »Sechs Traktate« stammen wohl nicht von ihm selbst. Immerhin dürfte einer dieser Texte den Geist, wenn auch nicht den Wortlaut seiner Ansichten über die Meditation wiedergeben. Die meistzitierte Passage aus diesem Werk, in der die Originalität Bodhidharmas besonders deutlich zum Ausdruck kommt, ist sein Lobpreis des Sitzens in Versenkung – des *pi-kuan* (wörtlich: »Wandbeschauung«). Offensichtlich verweist dieser Ausdruck auf die legendären neun Jahre der Meditation vor einer Felswand, die Bodhidharma den Beinamen »wandanstarrender Brahmane« eintrugen; doch ebensogut mag man ihn als eine Metapher für das Hindernis nehmen, mit dem der Verstand uns den Weg zur Erleuchtung so lange versperrt, bis unser Bewußtsein die Hürde der Rationalität schließlich überwindet. Tao-yüan überliefert Bodhidharmas Worte wie folgt:

Wer dem Trügerischen entsagt, sich der Wahrheit hingibt und unbewegt im *pi-kuan* verweilt, für den gibt es weder ein »Selbst« noch ein »Anderes« ... Da sind keine Vorschriften, von deren Worten er sich lenken ließe, denn im Schweigen spricht die Wahrheit selbst zu ihm; er ist frei von begrifflicher Unterscheidung, denn ihn erfüllt die ruhige Heiterkeit des Nicht-Eingreifens.[2]

Diese klare Absage an das diskursive Denken und die Betonung der Meditation als Weg zur Erleuchtung bildete die philosophische Grundlage der neuen Schule des Ch'an. Indem sie zu den fundamentalen Wahrheiten zurückkehrte, warf sie zugleich den ganzen metaphysischen Ballast über Bord, mit dem sich der Mahâyâna-Buddhismus über Jahrhunderte hinweg selbst beladen hatte – womit sie sich die etablierten Sekten natürlich sofort zu Gegnern machte. Einer der ersten und eifrigsten Schüler Bodhidharmas war Hui-k'o (487–593). Das *Keitoku Dentô-roku* erzählt, wie er lange Zeit vor dem Tor des Shao-lin-Klosters im Schnee stand und darauf hoffte, von Bodhidharma empfangen zu werden; doch er wurde immer wieder abgewiesen. In seiner

Verzweiflung hieb er sich schließlich einen Arm ab, um den Meister von der Ernsthaftigkeit seines Verlangens nach Wahrheit zu überzeugen. Einige Jahre später übergab Bodhidharma, der sich anschickte, China wieder zu verlassen und in seine Heimat zurückzukehren, Hui-k'o seine eigene Abschrift des *Lankâvatâra-Sûtra* und hieß ihn seine Lehre des Sitzens in Versenkung weiterzutragen. Der einarmige Hui-k'o wurde der Zweite Patriarch des Ch'an. Daß jemand, der die Buchstabengläubigkeit so verachtete wie Bodhidharma, einem Sûtra derartige Bedeutung beimaß, klingt merkwürdig; bei näherer Betrachtung freilich erscheint das *Lankâvatâra-Sûtra*, ein Sanskrit-Text aus dem ersten Jahrhundert, als zwingende Zusammenfassung der frühen Ch'an-Lehren über die Funktion des Gegen-Geistes:

Die transzendentale Erkenntnis kommt auf, wenn der Unterscheidende Geist seine Grenze erreicht hat. Sollen die Dinge in ihrem Wahren-Wesen erkannt werden, so muß das diskursive Denken ... durch höhere Erkenntnisvermögen überschritten werden. Ein solches Vermögen ist der Intuitive Geist, der, wie wir gesehen haben, das Bindeglied zwischen dem Unterscheidenden Geist und dem Universal-Geist darstellt.[3]

Über Weg und Ziel der Versenkung sagt das Sûtra:

Die Schüler ... mögen glauben, daß sie ihr Ziel der Beruhigung schneller erreichen, wenn sie die Tätigkeit des Geistes vollkommen unterdrücken. Das ist ein Irrtum ... das Ziel der Beruhigung kann nicht durch die Unterdrückung jeglicher Tätigkeit des Geistes erlangt werden, sondern nur, indem man jegliches Unterscheiden und Anhaften aufgibt.[4]

Der frühe Ch'an-Buddhismus fand in diesem Text – und in den taoistischen Vorstellungen der T'ang-Zeit – seine philosophische Begründung. Tatsächlich verdankt Zen seine unbekümmerte Pietätlosigkeit nicht zuletzt den frühen Taoisten, deren Liebe zur Natur mit einem gesunden Desinteresse an papierenen philosophischen Erörterungen einherging – wobei es keine Rolle spielte, ob sie von gelehrten Konfuzianisten oder aus indischen Sûtren stammten. Auch die Taoisten bekämpften das Anhaften, wie eine Ermahnung des berühmten Dschuang Dsi (Chuang Tzu) zeigt, jenes taoistischen Weisen aus dem vierten vorchristlichen

Jahrhundert, der diese einzigartige chinesische Lebensphilosophie so entscheidend geformt hat:

Der höchste Mensch gebraucht sein Herz wie einen Spiegel. Er geht den Dingen nicht nach und geht ihnen nicht entgegen; er spiegelt sie wider, aber hält sie nicht fest. Darum kann er die Welt überwinden und wird nicht verwundet. Er ist nicht der Sklave seines Ruhms; er hegt nicht Pläne; er gibt sich nicht ab mit den Geschäften; er ist nicht Herr des Erkennens. Er beachtet das Kleinste und ist doch unerschöpflich und weilt jenseits des Ichs. Bis aufs letzte nimmt er entgegen, was der Himmel spendet, und hat doch, als hätte er nichts. Er bleibt demütig.[5]

Bodhidharma wußte vermutlich nichts vom Taoismus, doch er scheint gespürt zu haben, daß sein Buddhismus des Nicht-Haftens in China einen fruchtbaren Boden vorfinden würde. Und tatsächlich stießen die Chinesen der T'ang-Zeit (618–907) in seinen Lehren auf ein System, das ihrer eigenen tausendjährigen Philosophie des *Tao* (»Der Weg«) sehr verwandt war. Sogar die Übung der Versenkung, des *Dhyâna*, ähnelte in mancher Hinsicht der chinesischen Tradition des asketisch lebenden Eremiten, der in der Abgeschiedenheit seiner Gebirgsklause über das Wesen der Natur nachsann. Ob Ch'an nun Buddhismus in der Maske des Taoismus oder aber Taoismus im Gewand des Buddhismus war, läßt sich kaum eindeutig feststellen: es enthält Elemente von beiden. Aber es bedeutete die erste wirkliche Verschmelzung von chinesischem und indischem Denken, indem es die indischen Lehren von der Versenkung und dem Nicht-Haften in Einklang brachte mit der chinesischen Naturliebe und Naturmystik (die der indischen Philosophie – der hinduistischen wie auch der buddhistischen – zutiefst fremd war). Auch der Dritte Patriarch nach Bodhidharma, Seng-ts'an (gest. 606), führte das Wanderleben eines Bettelmönches, doch sein Schüler Tao-hsin (580–651), der Vierte Patriarch, zog es schließlich vor, sich in einem Kloster niederzulassen. Tao-hsins Einführung des klösterlichen Ch'an (die ungefähr mit dem Beginn der T'ang-Dynastie zusammenfiel) bedeutete für die Verbreitung des Ch'an unter den chinesischen Laien einen großen Sprung nach vorn. Sie verschaffte dem neuen Glauben das Ansehen einer seriösen Alternative zu den übrigen Sekten – denn im Land des Konfuzius hatten wandernde Bettelmönche niemals die Verehrung genossen, die ihnen in Indien zuteil wurde. Es dauerte nicht lange, da war die Jüngerschaft des Vierten Patriarchen auf über 500 Schüler angewachsen, die nicht nur über die Sûtren meditierten, sondern Klostergebäude errichteten und den Boden bestellten, um ihren Lebensunterhalt zu sichern. Von nun an wurde die innige Verbindung körperlicher Arbeit mit dem Streben nach Erleuchtung zu einem Wesensmerkmal des Zen; sie trug ganz erheblich zur Ausbreitung des Zen im mittelalterlichen Japan bei.

Der Fünfte Patriarch, Hung-jên (605–675), führte das Kloster fort, allerdings an einem anderen Ort, und hier sollte die Geschichte des Ch'an einen Wendepunkt erleben. Aus diesem Kloster ging der Sechste Patriarch hervor: Hui-nêng (638–713), den man auch den zweiten Begründer des chinesischen Ch'an genannt hat, und dessen berühmte Biografie (»Das Sûtra des Sechsten Patriarchen, gesprochen vom Hohen Sitz des Dharmakleinods«) unter den ›heiligen‹ Schriften des Zen die einzige ist, die den Ehrentitel »Sûtra« trägt. Darin wird berichtet, wie er als junger Mann zum Kloster des Hung-jên kam – ein ungebildeter Analphabet, dessen Geist jedoch bereits erwacht war, seit er einmal zufällig eine Rezitation des *Vajracchedikâ-Sûtra* (besser bekannt als *Diamant-Sûtra*) vernommen hatte. Er machte den Fehler, seine überragende geistige Kraft nicht zu verbergen, und wurde vom Fünften Patriarchen sogleich zur Arbeit in der Reisscheune abgestellt; so konnte er die anderen Brüder nicht in Unruhe versetzen und war selbst vor neidischen Nachstellungen geschützt. Viele Monate lebte er ein unauffälliges Leben, bis eines Tages der Fünfte Patriarch eine Versammlung einberief und verkündete, er werde nun seinen Nachfolger auswählen. Die Mönche sollten eine Versstrophe dichten, und derjenige unter ihnen, dessen Verse verrieten, daß er das Wesen des universalen Geistes begriffen habe, würde der Sechste Patriarch werden.

Alle Mönche waren davon überzeugt, daß Shên-hsiu, der erste und gebildetste unter ihnen, den Wettbewerb gewinnen würde, und so gaben sie sich gar nicht erst die Mühe, eigene Verse zu dichten. Vier Tage lang, so berichtet das Sûtra des Hui-nêng, rackerte Shên-hsiu sich ab, bis er sich schließlich ein Herz faßte und seine Verse im Schutz der Nacht anonym an eine Wand der Säulenhalle des Klosters schrieb:

Der Leib, er ist der Bodhi-Baum,
Und wie ein heller Spiegel ist der Geist.
Gib acht, ihn unablässig zu polieren,
Laß keinen Staub sich niedersetzen!"

Aus diesen Versen sprach sicherlich die Vorstellung vom Nicht-Haften des Geistes an den Dingen der Welt, aber vielleicht verrieten sie ein Haften des Geistes an sich selbst. Jedenfalls war der Fünfte Patriarch nicht zufrieden damit; unter vier Augen trug er Shên-hsiu, den er als Autor des Gedichts erkannt hatte, auf, binnen zwei Tagen ein besseres vorzulegen. Doch bevor es dazu kam, hatte Hui-nêng während einer Arbeitspause auf dem Gang durch die Säulenhalle das Gedicht zufällig entdeckt und darum gebeten, man möge es ihm vorlesen. Kaum hatte er die Verse gehört, diktierte er eine neue Versstrophe, die man ebenfalls an die Wand schrieb:

Es gibt im Grunde keinen Bodhi-Baum,
Und gleichfalls keinen hellen Spiegel.
Von Anfang an war kein einziges Ding –
Wo sollte Staub sich niedersetzen?[7]

Wie es heißt, waren alle sehr verblüfft und voller Bewunderung, doch Hung-jên wischte die Verse weg, um bei den anderen Mönchen keine Eifersucht aufkommen zu lassen. Spät in der Nacht bestellte er Hui-nêng zu sich und legte ihm das *Diamant-Sûtra* aus; dann übergab er ihm die Insignien des Patriarchats – Gewand und Almosenschale – und riet ihm, im Interesse seiner eigenen Sicherheit nach Süden zu fliehen.

So wurde Hui-nêng der Sechste Patriarch. Er begründete die

Südliche Schule des Ch'an[8], die später das japanische Zen beeinflussen sollte, und machte das *Diamant-Sûtra* zur wichtigsten Lehrschrift. Und so kam es, daß Bodhidharmas *Lankâvatâra-Sûtra*, ein tiefgründiger moralischer und spiritueller Traktat, von dem leichter verständlichen, in Wiederholungen sprechenden und sich selbst immer wieder preisenden *Diamant-Sûtra* verdrängt wurde, dessen Botschaft lautet, daß nichts existiert:

Der Erhabene erklärt, daß die Begriffe von Selbstheit, Persönlichkeit, Seiendem und abgesonderter Individualität, sofern sie dies als wirklich existierend behaupten, irrig sind – diese Ausdrücke sind nur Redewendungen … (Man muß) einen reinen, klaren Geist entwickeln, der nicht abhängig ist von Klang, Geschmack, Getast, Geruch oder irgendeiner Eigenschaft … einen Geist, in dem kein Ding begegnet, was es auch sei.[9]

Von diesem Sûtra inspiriert, das sogar den Geist selbst für nichtexistent erklärt, ließen die Ch'an-Meister der Südschule das forschende Fragen des Verstandes immer weiter hinter sich. (Man hat sogar die Vermutung geäußert, daß der Begründer des südlichen Ch'an in seiner Biografie später absichtlich als sehr ungebildeter Analphabet dargestellt wurde, um so die Verachtung des späteren Ch'an für Gelehrte und Gelehrsamkeit besser zum Ausdruck zu bringen.)

Hui-nêng starb zu einer Zeit, da China sich im kulturellen Glanz der T'ang-Dynastie sonnte. Seltsamerweise war die Südschule des Ch'an, der das intellektualisierte Leben der T'ang widerstrebte, die blühendste buddhistische Sekte. Die T'ang-Ära wurde zum Goldenen Zeitalter des Ch'an – aus ihr gingen die meisten der großen Denker sowie die klassischen Techniken in der Unterweisung der Novizen des Zen hervor. Vielleicht hat die Tatsache, daß Ch'an in der chinesischen Kultur der T'ang-Zeit ein Außenseiter war,

Zu nebenstehender Abbildung
Hui-nêng, der Sechste Patriarch des Zen, von dem chinesischen Ch'an-Maler Liang-k'ai (13. Jh.) beim Bambushacken dargestellt: Zen-Mönche brachten dieses Zenki-zu oder »Zen-Aktions-Bild«, das die »niedere« Arbeit verherrlicht, später als Vorbild nach Japan, weil sie seine wohldurchdachte Impulsivität bewunderten.

zur inneren Unabhängigkeit seiner Lehrer beigetragen; unter der Sung-Dynastie, wo Zen zur Mode der Gelehrten und Künstler wurde, gab es später nur wenige Lehrer von Format.

Wie sehr die taoistische Weltsicht der des Ch'an verwandt war, zeigen die absurden, allen Denkgewohnheiten seiner Zeit auf verwirrende Weise zuwiderlaufenden Geschichten des berühmten Dschuang Dsi, mit denen er demonstrierte, wie unsinnig es ist, mit Hilfe der Logik erkennen zu wollen. Die Ch'an-Meister fügten dem die buddhistische Lehre hinzu, daß das Bewußtsein die äußere Wirklichkeit nicht verstehen kann, weil es selbst die einzige Wirklichkeit ist. Die Hand kann sich selbst nicht ergreifen; das Auge kann sich selbst nicht sehen; das Bewußtsein kann sich selbst nicht erkennen. Daß diese Wahrheit nicht durch logische Reflexion zu ergründen ist, liegt auf der Hand; und deshalb soll der Geist aufhören, unsinnige Fragen zu stellen, und einfach mit dem Strom des Lebens dahinfließen, dessen ununterscheidbarer Bestandteil er ist.

Aber wie kann eine solche Wahrheit gelehrt werden? Philosophisches Lehren ist doch die Übermittlung logischer Konstruktionen von einem Geist zum anderen, während die Wahrheit des Zen gerade darin besteht, daß logische Konstruktionen das größte Hindernis auf dem Weg zur Erleuchtung sind! Nun, die Zen-Meister hatten von den Taoisten gelernt: mit unsinnigen Rätseln – später als *Kôan* bekannt – und frustrierenden Frage-und-Antwort-Sitzungen – den *Mondô* – untergruben sie das Vertrauen der Schüler in das rationale Denken. Ein neuer Mönch bekam vom Abt des Klosters eine Frage oder ein Problem von der Art gestellt, die mit logischen Mitteln nicht zu lösen ist: Was ist das Klatschen der einen Hand? Wenn du einen Stock hast, werde ich dir einen geben; wenn du keinen Stock hast, werde ich ihn dir nehmen. Zeige mir dein ursprüngliches Antlitz, bevor du geboren wurdest! Der Meister prüfte die Antwort des Schülers. Bemühte er sich durch angestrengtes Nachdenken um eine rationale Lösung, so hatte er versagt; erfaßte er die

Wahrheit des betreffenden *Kôan* intuitiv, auf nicht-rationale Weise, so hatte er die Prüfung bestanden.

Diese kompromißlose Entweder-Oder-Methode unterschied Ch'an von allen älteren Sekten; für Ch'an gab es keinen schrittweisen Aufstieg in der Hierarchie des Geistes durch die Beherrschung von Ritualen. In der Frühzeit der T'ang-Dynastie war die Zahl derer, die sich um die Aufnahme ins Kloster bewarben, noch relativ klein, und die Ch'an-Meister konnten das nicht-rationale Erkenntnisvermögen der Novizen unmittelbar auf die Probe stellen. Später, unter der Sung-Dynastie, wurde es notwendig, eine unpersönlichere Prozedur zu wählen, indem man einer ganzen Anzahl von Novizen im Verlauf einer Unterweisung ein und dasselbe *Kôan* aufgab. Dabei gingen die Ch'an-Lehrer der Sung-Periode – die weder die Gabe noch die Zeit besaßen, für ihre Novizen stets neue und individuell maßgeschneiderte Probleme zu ersinnen – immer mehr dazu über, auf die (wirkungsvolleren) Dialoge der alten T'ang-Meister mit ihren Schülern zurückzugreifen. So bildete sich allmählich ein Kanon von heute klassisch gewordenen Zen-*Kôan* heraus. Noch in der ausgehenden T'ang-Zeit hatte man damit begonnen, *Kôan* zu Lehrzwecken schriftlich festzuhalten; heute soll der Kanon etwa 1700 *Kôan* umfassen. Von den T'ang-Meistern entwickelt, um eine Religion zu vermitteln, die weder Heilige Schriften noch Götter kennt, ist das *Kôan* eine einzigartige Technik, die in der gesamten übrigen Literatur der Mystik nicht ihresgleichen hat.

Einige der größten Ch'an-Meister jener Zeit begründeten ihre eigenen Schulen; die beiden erfolgreichsten, die von Lin-chi (jap. Rinzai, gest. 867) sowie die von Tung-shan (807–869) und Ts'ao-shan (840–901), faßten später auch in Japan Fuß. Die *Rinzai*-Schule führte Hui-nêngs Technik der »plötzlichen« Erleuchtung fort; die (nach den Namen ihrer Gründer) Ts'ao-tung, japanisch *Sôtô* genannte Sekte vertrat die »stufenweise« Erleuchtung. Diese Begriffe sind allerdings mißverständlich, denn plötzliche Erleuchtung mag durchaus mehr Zeit beanspruchen als die allmähliche. Die

Schule der Allmählichkeit lehrte, daß das Bewußtsein sich durch bloßes ausdauerndes Sitzen in Versenkung (jap. *Zazen*) immer mehr von der falschen Wirklichkeit löst, die die Sinne ihm vorgaukeln, und so zur Erleuchtung kommt. Das ist ein langsamer, kumulativer Prozeß. Die Schule der Plötzlichkeit dagegen betont als möglichst schnellen Weg zur Erleuchtung die *Kôan*-Praxis[10]. Der Schüler kämpft mit seinem *Kôan*, Tag und Nacht denkt er nichts anderes, immer größer wird die Spannung, in der sein Geist sich befindet, und immer größer auch die Hoffnungslosigkeit all seiner Anstrengungen, die Lösung zu finden – bis eines Tages, oft erst nach vielen Jahren, die angestaute Spannung sich in einem Kurzschluß seines rationalen Bewußtseins entlädt und er die Erleuchtung erfährt. Ein *Rinzai*-Meister scheut auch nicht davor zurück, seine Schüler anzubrüllen oder gar zu schlagen, um ihnen so einen Schock zu versetzen, der sie aus den eingefahrenen Bahnen des diskursiven Denkens herausstößt. Auch im *Sôtô*-Zen bedient man sich des *Kôan*, und auch die *Rinzai*-Schule kennt das »Nur-Sitzen«; doch hält eben jede ihre Methode für die beste.

Obwohl der chinesische Buddhismus gegen Ende der T'ang-Periode schwere Verfolgungen erlebt hatte, genoß Ch'an mit dem Aufkommen der Sung-Dynastie bereits das offizielle Wohlwollen des kaiserlichen Hofes. Man sammelte und übte die *Kôan* der T'ang-Meister, während die *Sûtren* des orthodoxen Buddhismus allmählich in Vergessenheit gerieten. Die wahre Zukunft des Ch'an sollte jedoch in den Händen der Japaner liegen. In der zweiten Hälfte des 12. Jahrhunderts reiste ein japanischer *Tendai*-Mönch namens Eisai (1141–1215) nach China, um die Entwicklungen zu studieren, die dort während der Jahre der japanischen Isolation stattgefunden hatten; er hoffte Anregungen zu finden, die dem stagnierenden und leblos gewordenen japanischen Buddhismus würden helfen können. Natürlich begab er sich zu einem der T'ien-t'ai-Klöster, denen der japanische Buddhismus schon so viel zu verdanken hatte – und dort fand er die chinesischen Glaubensbrüder in die Praxis des

Ch'an vertieft. Der neue Glaube schien eine Antwort auf die japanischen Probleme zu sein, und als er 1187 zum zweitenmal nach China aufbrach, widmete er sich dem Studium des Ch'an, bis er das Siegel der Erleuchtung erlangte. Offiziell als Zen-Meister bestätigt, kehrte er im Jahre 1191 nach Japan zurück, wo er noch im gleichen Jahr auf der Südinsel Kyûshû den ersten japanischen *Rinzai*-Tempel begründete.

Obwohl Eisai mit seiner Einführung der neuen Sekte die unvermeidliche Opposition der *Tendai*-Mönche auf dem Berg Hiei erregte, fand der neue Glaube, der den Nutzen der Gelehrsamkeit so unverblümt bestritt, beim aufstrebenden Rittertum ein offenes Ohr. Diese Krieger, die zumeist weder lesen noch schreiben konnten und sich gegenüber der literarisch hochgebildeten Aristokratie als intellektuell minderwertig empfanden, waren natürlich begeistert, als sie erfuhren, daß ein gelehrter Verstand eher von Nachteil als von Nutzen sei für das Leben. Zudem entsprach die Vorliebe des Zen für rasches, intuitives Handeln ihrer eigenen Verfahrensweise im bewaffneten Kampf. Schon bald wurde Eisai mit der Leitung eines zweiten Tempels in Kyôto und später eines dritten in der Kriegerhauptstadt Kamakura betraut. Sein wirkungsvollster Schachzug war wohl die Abfassung eines Traktats, mit dem er zugleich die Herzen des nationalistischen Krieger-Establishments für das Zen gewinnen und die *Tendai*-Mönche auf dem Hiei-Berg beschwichtigen wollte. In seiner Schrift für die »Verbreitung des Zen zum Schutze des Landes« gab er folgende Beschreibung des Zen:

In seinen Regeln für Handeln und Selbstzucht gibt es keine Verwirrung zwischen Richtig und Falsch ... Nach außen gewendet, stellt es die Selbstzucht über die Lehrschriften, inwendig bringt es die Höchste Innere Weisheit.[11]

Daß ausgerechnet eine pazifistische Religion wie das Zen so großen Anklang unter der rauhen Kriegerklasse des mittelalterlichen Japan fand, mag weniger paradox erscheinen, wenn man bedenkt, was George Sansom in diesem Zusammenhang schrieb:

Für einen nachdenklichen Krieger, der ständig auf den Tod gefaßt sein mußte, lag etwas Anziehendes, ja Übezeugendes in dem Glauben, daß die Wahrheit wie das Aufblitzen eines Schwertes ist, das das Problem der Existenz mit einem Streich durchschneidet. Jede Religion, die einen Mann das Wesen des Seins ohne mühsames Studium der Schriften begreifen ließ, mußte auf Interesse stoßen bei Kriegern, die für die größten Momente ihres Lebens jene hielten, in denen der Tod am nächsten war.[12]

Das respektlose, antischolastische *Rinzai*-Zen mit seinen anekdotischen *Kôan* und dem heftigen Schock der Erleuchtung faszinierte die herrschende Kriegerklasse; während die überwiegende Landbevölkerung Lobgesänge auf Amida und das *Lotus-Sûtra* ausbrachte, begannen die Samurai sich in der *Kôan*-Praxis zu üben.

Der adlige Priester Dôgen (1200–1253), der ebenfalls das *Tendai*-Kloster verließ und nach China ging, um nach seiner Rückkehr die meditative, »allmähliche« Schule des *Sôtô*-Zen in Japan zu etablieren, gilt allgemein als der zweite Begründer des japanischen Zen. Obgleich er die Nützlichkeit des *Kôan* als Hilfe für die Unterweisung akzeptierte, hielt er *Shikantaza*, das »Nur-Sitzen«, für die seit den Tagen des Buddha bewährteste Methode, die Erleuchtung zu erlangen. Dabei griff er auf die älteren Hînayâna-Sûtren zurück, in denen die Worte des Buddha authentischer bewahrt waren als in den Mahâyâna-Quellen, die im Lauf der Jahrhunderte von metaphysischen Spekulationen und polytheistischen Einflüssen getrübt worden waren. Ursprünglich hatte Dôgen keineswegs die Absicht gehabt, eine eigene Schule zu begründen. Es lag ihm nur die Verbreitung des *Zazen* am Herzen, und zu diesem Zweck verfaßte er eine kleine Schrift mit dem Titel *Fukan Zazengi*, »Allgemeine Lehren zur Förderung des Zazen«; sie gehört zu den Klassikern der Zen-Literatur. Einige Jahre später folgte ein – erheblich umfangreicheres und allgemeineres – Werk, das zur Bibel des japanischen *Sôtô*-Zen werden sollte: das *Shôbogenzô* (»Schatzkammer des Auges des Wahren Dharma«). In diesem Werk betont Dôgen die Wichtigkeit des *Zazen*, ohne dabei den Nutzen von Lehrvortrag und *Kôan*, wo angebracht, außer acht zu lassen:

Es gibt zwei Wege, um Körper und Geist in den rechten Stand zu bringen: der eine besteht darin, die Lehre von einem Meister zu hören; der andere darin, selbst *Zazen* zu üben. Wenn man Lehrvorträge *hört*, beginnt der Verstand zu arbeiten, während *Zazen* zugleich Übung und Erleuchtung in sich birgt. Um Die Wahrheit zu erfassen, braucht man beides. [13]

Anders als der konziliantere Eisai war Dôgen jedoch kompromißlos in seiner Ablehnung der traditionellen Schulen des Buddhismus; zu weit, so glaubte er, hatten sie sich von der ursprünglichen Lehre des Gautama entfernt. Damit hatte er natürlich recht; mit seinen frommen Rezitationen und der Erwartung des Heils durch einen Erlöser ähnelte der volkstümliche Buddhismus weit mehr dem europäischen Christentum jener Tage als der Religion, die der Buddha gestiftet hatte – einem atheistischen Vertrauen auf die eigene Kraft, sich vom Haften an den Dingen der Welt zu befreien. Dôgens Wahrheiten vertrugen sich freilich schlecht mit den Ansichten des buddhistischen Establishments seiner Zeit, und jahrelang mußte er von einem Tempel zum anderen weiterziehen. Im Jahre 1236 gelang es ihm endlich, einen eigenen Tempel zu begründen; heute gilt Dôgen als einer der meistverehrten religiösen Lehrer in der japanischen Geschichte. Als sich sein Ruhm verbreitete, ersuchten ihn die militärischen Führer, an ihren Hof zu kommen und sie zu unterweisen, doch Dôgen zog das Klosterleben vor. Vielleicht lag es daran, daß *Sôtô*-Zen in der Kriegerklasse nie Fuß faßte und das Zen der einfachen Leute blieb. Heute ist *Sôtô* (mit annähernd sechseinhalb Millionen Anhängern) die populärste Version des Zen in Japan, während Rinzai (mit etwas über zwei Millionen Mitgliedern) das Zen jener ist, die theologische Kühnheit und intellektuelle Herausforderungen lieben.

Während seiner ganzen bisherigen Geschichte war Zen mit dem Establishment immer im Streit gewesen – nun war das japanische Zen plötzlich die Religion der herrschenden Klasse. Die Folge war, daß Zen in Japan einen Einfluß ausübte, wie er dem Ch'an in China niemals beschieden gewesen war.

Bogenschießen und Schwertfechten
(Die Kamakura-Zeit, 1185–1333)

Die Kriegerkaste mit ihrer Neigung zu spartanischem Leben fand an der antischolastischen geistigen Disziplin Gefallen, noch mehr an der strengen körperlichen Disziplin der Zen-Anhänger, die ihr Leben recht naturgemäß lebten... Zen förderte die innere Zähigkeit und die Charakterstärke, die den Krieger des feudalen Japan kennzeichnete.

Edwin Reischauer: *Japan*

Die Anfänge der Zen-Ära in Japan liegen etwa in der Mitte des 12. Jahrhunderts, als das Wunder des jahrhundertelangen Friedens während der Heian-Zeit ein Ende fand. Über mehrere Jahrhunderte hin hatte der Adel das Land mit viel diplomatischem Geschick regiert und kaum einmal zum Schwert greifen müssen; Heian ist wahrscheinlich die einzige völlig unbefestigte Hauptstadt des Mittelalters gewesen. Die herrschende Klasse ließ Ländereien, die unter der Herrschaft der Hauptstadt standen, lieber in die Hände mächtiger Provinzfürsten oder reicher Klöster fallen, als daß sie sich dafür auf eine Fehde einließ. Mußte die Staatsmacht doch einmal eingreifen, so übertrug sie die Verantwortung zwei mächtigen militärischen Sippen, Taira und Minamoto, die im Land umherzogen, um Steuern einzutreiben, Aufstände niederzuwerfen und enge Verbindungen zu den Anführern in der Provinz zu schaffen. Die Taira hatten die Aufsicht über die westlichen und die zentralen Provinzen um Kyôto, während die Minamoto die östlichen Provinzen beherrschten, wo später einmal Kamakura die neue Hauptstadt des Landes werden sollte. Diese Herrschaftsform blieb erstaunlich lange funktionstüchtig, denn der Adel verstand es sehr gut, diese beiden mächtigen Familien gegeneinander auszuspielen; aber um die Mitte des 12. Jahrhunderts fand man sich plötzlich der Gnade der kriegerischen Handlanger ausgeliefert, als die Hauptstadt eines Tages von Straßenräubern und bewaffneten Mönchen überflutet wurde, die sengend und plündernd durch die Straßen zogen.

Der endgültige Niedergang des *ancien régime* kam mit dem Jahr 1156, als zwischen dem regierenden Kaiser und dem abgedankten Herrscher ein Streit über die Besetzung von Ämtern ausbrach, der auf den gesamten Adel übergriff. Beide Seiten riefen die kriegerischen Sippen um Hilfe an – ein, wie sich herausstellte, sehr unüberlegtes Vorgehen, denn jetzt entstand eine Fehde zwischen den Taira und Minamoto, die zum Bürgerkrieg (Gempei-Krieg) führte. Er dauerte fünf Jahre, brachte ein nie dagewesenes Blutvergießen mit sich und endete mit dem Sieg der Minamoto. Aus diesem Kampf ging ein Anführer namens Minamoto Yoritomo als unangefochtener Herrscher, als Oberhaupt eines geeinten Staates und seiner Regierung hervor. Da es die Stellung, die er innehatte, in Japan bis dahin noch nicht gegeben hatte, schmückte er sich selbst mit dem Titel *Shôgun* (in voller Länge ursprünglich *Sei-i tai Shôgun*, »Barbarenbezwingender Generalissimus«, ein Titel, der Anfang des 9. Jahrhunderts einem Feldherrn nach seinem Sieg über die *Ainu*, die Ureinwohner Japans, verliehen worden war). Er verlegte den Regierungssitz von Kyôto in sein militärisches Hauptquartier Kamakura und schuf die Grundlagen für eine siebenhundertjährige Herrschaft des Militärs.

Die Regierungsform, die Yoritomo einführte, wird allgemein (wenn auch nicht ganz zutreffend) Feudalismus genannt. Die Krieger-Familien der Provinz bewirtschafteten Ländereien, auf denen Bauern arbeiteten, deren Status sich von dem der europäischen Leibeigenen zur gleichen Zeit kaum unterschied. Die Landbarone waren berittene Krieger, ganz neue Gestalten in der japanischen Geschichte, die ihr Land und die Ehre ihrer Familie ebenso verteidigten wie die europäischen Ritter. Aber ihr Ideal der Ritterlichkeit sah etwas anders aus: ihnen ging es fast ausschließlich um die Regeln des Kampfes und um den ehrenvollen Tod. Unter den grimmigsten Kämpfern, die die Welt je gesehen hat, sind sie die Meister des Zweikampfs, der Reitkunst, des Bogenschießens und des Schwertkampfs. Ihre Prinzipien hießen Furchtlosigkeit, Loyalität, Ehre, persönliche Integrität und Verachtung des materiellen Reichtums. *Samurai* war der Name, unter dem sie bekannt wurden, und sie waren die Männer, deren Schwerter vom Zen geführt wurden.

Der Kampf war für den Samurai ein Ritual für die persönliche Ehre und die seiner Familie. Wenn zwei streitende Parteien einander im Feld gegenüberstanden, so verschoß der berittene Samurai zuerst seine zwanzig bis dreißig Pfeile und rief dann laut den Namen seiner Familie, in der Hoffnung, damit einen Gegner von ebenso hohem Stand herauszufordern. Daraufhin drangen zwei Krieger mit ihren langen Schwertern aufeinander ein, bis einer von ihnen aus dem Sattel stürzte, worauf der Kampf zu Fuß mit kurzen Messern fortgesetzt wurde. Der Sieger trennte den Kopf des Unterlegenen als Trophäe ab, denn an der Kopfbedeckung ließen sich Familie und Rang des Besiegten erkennen. Von der Hand eines würdigen Gegners im Kampf getötet zu werden, war für die Familie des Besiegten nicht unehrenhaft; Feigheit angesichts des Todes galt als große Demütigung und kam daher selten vor. Diese vom Zen durchdrungenen Krieger verehrten das einfache Leben ebenso, wie sie das verweichlichte Dasein der Aristokraten und Kaufleute verachteten; und das Leben selbst galt nicht als kostbar – die Krieger waren jederzeit bereit zum rituellen Selbstmord *(Seppuku* oder *Harakiri),* um die Ehre ihrer Familie zu verteidigen oder demonstrativ zu protestieren.

Yoritomo kam auf der Höhe seiner Macht bei einem Reitunfall ums Leben. Alle potentiellen Rivalen in seiner Familie hatte er umgebracht; einzig zwei schwächliche Söhne hatten überlebt, aber sie kamen als Nachfolger nicht in Frage. Das Machtvakuum füllten eingeheiratete Verwandte aus der Sippe der Hôjô, nachdem sie auch die restlichen Mitglieder der Minamoto-Familie ermordet hatten. Um nicht offen als Usurpatoren des Shôgun-Amtes auftreten zu müssen, erfanden sie einen neuen Titel, den »Regenten«; dessen politischer Arm war ein sorgsam ausgesuchter Strohmann als Shôgun, der wiederum einen machtlosen Kaiser manipulierte. Durch diesen genialen Handstreich brauchten sie nie selbst als Herrscher aufzutreten.

Nach der umsichtigen Beseitigung der Minamoto-Familie beherrschten die Hôjô das Land über hundert Jahre lang, und Zen wurde in dieser Zeit die einflußreichste geistige Strömung. In dieser Zeit spielte Zen auch eine bedeutende Rolle beim Abwenden der größten Bedrohung, die Japan bis dahin erlebt hatte: der Invasionsversuche des Kublai Khan. Während die mongolischen Armeen noch China überrannten, sandte der Große Khan im Jahre 1268 Botschafter nach Japan und verlangte Tribut. Der Hof zu Kyôto war entsetzt, aber nicht so das kriegerische Kamakura; die Mongolen kehrten mit leeren Händen zurück. Das gleiche wiederholte sich vier Jahre später, obwohl die Japaner wußten, daß jetzt ein Krieg unvermeidlich war. Wie nicht anders zu erwarten war, kamen die Mongolen 1274 mit einer ganzen Invasionsflotte von Korea herüber, aber der Kampf um einen Brückenkopf auf Kyûshû brachte keine Entscheidung, und als schließlich ein Sturm die Angreifer ins Meer hinaustrieb, entstanden so hohe Verluste, daß sie den Plan aufgeben mußten. Dennoch war den Japanern eine ernüchternde Lektion über ihre militärische Abwehrbereitschaft erteilt worden; in den Jahren des inneren Friedens zwischen dem Gempei-Krieg und dem Angriff der Mongolen hatten die japanischen Kämpfer ihre Fähigkeiten verkümmern lassen. Zudem hatten die japanischen Krieger viel von ihrer moralischen Stärke eingebüßt, und ihre formalisierten Vorstellungen vom ehrenhaften Kampf Mann gegen Mann waren nicht dazu angetan, den in Formation angreifenden und mit Armbrüsten bewaffneten Feind zu beeindrucken. (Wenn ein Samurai stolz den Angreifern entgegenritt und nach altem Brauch seine edle Herkunft kundtat, so endete sein Leben im Pfeilhagel, noch bevor er ausgesprochen hatte.) Um diese Mängel auszugleichen, forderten die Zen-Mönche, die den

Hôjô als Berater dienten, daß die militärische Schulung – insbesondere das Bogenschießen und der Schwertkampf – nach den Prinzipien des Zen ausgerichtet werden sollte. Eilends wurde ein neues Schulungssystem eingeführt, das die Samurai psychologisch und körperlich auf den Kampf vorbereiten sollte. Die Erfolge waren so überzeugend, daß man dieses System zu einem festen Bestandteil militärischer Taktik machte.

Eile war geboten, denn jedermann wußte, die Mongolen würden mit neuen Kräften zurückkehren. Eine der stärksten Waffen der Mongolen war die Angst, die ihr Anmarsch überall auslöste, aber Todesfurcht ist das letzte, was einen Samurai bewegt, der durch die Schule des Zen gegangen ist. Der Verlust ihrer besten Angriffswaffe wurde den Mongolen schlagend deutlich, als nach der ersten Invasion einige Abgesandte nach Japan kamen, um Verhandlungen aufzunehmen – sie wurden sämtlich enthauptet.

Ganz Japan wurde in den Kriegszustand versetzt, und jeder körperlich tüchtige Mann mußte an der Befestigung der Küsten mitarbeiten. Die zweite Invasion begann im Frühsommer des Jahres 1281; eine Streitmacht von über 100 000 Mann näherte sich auf Schiffen, die in Korea gebaut worden waren, der japanischen Küste. Als sie auf Kyûshû zu landen begannen, waren die Samurai wohlvorbereitet zur Stelle, begierig, ihr kriegerisches Können endlich anwenden zu dürfen. Zu Wasser zermürbten sie die mongolische Flotte von kleinen Booten aus, und an Land traten sie dem Feind in geschlossener Linie gegenüber. Sieben Wochen lang hielten sie dem Ansturm stand, bis im August endlich die Taifune einsetzten. Eines Abends verdunkelte sich der Himmel im Süden unheildrohend, und bevor die mongolische Flotte sich in Sicherheit bringen konnte, brach der Sturm los.

Binnen zwei Tagen war die Armada des Kublai Khan ausgelöscht, und an Land blieben nur einige versprengte Stoßtrupps übrig, die von den Samurai bald vollständig aufgerieben wurden. So zerschlugen die Zen-Krieger eines der größten militärischen Unternehmen der Weltgeschichte, und der Taifun erhielt vom Kaiser den Namen »Götterwind«, *Kamikaze.*

Die Symbole des Zen-Samurai waren das Schwert und der Bogen. Insbesondere das Schwert war Ausdruck für die edelsten Antriebe des Menschen, zumal es schon seit vorbuddhistischer Zeit eines der Embleme der Göttlichkeit des Kaisers war. Einem alten Glauben zufolge besitzt das Schwert eines Samurai eine Seele, die er, wenn sie ihn im Kampf einmal verließ, durch Gebete zurückrufen konnte. Daher hatte auch der Schwertschmied einen fast priesterlichen Stand; erst nach einer rituellen Reinigung machte er sich an seine Arbeit, bei der er ein weißes Gewand trug. Das Ritual um die Schwertschmiedekunst hatte praktische und spirituelle Gründe; es bewahrte die äußerst komplexen Methoden, nach denen ein besonderer Stahl geschmiedet wurde. Diese Methoden wurden sorgsam geheimgehalten, und zu Recht: erst im vorigen Jahrhundert gelang es im Westen, vergleichbares Metall herzustellen, und selbst den besten modernen Erzeugnissen stehen japanische Schwerter in nichts nach.

Das Metall für diese Schwerter mußte so hart sein, daß sich die Schneide nicht abnutzte, und zugleich so weich und geschmeidig, daß es nicht brechen konnte. Am Beginn des Arbeitsprozesses stand ein Werkstück, das aus mehreren Lagen von Stahlsorten verschiedener Härtegrade bestand; es wurde gehämmert, erhitzt und immer wieder gefaltet, bis es endlich aus Tausenden feiner Schichten bestand. Ein Schwert der allerfeinsten Sorte hatte einen Kern aus weichen Metallen, und nach außen hin folgten Schicht um Schicht Stahlsorten höherer Härtegrade. Danach wurde die Klinge wiederholt erhitzt und in kaltes Wasser getaucht, um die Oberfläche zu härten, und schließlich wurde die ganze Klinge außer der Schneide mit Ton bedeckt, auf eine ganz bestimmte Temperatur erhitzt und noch einmal in ein Wasserbad von bestimmter Temperatur getaucht, aber nur so lange, daß die Schneide hart wurde; den Kern ließ man ganz langsam auskühlen, damit er seine Biegsamkeit behielt. Die genauen Temperaturen wurden streng geheimgehalten, und der Überlieferung nach erging es einem neugierigen Besucher einer Meisterschmiede, der heimlich mit einem Finger die Temperatur des Wassers erfühlen wollte, so, daß ihm bei der Klingenprobe plötzlich die Hand abgetrennt wurde.

Solch ein rasierklingenscharfes Schwert konnte Rüstungen durchschlagen, ohne stumpf zu werden, aber in seinem Innern war es so weich, daß es kaum jemals zerbrechen konnte. Kein Wunder, daß Chinesen und andere Asiaten in späteren Zeiten ungeheure Summen für solch ein vorzügliches Todeswerkzeug zu zahlen bereit waren. Kein Wunder auch, daß ein Samurai so an seinem Schwert hing, daß es ihm mehr bedeutete als sein eigenes Leben.

Natürlich machte ein Schwert noch keinen Samurai. Eine klassische Zen-Anekdote mag dafür als Illustration dienen. Sie berichtet von einem jungen Mann, der einen berühmten Schwertmeister aufsuchte, um sein Schüler zu werden; er wollte hart arbeiten und dadurch die Zeit der Schulung verkürzen. Am Ende der ersten Unterredung fragte er, wieviel Zeit denn wohl erforderlich sei, und erhielt als Antwort: mindestens zehn Jahre. Entsetzt bot der junge Mann an, Tag und Nacht hart zu arbeiten, dann würde es doch sicher schneller gehen. »In diesem Fall«, sagte der Meister, »wird es wohl dreißig Jahre dauern.« In wachsender Verwirrung bot der junge Mann das Äußerste: er wollte all seine Kraft und jeden Augenblick dem Studium des Schwertes widmen. »Dann dauert es siebzig Jahre«, war alles, was er zur Antwort bekam; aber jetzt wußte er nichts mehr zu sagen und ergab sich in die Hände des Meisters. In den ersten drei Jahren bekam er kein einziges Schwert zu Gesicht, sondern mußte Reis schälen und meditieren. Eines Tages aber schlich sich der Meister von hinten an ihn heran und versetzte ihm einen heftigen Schlag mit einem Holzschwert. Diese Angriffe wiederholten sich alle Tage, wann immer er den Rücken kehrte. Alle seine Sinne schärften sich allmählich, bis er in jedem Augenblick auf der Hut war und immer bereit, sich instinktiv wegzuducken. Als der Meister sah, daß der Körper seines Schülers wach und für alles in seiner Umgebung aufnahmebereit war, und daß er keinen unnützen Gedanken mehr nachhing, begann die eigentliche Schulung.

Instinktives Handeln ist der Schlüssel zum Zen-Schwertfechten. Der Kämpfer plant seine Bewegungen nicht, sein Körper handelt, ohne sich dabei auf den Verstand zu stützen, und das macht ihn jedem Gegner, der sich seine Aktionen erst ausdenken und dann in Bewegungen umsetzen muß, überlegen. Die Prinzipien des Zen, nach denen man zum Erkennen der inneren Wirklichkeit die analytischen Fähigkeiten des Geistes übersteigen muß, gelten also auch für den Schwertkampf, sind aber hier noch um ein wichtiges Element erweitert: die vollständige Identifikation des Kriegers mit seiner Waffe. Die Zen-Schulung hebt den Unterschied zwischen Mensch und Waffe auf und verschmilzt sie zu einem einzigen Kampfinstrument. D. T. Suzuki schreibt dazu:

In der Hand eines nur technisch ausgebildeten Kämpfers ist das Schwert nichts weiter als ein bloßes Instrument ohne eigenen Geist. Seine Aktionen sind mechanisch und das Nicht-Denken fehlt in ihnen. Wird das Schwert aber von einem Mann geführt, der geistig so weit fortgeschritten ist, daß er es hält, als hielte er es nicht, so verschmilzt es mit ihm, gewinnt eine Seele und bewegt sich mit all der Feinfühligkeit, die der Schwertkämpfer in der Schule des Zen gewonnen hat. Leer geworden von allen Gedanken, allen Gefühlen, die aus der Furcht erwachsen, aller Unsicherheit und dem Verlangen zu siegen, hat der Kämpfende kein Bewußtsein mehr davon, wie er das Schwert führt. Man könnte sagen, Mann und Schwert werden zu Instrumenten in der Hand des Unbewußten.[1]

Die ganze Aufmerksamkeit des Kämpfers konzentriert sich auf den Gegner, und gibt er sich eine Blöße, so bedarf es keiner Überlegung mehr: Schwert und Körper handeln automatisch. Die Disziplin der Meditation und die Paradoxe des *Kôan* haben das rationale Bewußtsein überwunden und ein furchtloses, automatisches und gedankenleeres Instrument des gestählten Todes geschmiedet.

Die Methoden, die die Zen-Meister für die Schule des Bo-

genschießens entwickelten, unterscheiden sich wesentlich von denen der Schwert-Schule. Beim Schwertkampf geht es vor allem um die Verschmelzung von Mensch und Waffe, und der Gegner gewinnt erst im kritischen Augenblick Bedeutung, während das Bogenschießen eine innere Distanz zur Waffe erfordert und zugleich die volle Konzentration auf das Ziel gerichtet sein muß. Man erlernt die richtige Technik zwar, aber letztlich geht es darum, die Technik, den Bogen, das Spannen zu vergessen, und dann zählt nur noch das Ziel. Aber auch darin gibt es noch einen Unterschied zur Technik des Westens: Den Zen-Bogenschützen beschäftigt nicht der Gedanke, das Ziel zu treffen; er muß sich nicht um Zielgenauigkeit bemühen – sie stellt sich ein, sobald ihm die vollendete Form seiner Kunst in Fleisch und Blut übergegangen ist.

Bevor wir dieses scheinbare Paradox auflösen, wollen wir zunächst die Ausrüstung des japanischen Bogenschützen betrachten. Der Bogen hat seinen Griff nicht in der Mitte, sondern im unteren Drittel. Deshalb kann der Bogen so lang sein, daß er einen stehenden (oder knienden) Schützen überragt. In seinem unteren Teil ist er den Maßen des Menschen angeglichen, während die obere Hälfte sich in einem langen Bogen weit über den Kopf erhebt. Man kann ihn als eine Kombination aus dem gewöhnlichen Bogen und dem englischen *longbow* betrachten, der bis hinter das Ohr gespannt werden muß. Die Konstruktion dieser Waffe, die es nur in Japan gibt, übertrifft alles, was in Europa bis in die neuere Zeit hinein bekannt war. Das Herz des Bogens besteht aus drei Bambusleisten mit quadratischem Querschnitt zwischen zwei weiteren Bambusleisten mit halbmondförmigem Querschnitt, dem Bauch (die dem Schützen zugewandte Seite) und dem Rücken. Die Seiten sind mit je einer

Zu nebenstehender Abbildung
Ein Zen-Mönch, der den übergroßen japanischen Bogen vollkommen beherrscht; die Mechanik des Bogens erwacht in ihm zum Leben und befreit sein Bewußtsein von jeder Ablenkung, so daß es eins werden kann mit dem Ziel.

Leiste aus dem harten Holz des Wachsbaums ausgefüllt. Diese Zusammensetzung macht einen solchen Bogen kraftvoll und leicht. Auch die Pfeile sind aus Bambus, der sich für diesen Zweck besonders gut eignet, und sie unterscheiden sich von westlichen Pfeilen dadurch, daß sie leichter und länger sind. Die Sehne schließlich wird in Japan, anders als im Westen, vom Daumen abgeschnellt.

Zeigen sich schon in der Ausrüstung deutliche Unterschiede zum Westen, so erst recht in der Technik, die in Japan eine deutliche Nähe zum Rituellen zeigt. Die erste Lektion des Zen-Bogenschießens ist die richtige Kontrolle der Atmung; sie erfordert Techniken, die man durch Meditation erlernt. Beim Bogenschießen wie im *Zazen* beeinflußt das richtige Atmen das Bewußtsein, und man braucht es für die volle Konzentration, für das Leerwerden des Geistes und das Stillwerden der Seele. Durch das kontrollierte Atmen verliert der Schütze auch nie das Bewußtsein vom religiösen Charakter seines Handelns, eines Rituals, das ebensoviel mit seinem spirituellen Selbst zu tun hat wie mit der eher trivialen Absicht, das Ziel zu treffen. Auch für das Spannen des Bogens ist die Atmung wichtig, denn der Pfeil wird weiter zurückgezogen als im Westen, und dabei werden auch weniger ausgebildete Muskeln beansprucht. Bei jedem Abschnitt des Spannens nimmt man einen Atemzug, und allmählich spielt sich ein Rhythmus ein, der etwas Tänzerisches an sich hat.

Erst wenn er den Bogen so weit gemeistert hat, wendet sich der Schütze dem Abschießen des Pfeils zu (aber nicht mit der Absicht, das Ziel zu treffen). Die Atmung hat hier wiederum die gleiche Bedeutung, nur geht es jetzt darum, daß das Abschnellen des Pfeils ebenso von der Intuition gelenkt wird wie der Angriff des Schwertkämpfers. Wie bei der »Lösung« eines *Kôan*, muß sich beim Abschießen des Pfeils eine Art innere Spannung lösen, und zwar so, als geschähe es von selbst, ohne Absicht, scheinbar unabhängig von der Hand. Das ist nur möglich, weil der Schütze nichts von seinen Handlungen weiß; sein Bewußtsein ist in absoluter

Konzentration auf das Ziel gerichtet, aber er zielt nicht bewußt, sondern intuitiv, sein Geist muß sich in das Ziel einbrennen und eins mit ihm werden, so daß dem Schuß selbst nur noch eine Vermittlerrolle und keine eigene Bedeutung zukommt. Alle körperliche Aktion – Haltung, Atmung, Spannen, Abschießen – ist ebenso natürlich und vom Denken unabhängig wie der Herzschlag; der Pfeil wird allein von der Konzentration des Bewußtseins auf das Ziel geleitet.

So kam es, daß die Kriegskünste Japans als erste von der Lehre des Zen profitierten. So fremd Meditation und Kampf einander zu sein scheinen, gleichen sie sich doch darin, daß sie äußerste Selbstdisziplin und die Überwindung des bloß diskursiven Bewußtseins verlangen. Zu Anfang ein Hilfsmittel der todbringenden Künste, wurde Zen bald zum Leitprinzip für eine ganz andere Art von Kunst. In späteren Jahren sollte Zen zur offiziellen Staatsreligion werden; die Shôgune wurden zu Schutzherren des Zen, und die gesamte Kultur Japans war vom Zen durchdrungen.

II. Das Zeitalter der Hochkultur
Ashikaga (1333–1573)

Die Blütezeit des Zen

> Wir lieben das Schöne und bleiben schlicht, wir
> lieben den Geist und werden nicht schlaff.
>
> Thukydides: *Totenrede des Perikles*

Man könnte die mittelalterliche Blüte der Zen-Kultur als das Perikleische Zeitalter Japans bezeichnen. Ähnlich wie das 5. Jahrhundert v. Chr. in Griechenland, brachte diese Ära die schönste klassische Kunst Japans hervor, während zugleich verheerende Seuchen und mörderische Kriege das Land ausbluteten wie nie zuvor. Die Regierung, so weit man von einer solchen sprechen konnte, lag in den Händen des Ashikaga-Klans; dessen Mitglieder waren stets bereit, das allgemeine Wohl zugunsten ihrer persönlichen Interessen zu vernachlässigen. Daß diese Interessen zufällig Zen und die Zen-Künste einschlossen, war gewiß ein spärlicher Trost für die Untertanen; für uns Heutige dagegen wird die Selbstsucht der Herrschenden aufgewogen durch die Hochkultur, die sie förderten. Wer die klassischen Formen der Zen-Kultur bewundert, sollte sich jedenfalls dessen bewußt sein, daß der Preis dafür die rücksichtslose Besteuerung und Vernachlässigung der ganzen bäuerlichen Bevölkerung des mittelalterlichen Japan einschloß.

Die historische Kulisse der Ashikaga-Ära erinnert an englische Tragödien des 17. Jahrhunderts, deren handelnde Figuren Höflinge und Halsabschneider zugleich sind, am Hofe wie in der Schlacht stets nur auf den eigenen Vorteil bedacht. Die Politik der Ashikaga-Zeit nahm in den frühen Jahren des 14. Jahrhunderts Gestalt an, als die einst unbesiegbare Kamakura-Herrschaft der Hôjô-Familie sich auflöste; während des folgenden halben Jahrhunderts herrschte in Japan Streit und Krieg um die Person des rechtmäßigen Kaisers. In dieser Zeit führten die Daimyô-Kriegsherren der Provinzen und ihre Samurai-Krieger landauf, landab immer neue Kriege, wobei sie erst den einen, dann einen anderen Kaiser unterstützten. In diesem und den beiden nächsten Jahrhunderten entwickelte Zen sich zur offiziellen Staatsreligion; Zen-Mönche wurden zu Diplomaten im Ausland, zu Beratern im Lande selbst, zu Autoritäten in Fragen des Geschmacks.

Die politischen Wirren, die der Kamakura-Kriegerherrschaft ein Ende bereiteten und die Hôjô-Familie entmachteten, sind anscheinend auf den Krieg gegen die Mongolen zurückzuführen. Dieser lange und kostspielige Krieg ließ die meisten Samurai verarmen; sie waren aufgebracht gegen eine Regierung, die ihnen nur freundlich danken konnte, statt ihnen die Länder der Besiegten zu geben, wie es mittelalterliche Tradition war. Die allgemeine Unzufriedenheit erreichte ihren Höhepunkt im dritten Jahrzehnt des 14. Jahrhunderts, als ein Kyôto-Kaiser namens Godaigo den Versuch machte, die Hôjô abzusetzen und die echte kaiserliche Herrschaft wiederherzustellen. Nach einigen kleineren Gefechten beauftragten die Hôjô einen fähigen General namens Ashikaga Takauji (1305–1358) aus einer alten Minamoto-Familie, gegen Godaigo zu marschieren und die Sache in Ordnung zu bringen. Unterwegs muß Takauji es sich anders überlegt haben, denn als er Kyôto erreichte, griff er nicht etwa die Streitkräfte des Kaisers an, sondern machte die Hôjô-Garnison nieder. Wenig später marschierte ein anderer General, der die kaiserliche Sache unterstützte, nach Kamakura und zerstörte die Hauptstadt der Hôjô. Die letzten paar hundert Hôjô-Anhänger begingen Massenselbstmord, und die Kamakura-Zeit war zu Ende.

Fröhlich errichtete Godaigo die neue japanische Regierung

in Kyôto, und bald war es wie in alten Zeiten; die Aristokraten nahmen alles in die Hand. Godaigo hatte sich ernstlich verrechnet, als er annahm, die Kriegsherren der Provinzen hätten ihn aus persönlicher Loyalität unterstützt statt aus dem herkömmlicheren Motiv der Habgier; er schenkte nämlich die Hôjô-Ländereien seinen bevorzugten Mätressen, während er Krieger wie Takauji nur als bäuerische, komische Figuren ansah. Wie nicht anders zu erwarten, brach bald ein neuer Krieg aus. Diesmal dauerte die Auseinandersetzung viele Jahrzehnte, wobei es zu unglaublichen Verwicklungen kam – so hatte Japan während einiger Jahrzehnte zwei Kaiser. Einmal hielt Takauji es für notwendig, seinen eigenen Bruder zu vergiften; und man hat geschätzt, daß seine militärischen Heldentaten rund sechzigtausend Tote gekostet haben, ganz zu schweigen von der allgemeinen Verwüstung des Landes. Das Endergebnis war, daß Godaigos Streitkräfte besiegt wurden und Japan in die Hände der Ashikaga-Familie geriet.

Bei all seinen blutrünstigen Taten war Takauji auch ein Gönner und Schutzherr der Zen-Sekte; er räumte ihr einen offiziellen Platz im nationalen Leben ein und förderte ihr Anwachsen sowie ihre Ausbreitung. Einer seiner engsten Berater war der große Zen-Prälat Musô Soseki (1275–1351), durch dessen Einfluß Rinzai-Zen zur offiziellen Religion der Ashikaga-Ära wurde. Musô, ein gewitzter und praktischer Mann, legte den Grund für die Flexibilität der Lehre, die es Zen ermöglichte, zu überleben, während Kaiser und Shôgune kamen und gingen:

Klarblickende Meister der Zen-Sekte haben keine starre Doktrin, die zu allen und jeden Zeiten eingehalten werden muß. Sie lehren das, was die Gelegenheit erfordert, und predigen so, wie der Geist sie bewegt, ohne einer festgelegten Richtung zu folgen. Wenn man sie fragt, was Zen ist, mögen sie mit Worten von Kungfutse, Mong Dsi, Laotse oder Dschuang Dsi antworten, zuweilen auch mit Ausdrücken, die sie den Lehren der verschiedenen Sekten und Abarten entnehmen; oder aber sie bedienen sich bekannter Sprichwörter.[1]

Wie viele Zen-Meister, weilte Musô gern in der Gesellschaft der Mächtigen. Er begann seine politische Laufbahn als Unterstützer und Vertrauter des unglücklichen Kaisers Godaigo. Als Godaigo abgesetzt wurde, paßte er seine Ergebenheit der Lage an und wurde zum Hohenpriester des Hauses Ashikaga. Bald war er der ständige Begleiter Takaujis; er beriet ihn in politischen Fragen, schmeichelte seinem Geschmack hinsichtlich der Zen-Kunst und versuchte ihm insgeheim ein wenig ›Kultur‹ beizubringen. Obschon Takauji bei all seinen blutrünstigen Tätigkeiten kaum Zeit zu ausgiebiger Meditation gehabt haben kann, predigte ihm Musô hin und wieder und besänftigte sein zuweilen schuldbewußtes Gewissen.

Da Takauji offenbar wegen seiner Behandlung Godaigos Gewissensbisse spürte, schlug Musô vor, der Geist des früheren Kaisers möge wohl Ruhe finden, wenn ein besonderer Zen-Tempel zu seinem Andenken errichtet werde. Als der Bau halb fertig war, gingen die Mittel aus; daraufhin gab der erfinderische Musô den Rat, ein Handelsschiff mit Waren nach China zu entsenden, um an Devisen zu kommen. Das Unternehmen war so erfolgreich, daß sich in Kürze regelmäßige Handelsbeziehungen entwickelten – nicht weiter verwunderlich, da Zen-Mönche die Organisatoren waren. In späteren Jahren wurde eine besondere Regierungsstelle eingerichtet, die sich nur mit dem Außenhandel befaßte; ihre Leitung hatten vielgereiste Zen-Prälaten. (Die Chinesen betrachteten diesen Handel als Austausch chinesischer Geschenke gegen japanische Tribute, doch die Japaner waren bereit, diese Beleidigung im Interesse des Profits zu übersehen.) Musô leistete noch einen anderen bleibenden Beitrag, um den wachsenden Einfluß des Zen zu fördern: Er überredete Takauji, in jeder der 66 Provinzen einen Zen-Tempel zu bauen, um so die staatliche Unterstützung der Religion auch außerhalb der herrschenden Kreise Kyôtos zu dokumentieren.

Takauji war der erste einer langen Reihe von Ashikaga-Shôgunen, nach denen die folgenden zwei Jahrhunderte der japanischen Geschichte benannt sind. Er verbrachte sein ganzes Leben auf dem Schlachtfeld, wo er seine Energie darauf konzentrierte, die Shôgunate durch die liberale Anwendung bewaffneter Macht zu stärken. In gewisser Weise nahm er die Haltung von John Adams[2] voraus, der einmal beklagte, er müsse den Krieg studieren, damit seine Enkel sich mit Kunst und Architektur beschäftigen könnten. Tatsächlich war Takaujis Enkel der berühmte Ästhet Ashikaga Yoshimitsu (1358–1408), der 1368 zum Shôgun aufstieg und bald darauf die künstlerische Zen-Tradition der Sung-Periode Chinas zu neuer Blüte brachte.

Yoshimitsu war erst neun Jahre alt, als er Shôgun wurde; während der frühen Jahre seiner Regierung übten deshalb Regenten aus der Hosokawa-Sippe die Herrschaft aus, die jeglicher noch verbliebener Aufsässigkeit ein Ende bereiteten. Als Yoshimitsu mündig wurde, fühlte er sich deshalb sicher genug in seinem Amt, um das ganze Land zu bereisen, religiöse Schreine zu besuchen und sich einen festen Platz in der japanischen Geschichte zu sichern. Noch bezeichnender für den Aufstieg der Zen-Kultur war es, daß er seine Aufmerksamkeit auch dem Ausland zuwandte; er förderte den Handel mit China, indem er für sichere politische Beziehungen sorgte, und wurde der beste Abnehmer für die Seidenstoffe, Brokate, Porzellane und – besonders wichtig – für die Sung-Malereien, die von den Zen-Mönchen mitgebracht wurden.

Innerhalb kürzester Zeit wurde Yoshimitsu zum Bewunderer der chinesischen Putzwaren und der antiken Ch'an-Kunstwerke der Sung-Periode, die seine Mönche importierten. Er hatte das Glück, daß Stabilität und Frieden im Lande herrschten, so daß er unbesorgt seinen Liebhabereien nachgehen konnte, vor allem da er fast gänzlich das Interesse an den Regierungsgeschäften verlor – außer an der Besteuerung; er hielt es sogar für notwendig, den Bauern noch höhere Steuern aufzuerlegen, um sein Wirken als Mäzen der Künste finanzieren zu können. Ganz in der Ästhetik und der Zen-Kunst aufgehend, schloß er sich als Herrscher völlig ab von seinen unglücklichen Untertanen. Sie mußten selbst zusehen, wie sie mit ihrem Schicksal fertig wurden, das von Hungersnöten, Seuchen und häufigen Kriegen zwischen Provinzherren bestimmt wurde. Die Landbevölkerung war jedoch nicht blind gegenüber der gefühllosen Art, wie er sie vernachlässigte; und es heißt, daß sein schlechter Ruf noch lange überlebt hat, denn noch im 19. Jahrhundert sollen Bauern zu einem bestimmten Tempel gezogen sein, um eine alte Statue des Ashikaga-Shôguns zu schmähen.

Trotz seiner persönlichen Fehler war es in erster Linie Yoshimitsu, dem der Aufschwung der Zen-Kunst zuzuschreiben ist. Seine Beiträge dazu waren vielfacher Art: Er gründete ein Zen-Kloster, das zur Schule für die großen Landschaftsmaler der Zeit wurde; auf seine persönliche Förderung läßt sich weitgehend die Entwicklung des Nô-Dramas zurückführen; sein Vorbild und seine Ermutigung trugen viel dazu bei, Zen mit der Kunst der Landschaftsgärtnerei zu identifizieren; seine eigene Übung des *Zazen* unter der Anleitung eines berühmten Zen-Mönchs setzte ein Beispiel für den Krieger-Hof; sein Interesse am Tee und der Dichtkunst war einerseits Grundlage für die Entwicklung der Teezeremonie als ästhetischer Vorgang, andererseits formte es den literarischen Geschmack seiner kriegerischen Anhänger; und schließlich ging die Errichtung einer der berühmtesten Zen-Kapellen in Japan auf sein Interesse an Zen-inspirierter Architektur zurück. Als Yoshimitsu 1394 zugunsten seines neunjährigen Sohnes abdankte, um in den Zen-Orden einzutreten, zog er sich in einen Palast am Rande Kyôtos zurück und ließ eine Kapelle zur Zen-Meditation bauen. Der Goldene Pavillon, der unter dem Namen *Kinkaku-ji* bekannt wurde, war ein hölzernes, dreistöckiges Teehaus, dessen architektonische Schönheit heute legendär ist. Wenn überhaupt, gab es nur wenige frühere Beispiele dieser Art mehrstöckiger Gebäude, obschon man vermutet hat, der Baugedanke könne einem vergleichbaren Tempel im südlichen China nachempfunden sein. (Um die Jahrhundertwende meinte der amerikanische Kunst- und Japankenner Ernest Fenollosa, der Pavillon sei eine Nachahmung des Bauwerks, das Kublai Khan für einen Garten in Shang-tu entworfen hatte – Shang-tu, das Coleridge Xanadu nannte, nach der Übersetzung des Namens durch Marco Polo: »In Xanadu verfügte Kublai Khan den Bau eines stattlichen Lusthauses.«)

Was auch immer sein Ursprung oder Vorbild war, das Gebäude hatte oberflächliche Ähnlichkeit mit einer nicht sehr hohen Pagode – jedes der oberen Geschosse war eine etwas kleinere Version des Stockwerks darunter. Die beiden unteren Stockwerke wurden für Abendunterhaltungen mit Musik, Dichtung und Räucherwerk benutzt, während das oberste Geschoß eine winzige Meditationskapelle darstellte (deren mit Blattgold überzogene Decke dem Bauwerk seinen Namen gab). Inmitten eines schönen Landschaftsgartens gelegen, stellt der Goldene Pavillon mit seinen geschweiften Dächern, der sorgfältigen Kunstschreinerei und den kostbaren unbemalten Hölzern ein Meisterwerk des Zen-Geschmacks dar; er sollte die Entwicklung der japanischen Architektur auf Jahrhunderte hinaus beeinflussen.

Der Goldene Pavillon läßt sich als Krönung von Yoshimitsus Laufbahn bezeichnen; er war ein angemessenes Denkmal für den Mann, der mehr als irgendein anderer für den Aufschwung der Zen-Kultur bewirkt hat. Unter seiner Herrschaft brachten japanische Mönche erstmals aus China die schönsten Stücke Ch'an-inspirierter Kunst mit, aus denen sie die künstlerischen Prinzipien der verschwundenen Sung-Ära ableiteten und meisterten; und sie brachten es fertig, das große Sung-Zeitalter künstlerischen Schaffens neu zu beleben, wenn nicht zu übertreffen. Die Triebkraft, die Yoshimitsu der Zen-Kultur verlieh, überdauerte die Herrschaft seines Enkels Yoshimasa (1435–1490), des letzten großen Mäzens der Zen-Kunst aus dem Geschlecht Ashikaga.

Als Shôgun widmete sich Yoshimasa dem Zen in noch höherem Maße als sein berühmter Großvater. All sein Bemühen als Kunstförderer galt der Tuschmalerei im Sung-Stil,

Der Goldene Pavillon des Ashikaga Yoshimitsu in einer modernen Rekonstruktion, die jene Zartheit und Eleganz, welche das Bauwerk zur Krönung der Zen-Architektur machten, zu neuem Leben erweckt.

dem Zen-Ritual der Teezeremonie, der Kunst des Blumenarrangements und neuen Formen der von Zen beeinflußten Architektur. Unglücklicherweise führte sein offenbar ererbtes Desinteresse an den Staatsgeschäften schließlich zur Auflösung des japanischen politischen Gefüges. Als das Amt des Shôguns zur Bedeutungslosigkeit eines bloßen Symbols herabgesunken war, reichte Yoshimasas Macht kaum noch aus, Steuern zu erheben, so daß er sich am Ende gezwungen sah, von den Zen-Klöstern zu borgen. Die wirkliche Macht im Lande ging auf die örtlichen Feudalherren oder *Daimyô* über; diese Männer beherrschten ganze Gebiete, hoben ihre eigenen Armeen aus und übten weit größere Macht aus als die Samurai früherer Zeiten.

Der Rest an Einfluß und Macht, der Yoshimasa noch verblieb, lag in den Händen seiner Mätressen und seiner intriganten Frau Tomi-ko. Als er Ende zwanzig war, wollte er sich schon völlig zurückziehen, um sich ganz dem Zen und dessen Künsten zu widmen, aber noch hatte keine der Frauen im Palast ihm einen Sohn geboren, der dem Titel nach hätte Shôgun werden können. Yoshimasas Geduld war 1464 erschöpft; er wandte sich an einen seiner Brüder, der in einem Mönchsorden lebte, und überredete ihn, sich auf die Übernahme des Shôgunats vorzubereiten. Klugerweise zögerte der Bruder und wies darauf hin, daß Tomi-ko, die erst in den Zwanzigern war, durchaus noch einen Sohn bekommen könnte; aber Yoshimasa widerlegte diesen Einwand mit der feierlichen Versicherung, er werde etwaige künftige Söhne allesamt zu Priestern machen.

Weniger als ein Jahr später gebar Tomi-ko tatsächlich einen Sohn. Damit war die Bühne bereitet für die Streitigkeiten und Kämpfe, die schließlich zur Zerstörung Kyôtos führen und den Niedergang des Ashikaga-Zeitalters der Zen-Kultur einleiten sollten. Yoshimasas wichtigster Berater, Hosokawa Katsumoto, und Hosokawas Schwiegervater, Yamana Sôzen, waren einander bereits feindlich gesonnen. Als das Kind geboren wurde, setzte Hosokawa sich dafür ein, Yoshimasas Bruder im Amt des Shôguns zu belassen; prompt wandte die ehrgeizige Tomi-ko sich an Yamana und bat ihn um Hilfe bei dem Bemühen, das Shôgunat wieder auf Yoshimasa und damit auf ihren Sohn zu übertragen. Endlich hatten die beiden alten Feinde Yamana und Hosokawa einen natürlichen Grund für die offene Auseinandersetzung. Sie zogen außerhalb von Kyôto ihre Heere zusammen, von denen jedes fast achtzigtausend Mann zählte. Es mußte allen klar sein, welche Tragödie drohte, und Yoshimasa versuchte, die Streitenden zurückzuhalten. Um diese Zeit galt seine Stimme jedoch nichts mehr, und 1467 brach der unvermeidliche Kampf aus, der heute als Ônin-Krieg bekannt ist.

Der Krieg wütete zehn Jahre lang, bis praktisch all die prächtigen Tempel Kyôtos geplündert und in Schutt und Asche gelegt waren. Die Ironie des Schicksals wollte es, daß einer der wenigen Tempel, die der Zerstörung entgingen, Yoshimitsus Goldener Pavillon war, der zum Glück weitab von den inneren Stadtbezirken stand. Obschon Hosokawa und Yamana beide 1473 starben, ging der Krieg weiter, denn auf beiden Seiten gab es Abtrünnige und Überläufer, und bei dem allgemeinen Gegeneinander wußte bald keiner mehr, um was es bei dem Krieg ursprünglich gegangen war. Nach zehn Jahren fast ununterbrochenen Kämpfens setzte sich schließlich die Einsicht durch, daß das ganze Blutvergießen zu nichts geführt hatte. In einer dunklen Nacht packten die beiden Armeen ihre Zelte zusammen und stahlen sich davon – der Krieg war aus. Der Ônin-Krieg war selbst nach heutigen Maßstäben eine bemerkenswert sinnlose Auseinandersetzung; in Kyôto vernichtete er gründlich alles, was von der wunderbaren Heian-Zivilisation und der frühen Ashikaga-Kultur zeugte, und hinterließ dem letzten Jahrhundert der Zen-Kunst nichts als ein Trümmerfeld.

Inzwischen hatte Yoshimasa sich längst von den Staatsgeschäften zurückgezogen. Seit sein Bruder, der Shôgun, während des Krieges die Seiten gewechselt und als General für Yamana gekämpft hatte, war die Frage der Nachfolge vereinfacht. Tomi-ko ließ für eine Weile von ihrer eifrigen Kriegstreiberei ab, um Yoshimasa zu überreden, er möge ihren damals vierjährigen Sohn zum Shôgun ernennen. Auf diese Weise wurde sie de facto selbst Shôgun; während sie Yoshimasa in seinem Verlangen nach Zurückgezogenheit bestärkte, wußte sie sich ausgiebig zu bereichern, indem sie immer neue Steuern erfand. Der Krieg erwies sich als wahrer Glücksfall für Tomi-ko; damit er nicht aufhörte, lieh sie beiden Seiten Geldmittel. Ihre Habgier spielte keine geringe Rolle bei der schließlichen Zerstörung des alten Kyôto.

Yoshimasa, völlig versunken in der Welt des Zen und der Zen-Kultur, schien das Meer der öffentlichen Korruption um ihn herum gar nicht wahrzunehmen, und tatsächlich hätte er wohl auch wenig dagegen ausrichten können. Er liebte die Gesellschaft vornehmer Damen und mied das Zusammensein mit Kriegern, deren rohe Manieren ihn abstießen; doch in ihren Händen lag die einzige wirkliche Macht im Lande. Während die Regierung zerfiel, leistete er seinen eigenen Beitrag als Kenner und Förderer der schönen Künste; die Hochblüte der Zen-Kunst, die auf ihn zurückzuführen ist, stellte für Japan ein weitaus bleibenderes Vermächtnis dar, als es bloße Diplomatie je zustande gebracht hätte. Ähnlich wie seine europäischen Gegenstücke, die Medici, glich Yoshimasa sein Versagen in der Politik durch unfehlbare ästhetische Urteilskraft aus; er setzte den Zen-Künsten neue Maßstäbe in der Architektur, der Malerei, der Gartenkunst, dem Nô-Theater, der Teezeremonie und dem zeremoniellen Blumenstellen. Vielleicht sollte man ihn nicht tadeln, weil er das tat, wovon er am meisten verstand.

Auch Yoshimasa hinterließ ein greifbares Denkmal, das nach seiner Absicht dem Goldenen Pavillon gleichkommen sollte. Als er 1466 beabsichtigte, sich zurückzuziehen, begann er mit Plänen für den Bau eines Landhauses, das der Meditation dienen sollte. Der Ausbruch des Krieges zwang ihn, sich einige Jahre hindurch um die Wiederherstellung der kaiserlichen Residenz zu kümmern, doch nach dem Kriege erneuerte er sein Vorhaben, sich in die Zen-Ästhetik zurückzuziehen. Er wurde in seinem Entschluß bestärkt durch Familienstreitigkeiten, vor allem durch Tomi-kos Unwillen über die Anzahl seiner Mätressen. Dieses Problem führte schließlich zum offenen Bruch, als ihr junger Sohn, der Shôgun, eine jener Mätressen heiraten wollte statt eines Mädchens, das Tomi-ko für ihn ausgewählt hatte. Inmitten der allgemeinen Verderbnis und Verwirrung entschloß sich Yoshimasa 1482, mit dem Bau seines Refugiums zu beginnen. Seit seinem ersten Vorhaben vor achtzehn Jahren hatten sich die finanziellen Verhältnisse geän-

Der Silberne Pavillon des Ashikaga Yoshimasa, der chinesische (vom Ch'an beeinflußte) Elemente mit der japanischen Vorliebe für natürliche Baustoffe vereinigt – ein Vorläufer des vom Zen inspirierten traditionellen japanischen Hauses.

dert, auch hatte sich sein Interesse an Zen vertieft; infolge-dessen baute er statt des einst geplanten prächtigen Palastes einen kleinen Pavillon von erlesenem, zurückhaltendem Geschmack. Er steht noch heute, ein Vorläufer des traditio-nellen japanischen Hauses, und ist als Silberpavillon oder *Ginkaku-ji* bekannt, wegen der verbreiteten Annahme, Teile des Pavillons sollten nach der ursprünglichen Planung mit Blattsilber überzogen werden. *Ginkaku-ji* hat zwei Stockwerke, das erste im Stil eines Zen-Tempels und das zweite im *Shoin*-Stil. Das mit Absicht unbemalte Äußere der hölzernen zweistöckigen Kapelle hat durch die Verwit-terung die Farbe von Baumrinde angenommen; das Gebäude strahlt die ganze Würde seines fünfhundertjährigen Alters aus.

Auf Yoshimasa folgten fast ein Dutzend Shôgune aus dem Geschlecht Ashikaga, doch keiner von ihnen hatte den geringsten Einfluß auf den Lauf der Geschichte. Das Jahrhundert, nachdem Yoshimasa sich zurückzog, ist als das Zeitalter des »Landes im Krieg« bekannt; es wurde beherrscht von fast ununterbrochenen Streitigkeiten und Kämpfen zwischen den Daiymô, den Provinzherren, von denen die Samurai verdrängt worden waren. In dieser Periode war Japan kaum eine Nation zu nennen, denn es bestand aus mehreren hundert kleinen Lehnsherrschaften, über jede von denen eine mächtige Familie gebot und die sich ständig mit Waffengewalt gegen ihre Nachbarn zu wehren hatten. Kaum verwunderlich, daß viele der größten Zen-Künstler Kyôto auf immer verließen – die Hauptstadt war eine trostlose Ruine, ohne Macht und ohne Schutzherren. An diesen Verhältnissen änderte sich nichts bis gegen Ende des 16. Jahrhunderts; erst dann erschienen wieder Persönlichkeiten, die ausreichendes militärisches Genie besaßen, um das Land aufs neue zu einigen.

Es ist anzunehmen, daß der Einfluß des Zen im mittelalterlichen Japan der Ashikaga ebenso allgegenwärtig war wie der des Christentums im mittelalterlichen Europa. Ein Zen-Mönch war der engste Berater des ersten Ashikaga-Shôguns, und in späteren Jahren übernahmen Zen-Klöster praktisch die Leitung der Außenpolitik. (Tatsächlich waren Zen-Mönche als einzige Japaner gebildet genug, um es mit den Chinesen aufnehmen zu können.) Yoshimitsu sanktionierte die Beziehungen zwischen Zen und dem Staat, indem er eine offizielle Hierarchie unter den Zen-Tempeln in Kyôto herstellte (den sogenannten »Fünf Bergen« oder *Gozan*: Tenryû-ji, Shôkoku-ji, Kennin-ji, Tôfuku-ji und Manjû-ji.) Diese Staatstempel wurden zu Internatsschulen für Zen-Maler und -Künstler, aus ihnen gingen auch Diplomaten und Regierungsbeamte für den Chinahandel hervor. (Sie machten Yoshimitsu zu einem so glühenden Freund Chinas, daß er einmal mehrere japanische Seeräuber, die chinesische Handelsschiffe belästigt hatten, gefangennehmen und in kochendem Wasser töten ließ.) Unter der Regierung Yoshimasas ging der Chinahandel stark zurück, aber Zen-Mönche beeinflußten die Regierung auch weiterhin so, wie es ihren eigenen Interessen am dienlichsten war. Durch ihre geschäftlichen Unternehmungen zu Wohlstand gekommen, waren sie in der Lage, einige von Yoshimasas verschwenderischsten Projekten zu finanzieren, und später halfen sie ihm, den Garten des Silberpavillons zu entwerfen; hierbei entstand auch ein für sich liegendes Gebäude, das dem Teetrinken und der Meditation gewidmet war – der Vorläufer des modernen Teehauses. Dies war die Sternstunde des Zen-Einflusses in offiziellen Kreisen, denn Yoshimasa war der letzte Ashikaga-Shôgun, dessen Wünsche auf den Gang des japanischen Lebens einwirkten. Die Künstler, die ihn umgeben hatten, zerstreuten sich nach seinem Tod in die Provinzen, um dort Mäzene zu finden. Innerhalb eines Jahrzehnts waren der Silberpavillon und sein Garten praktisch verlassen. Zen als Religion breitete sich ebenfalls über die Provinzen aus, und seine Anhängerschaft wuchs allmählich, als Lehrer, die es nicht mehr nach der Gesellschaft der Mächtigen verlangte, sich damit zufriedengaben, jedermann zu erklären, welche Bereicherung das Nicht-Haften an weltlichen Dingen bedeutet. Das Zen im mittelalterlichen Japan hatte viele wunderliche Gesichter. Die Kamakura-Krieger wandten sich Zen zu, weil sie sich davon Stärke auf dem Schlachtfeld erhofften, während der Hof der Ashikaga im Zen ästhetische Weltflucht sowie geistigen Trost in einer zerfallenden Welt fand. Daß ein Zeitalter wie das der Ashikaga die hohen Künste zur Blüte bringen konnte, hat Historikern seit Jahrhunderten Kopfzerbrechen bereitet, und noch hat es keine völlig befriedigende Erklärung dafür gegeben. Vielleicht blüht die Kunst dann am schönsten, wenn soziale Unruhe herkömmliche Konventionen entwurzelt. Das Athen des 5. Jahrhunderts brachte seine unvergänglichsten Kunstwerke in einer Zeit hervor, als der brudermörderische Peloponnesische Krieg das Land spaltete und in der Stadt selber die Pest wütete. Florenz zur Zeit der Renaissance ist ein weiteres Beispiel. Heute ist Kyôto, wie das moderne Athen und das moderne Florenz, ein lebendes Museum; man interessiert sich mehr für den Verkehr und die Touristenhotels als für die längst vergessenen Blutbäder, die einst in Kyôtos Straßen angerichtet wurden. Vergessen sind anscheinend auch die kriegerischen Ashikaga, auf deren Betreiben die edlen Zen-Künste Japans Gestalt annahmen.

Der Landschaftsgarten

> Willst eine Welt du schau'n in einem Korn von Sand,
> In einer wilden Blüte einen Himmel sehn,
> So fasse die Unendlichkeit in einer Hand
> Und laß in einer Stund' die Ewigkeit vergehn.
>
> William Blake: *Auguries of Innocence*

Wenigstens ein Jahrtausend bevor Zen nach Japan kam, waren in China Gärten angelegt worden, die auf verborgene religiöse Motive zurückgingen. Doch erst mit dem Aufstieg des Zen im mittelalterlichen Japan wurden Gärten zu bewußten Symbolen für das menschliche Suchen nach innerer Erkenntnis. Während der Heian-Ära kopierten japanische Aristokraten chinesische Vergnügungsparks, und in der Kamakura-Zeit wandelten Anhänger der *Jôdo*-Sekte viele dieser Parks in phantasievolle Nachbildungen von Amidas Westlichem Paradies um. Unter dem wachsenden Einfluß des Zen auf Künstler und Intellektuelle der Ashikaga-Periode wurde die heitere Vielfarbigkeit dieser früheren Gärten abgelöst durch eine nüchterne Komposition von Felsen, Bäumen, Sand und Wasser – japanische Nachahmungen chinesischer Sung-Gärten und, später, monochromer Landschaftsmalereien der Sung-Periode. In ihren der Malerei verwandten Landschaftsgärten drückten Zen-Künstler die Ehrfurcht vor der Natur aus, die für sie ein Grundpfeiler der Zen-Philosophie war.

Man hat den Ursprung der fernöstlichen Landschaftsgärten auf eine uralte chinesische Sage aus vorchristlicher Zeit zurückgeführt. In dieser Sage ist von fünf heiligen Inseln die Rede, die vor der Küste der Provinz Shantung lagen; ihre Berggipfel ragten Tausende von Fuß hoch in die Nebel über dem Meer, ihre Täler waren ein Paradies, in dem duftende Blumen wuchsen, schneeweiße Vögel durch die Luft schwebten und Unsterbliche Perlen von den Bäumen pflückten. Diese Inselbewohner, die in Palästen aus kostbaren Metallen lebten, erfreuten sich ewiger Jugend und besaßen die Fähigkeit, sich in die Lüfte zu erheben; ausgedehntere Reisen pflegten sie wohl auch auf dem Rücken gelehriger Kraniche zu unternehmen. Doch gleich Adam und Eva waren diese Paradiesbewohner noch nicht zufrieden. Da ihre Inseln auf dem Wasser schwammen, statt im Meeresboden verankert zu sein, beklagten sie sich bei der herrschenden Gottheit und verlangten nach einer festeren Stütze. Der oberste Herrscher des alten China war verständnisvoller als der Gott Mesopotamiens; anstatt die Unsterblichen von den Inseln zu vertreiben, sandte er dienstfertig eine Flottille von Riesenschildkröten aus, um die Inseln auf ihren Rücken sicher und fest zu halten.

Es wird berichtet, während der Han-Ära (206 v. Chr. bis 220 n. Chr.) hätten verschiedene chinesische Kaiser Expeditionen ausgesandt, um diese Inseln zu suchen, doch stets ohne Erfolg. Schließlich kam der Han-Kaiser Wu auf eine Idee: Wenn er auf seinem Grund und Boden eine idealisierte Landschaft errichtete, würden die Unsterblichen vielleicht ihre nebligen Inseln im Meer verlassen und seinen Park bewohnen – dabei würden sie das Geheimnis ewigen Lebens mitbringen. Es wurde ein Gartenpark angelegt, der an Umfang dem Paradies gleichkommen sollte; um den Unsterblichen noch mehr Anreiz zu bieten, stattete man den Garten mit verschiedenen Felsen aus, die Kraniche und Schildkröten symbolisierten… Darstellungen, die einst in den japanischen Gärten als Symbole der Langlebigkeit wiederkehren sollten. Die Unsterblichen zeigten sich nicht, doch die Entwicklung des chinesischen Landschaftsgartens hatte ihren Anfang genommen.

Während der folgenden sechs Dynastien (220–589 n. Chr.) begannen chinesische Gärten die Anschauungen der neuen Religion des Buddhismus widerzuspiegeln. Die See-und-Insel-Gärten der Aristokratie hörten auf, an die Sage von den nebligen Inseln anzuknüpfen; statt dessen wurden sie ein Symbol des Westlichen Paradieses von Amida Buddha. Der zunehmende Einfluß des Taoismus vertiefte mit der Zeit das chinesische Gefühl für die Natur selbst, ohne daß sich dieses Naturgefühl mit irgendeiner bestimmten Sage verband. In späteren Jahren, als Gelehrte in den rauhen Berglandschaften Südchinas Zufluchtsorte suchten, wurden ragende Gipfel zu Bestandteilen des üblichen Landschaftsgartens; entweder man legte den Garten vor einem Hintergrund ferner Berge an, oder man türmte auf der Insel im See des Gartens Felsblöcke aufeinander.

Das Interesse an der Gartenkunst nahm weiter zu während der T'ang-Dynastie (618–907), als Dichter und Philosophen sich um der religiösen und künstlerischen Inspiration willen immer mehr der Natur zuwandten. Es ist interessant, daß ihre Naturvorstellung nicht idealisiert war wie bei den Florentiner Landschaftsmalern; eher hoben sie das Rauhe und Wilde der Gebirge und Ströme noch hervor. Diesem Sinn für die Natur als Verkörperung eines freien Geistes versuchten sie in ihren Gärten Ausdruck zu geben. Ihre Ehrfurcht galt der freien, ungebändigten Natur; und wenn sie in Form eines Gartens »gezähmt« wurde, so sollte doch das Gefühl der Freiheit darin so weit wie möglich bewahrt bleiben.

Als die Anhänger des naturreligiösen Shintô-Kults die fortgeschrittene Zivilisation Chinas kennenlernten, mag ihnen die Verwandtschaft zwischen dem Naturgefühl der chinesischen Taoisten und ihrem eigenen Glauben bewußt geworden sein. Es war den Japanern nie in den Sinn gekommen, zum Zweck der Kontemplation eine gezähmte Abstraktion der Natur zu gestalten, doch scheint die neue Idee eines Gartens ihnen zugesagt zu haben. Als in Nara eine Nachbildung der chinesischen Hauptstadt errichtet wurde, versäumten die japanischen Architekten nicht, rings um den kaiserlichen Palast eine Reihe von Landschaftsgärten anzulegen. Sobald die Regierung nach Kyôto übergesiedelt war und damit das Zeichen zum Beginn der königlichen Heian-Ära gegeben hatte, wurde die japanische Aristokratie von einer verzehrenden Leidenschaft für alles Chinesische ergriffen; Heian-Adlige bauten Häuser im chinesischen Stil und legten See-und-Insel-Gärten an, komplett mit Fischerpavillons nach chinesischer Art, die über einen See hinausragten. Da diese Vergnügungsparks für Gesellschaften von Bootfahrern und Spaziergängern gedacht waren, hafteten ihnen kaum religiöse Bedeutungen an. Statt dessen tummelten sich auf dem See Vergnügungsbarken mit müßigen Höflingen, die in chinesische Kostüme gekleidet waren und chinesische Verse rezitierten. Diese Gärten waren reich an Pflaumen- und Kirschbäumen, Kiefern, Weiden und blühenden Sträuchern; oft enthielten sie, getreu der chinesischen Sitte, einen leicht erreichbaren Wasserfall. Die Insel mitten im See büßte allmählich ihre ursprüngliche symbolische Bedeutung als elysische heilige Insel ein, da die Adligen sie durch steinerne Brückenstege mit dem Ufer verbanden. In diesen großen Parks veranstaltete die Heian-Aristokratie einige der raffiniertesten Gartengesellschaften, die es je gegeben hat.

Nachdem die Beziehungen mit China um den Beginn des 10. Jahrhunderts abgerissen waren, begann der japanische Garten eine eigene Entwicklung. Er war immer ein Sinnbild der Macht; notwendigerweise mußte deshalb, als die Krieger-Regierung nach Kamakura übersiedelte, kein geringerer Führer als der überragende Minamoto Yoritomo die Errichtung des Hauptgartens in der neuen Kapitale überwachen.

Bezeichnenderweise wurde der Garten in Kamakura als Teil der buddhistischen Niederlassung angelegt und nicht als Fortsetzung von Yoritomos privaten Besitztümern. Vielleicht war diese Umwandlung des Gartens zur buddhistischen Tempelkunst auf den Glauben des Amidismus an das Westliche Paradies zurückzuführen (ein Vorläufer war der Westliche Paradiesgarten in Ûji bei Kyôto aus der späten Heian-Periode); vielleicht stellte dies das erste sichtbare Zeugnis für die Natur-Mystik des Zen dar; oder vielleicht waren die Kamakura-Krieger einfach der Meinung, ein privater Garten würde allzusehr nach der Dekadenz von Kyôto riechen. Was immer der Grund gewesen sein mag, das Heraufkommen des Zen scheint zusammenzufallen mit einer neuen Einstellung zur Beziehung zwischen Gärten und Religion. Die frivole Vielfarbigkeit des Heian-Vergnügungsparks war eindeutig ein Ding der Vergangenheit; die Gärten wurden feierlich und mit zunehmendem Einfluß des Zen immer mehr zu Symbolen für religiöse Vorstellungen.

Die Mönche, die China besuchten, um Ch'an zu studieren (ebenso wie Ch'an-Mönche, die nach Japan kamen), waren natürlich mit den Landschaftsgärten der Sung-Chinesen vertraut. Aus diesen Gärten waren viele der mehr dekorativen Elemente verbannt, die den Vergnügungsparks der T'ang-Periode zu eigen waren; in ihnen drückte sich die ehrfürchtige Einstellung der Taoisten und Ch'an-Buddhisten gegenüber der Natur aus. Wenigstens einer dieser Gärten im Sung-Stil wurde in Kyôto während der frühen Jahre erneuter Kontakte zu China angelegt. Seltsamerweise waren es jedoch die Sung-Tuschmalereien, die schließlich den größten Einfluß auf die Landschaftsgärten des Zen ausüben sollten. Die Sung-Malereien drückten am vollendetsten das Gefühl aus, das die japanischen Zen-Mönche der Natur entgegenbrachten; sie zogen aus ihnen den Schluß, daß auch Gärten monochrom sein sollten, destillierte Versionen eines großen Landschaftsgemäldes.

Es kann nicht überraschen, daß die Vorstellung, ein Garten sollte ein dreidimensionales Gemälde sein, den langen

Marsch der japanischen Gartenkunst in das Reich der Perspektive und Abstraktion beflügelte. Tatsächlich machte die Anwendung der Perspektive in den Gartenkünsten raschere Fortschritte als in der Malerei. Ohne auf das chinesische System der Perspektive in der Landschaftsmalerei näher einzugehen, sei doch eines festgehalten: Die Chinesen verließen sich zum Teil auf Konventionen bei der Art und Weise, wie sie die dargestellten Objekte auf einer Leinwand anordneten, um Entfernung vorzutäuschen (so war z. B. die relative Höhe, in der verschiedene Landschaftselemente auf der Leinwand angeordnet waren, oft ein Hinweis auf ihre Entfernung); dagegen lernten es die Zen-Künstler, geringere oder größere Ferne anzudeuten, indem sie einen direkten Einfluß auf die Art und Weise ausübten, in der unser Auge ein Bild »abtastet«. Und da viele dieser Gärten so angelegt waren, daß sie von einem bestimmten Punkt aus betrachtet werden sollten, wurden sie zu einem Landschafts-»Gemälde«, dessen Material der Natur selber entnommen war.

Die Manipulation des Eindrucks einer Perspektive läßt sich grob in drei Kategorien einteilen: Die Schaffung künstlicher Tiefe durch deutliche Verkürzung, wodurch unserem Gesichtssinn die Wirkung von Ferne vorgetäuscht wird; die Anwendung psychologischer Tricks, die unsere Einbildungskraft dazu bringen, Dinge dort »wahrzunehmen«, wo in Wirklichkeit gar nichts zu sehen ist; und das meisterhafte Auslöschen jedes Anscheins der Künstlichkeit, so daß die Täuschung unsichtbar bleibt.

Die Entdeckung der Zen-Gartenkünstler, wie man in einem Garten mit Verkürzungen arbeiten könne, fand nahezu um dieselbe Zeit statt, als der Florentiner Künstler Uccello (1397–1475) in seiner Ölmalerei mit natürlicher Perspektive zu experimentieren begann. Obgleich dieses Beispiel künstlerischer Gleichzeitigkeit kaum mehr als ein Zufall sein kann, waren die künstlerischen Mittel einander ganz gewiß ähnlich. Wie der amerikanische Gartenarchitekt David Engel bemerkt hat, lernten die Japaner, daß man die augenscheinliche Tiefe einer Szene betonen konnte, indem man die entfernteren Objekte kleiner machte, mit weniger Einzelheiten ausstattete und dunkler aussehen ließ als die im Vordergrund. (So sind z. B. in dem Garten vom Yoshimitsus Goldenem Pavillon die Felsen auf der Besucherseite des Gartens groß und stark gegliedert, die entfernteren Felsen dagegen kleiner und glatter.) Mit der Zeit lernten die Japaner es auch, für den vorderen Teil eines Gartens Bäume mit großen, hellfarbigen Blättern zu verwenden, während der weiter entfernte Teil dunkles, kleinblättriges Laubwerk aufwies. Um den Anschein großer Ferne noch zu verstärken, ließen sie die gewundenen Pfade, die zum Hintergrund des Gartens führten, immer schmäler werden und bestreuten sie mit immer kleineren und kleineren Steinen. Die Pfade in einem japanischen Garten weisen fortwährende Krümmungen auf, die den geraden Blick des Betrachters in die Ferne unterbrechen, und sie verlieren sich schließlich zwischen Bäumen und Gesträuchen, die auf wohlbedacht unterschiedlichen Höhen angeordnet sind; Ströme und Wasserfälle verwirren und täuschen das Auge, indem sie überraschend hinter Felsen und Anpflanzungen verschwinden und wieder sichtbar werden. Zen-Künstler fanden auch heraus, daß Gartenmauern völlig unsichtbar wurden, wenn sie aus dunklem, natürlichem Material hergestellt oder durch ein Bambusdickicht, ein dünnes Gehölz junger Bäume oder einen kleinen, grasbewachsenen Hügel getarnt waren.

Viele Methoden psychologischer Täuschung in einem Zen-Garten nutzen die natürliche Neigung zu visuellen Einbildungen in etwa der gleichen Weise aus, wie ein Judoexperte den Körper seines Gegners benutzt, um ihn zu besiegen. Zu den üblichen Tricks gehört es, einen Pfad oder Wasserlauf derart in einem Gehölz im Hintergrund des Gartens verschwinden zu lassen, daß sein Ende unsichtbar bleibt und der Beschauer zu der Annahme verleitet wird, er setze sich in Wirklichkeit weiter fort bis in ferne, dem Blick verborgene Winkel der Landschaft. Ein anderer Kunstgriff besteht darin, nahe dem Betrachter in Zwischenräumen Gehölze und anderes Laubwerk anzuordnen; sie lassen alles

Das Zen-Ideal des umgrenzten und doch unendlichen Raumes findet man im Garten des Renge-ji verwirklicht; der hellblättrige Baum vor den dunklen, im Schatten verschwindenden Nischen links und die kleine Steinbrücke rechts, die den Eindruck erweckt, als ströme dort ein Fluß in den See, verleiten den Betrachter zu der Annahme, es sei hier lediglich seine Sicht verstellt – in Wahrheit ist der Garten hier zuende.

andere kleiner erscheinen, und diese Verkleinerung signalisiert unweigerlich größere Ferne. Weiterhin wissen japanische Gärtner den Eindruck der Größe und Tiefe einer Gartenanlage zu verstärken, indem sie weite Flächen völlig frei lassen, deren Leere das Blickfeld auszuweiten scheint. Eine häufige Praxis ist auch das Anpflanzen zwergwüchsiger Bäume, da sie die Illusion größerer Entfernung hervorrufen. Und schließlich sind alle Blumen streng verbannt, denn ihr Anblick würde die subtilen perspektivischen Tricks völlig zunichte machen. Die Gartenmeister des Zen ziehen es vor, ihre Blumen auf besondere Weise in Vasen zu arrangieren, eine Kunst, die als *Ikebana* bekannt ist.

Die Anwendung der Perspektive und die psychologische Täuschung des Zen-Gartens wird stets sorgsam kaschiert, indem man dem Garten den Anschein der Natürlichkeit und des Alters gibt. Felssteine werden im Garten immer so eingegraben, daß sie granitenen Eisbergen ähneln, die nur mit der Spitze aus unermeßlicher Tiefe herausragen; kleinere Gartensteine werden so in Gras oder Moos eingebettet, daß auch sie wie von der Natur hingestreut erscheinen. Alles im Garten – Bäume, Steine, Kies, Gras – ist so sorgfältig angeordnet, daß die ineinanderübergehenden Gartenteile scheinbar in völlig natürlicher Beziehung zueinander stehen; auch achtet man darauf, daß alles ein wenig ungepflegt und zerzaust aussieht, was der Betrachter sofort mit unberührter Natur assoziiert. Der ganze Garten wirkt so ungeplant wie ein jungfräulicher Wald; hierdurch wird die kritische Wahrnehmungskraft des Verstandes geschwächt, und der Beschauer erliegt den Täuschungen, die der Garten mit seiner künstlichen Tiefe und dem Eindruck des Unbegrenzten auf ihn ausübt.

Welchen Wandel die Zen-Künstler in der Gartenkunst bewirkten, wird am besten erkennbar, wenn man den traditionellen chinesischen Garten mit der abstrakten Landschaft vergleicht, die japanische Künstler der Ashikaga-Ära und späterer Perioden erschufen. Die Japaner betrachteten den Garten als eine Ausweitung der menschlichen Behausung (es wäre vielleicht genauer ausgedrückt, wenn man sagte, sie betrachteten das Haus als eine Ausweitung des Gartens), während der Garten für die Chinesen ein Gegengewicht zur Formalität des häuslichen Lebens darstellte, einen Platz, an dem man sich von den Verpflichtungen und Konventionen der Gesellschaft frei fühlen konnte. Man hat darauf hingewiesen, daß der durchschnittliche Chinese kulturell schizophren war; innerhalb des Hauses war er ein nüchterner Konfuzianer, der die jahrhundertealten Verhaltensvorschriften befolgte, doch in seinem Garten kehrte er zum Taoismus zurück, zur Freude an der Üppigkeit des Grases, an der Pracht der Blume.

Dennoch war der chinesische Garten förmlicher als die in Japan entwickelte Abart; er enthielt zahlreiche komplizierte Gänge, die ihn vielfältig gliederten. Die chinesischen Gärten der T'ang-Aristokratie waren weniger zum Betrachten angelegt als um darin umherzuschlendern, denn die Ästheten der T'ang-Periode wollten an der Natur teilhaben und sie nicht nur bewundern. Folglich wiesen chinesische Gärten (und ihre Heian-Kopien) architektonische Bestandteile auf, die es in den späteren Zen-Landschaften nicht gab. Die Chinesen glaubten offenbar, wenn man schon künstliche Seen und Berge anlege, dann solle man auch all das hinzufügen, was normalerweise in der Landschaft zu sehen ist, einschließlich von Menschenhand geschaffener Dinge. Der chinesische Garten lud zur Anwesenheit des Menschen darin ein, während sich die in Japan entwickelten Gärten am schönsten darbieten, wenn sie menschenleer sind; und sei es nur deshalb, weil die Anwesenheit des Menschen als Maßstab wirkt, an dem die Illusion der Perspektive und der übertriebenen Ferne zerbricht. (Wir werden jedoch später sehen, daß sich auch eine Zen-inspirierte Form des japanischen Gartens ausbildete, die zum Umherwandeln bestimmt war, und zwar in Verbindung mit der Teezeremonie.)

Die verputzte Mauer eines chinesischen Gartens war oft ein unverzichtbares Schmuckelement, das sich durch seine Form und Bedachung der gesamten ästhetischen Wirkung einfügte. Dagegen zogen es die Japaner vor, das Vorhandensein der Mauer möglichst zu verschleiern. Anders ausgedrückt, hatte die Mauer rings um einen chinesischen Garten den Sinn, Außenstehenden den Einblick zu verwehren, indes die Mauer eines japanischen Gartens verhindern sollte, daß die im Garten Weilenden nach draußen sehen konnten – ein fundamentaler Unterschied der Funktion und der Philosophie.

Erwähnt sei auch die Verschiedenheit der chinesischen und

der japanischen Einstellung hinsichtlich der Gartenfelsen. Die Japaner waren bestrebt, ihre Steine interessant und natürlich aussehen zu lassen; sie durften nicht allzu glatt sein, aber auch keine bizarren, verwirrenden Formen aufweisen. Im Gegensatz dazu fanden die Chinesen besonderen Gefallen an ungewöhnlichen Formen, und sie suchten bewußt nach Gartenfelsen mit phantastischen, ja grotesken Umrissen. Diese Vorliebe erwuchs anscheinend aus dem Wunsch, die reich gezackten Gebirgszüge nachzuahmen, die man so häufig auf Landschaftsmalereien der Sung-Zeit sieht. Sie suchten nach unnatürlich geformten Steinen auf dem Grunde von Seen, wo die Arbeit des Wassers ihre Spuren hinterlassen hatte. (Tatsächlich führte diese besondere Leidenschaft, die als »Steingartenkunst« bekanntgeworden ist, in der späteren Ming-Ära zu einer Art von Fälschungen: Man hieb gewöhnliche Felsstücke so zu, daß sie die gewünschte Form erreichten, und legte sie dann unter einen Wasserfall, bis das strömende Wasser die Spuren der Bearbeitung getilgt hatte, so daß die Täuschung unbemerkt blieb.)

Die zahlreichen unnatürlichen Bestandteile chinesischer Gärten gaben ihnen ein an Rokoko erinnerndes Aussehen, das die Zen-Künstler sorgfältig zu vermeiden trachteten; so wurden die halbrundförmigen, symmetrischen Motive chinesischer Gärten umgeformt zu dem eher eckigen, asymmetrischen Stil, den die ästhetische Theorie des Zen verlangte. Ein chinesischer Garten ruft im wesentlichen den Eindruck geschickter Künstlichkeit hervor, er wirkt wie eine magische, fast sagenhafte Traumlandschaft. Zen-Künstler wandelten dies um in eine symbolische Darstellung des gesamten Kosmos, die zwar auf engem Raum zusammengefaßt war, aber doch ein Gefühl der Unendlichkeit erweckte. Sie brachten es fertig, aus einer im wesentlichen rein dekorativen Form etwas zu erschaffen, das vollendeter Kunst so nahe kam, wie dies möglich ist, wenn man als Material nur Bäume, Wasser und Steine benutzt. Schon früher hatte man Gärten so zu gestalten versucht, daß sie der Vorstellung dieses oder jenes Monarchen vom Paradiese nahekamen, aber nie zuvor hatte man Gärten angelegt, um in ihnen ein auf andere Weise nicht mitzuteilendes Verständnis für die moralische Autorität der Natur auszudrücken.

Von westlichen Gartenanlagen unterscheiden Zen-Gärten sich noch in weit höherem Maße. Die geometrischen Schöpfungen in Europa, wie die Gärten des Versailler Schlosses, waren so beschaffen, daß sie weite, offene Durchblicke bis zum Horizont ermöglichten; hingegen ist der naturalistische Zen-Garten in sich selber geschlossen wie eine Art gekrümmter Raum, er weiß auf kleiner Fläche die Illusion einer unendlichen Wildnis zu erzeugen. Er soll vor allem betrachtet werden; in ihm gibt es keine grasbewachsenen Täler, die zum Verweilen einladen. Man erwartet von ihm, daß er Funktionen erfüllt, die üblicherweise nur der westlichen Kunst zugeschrieben werden: Er abstrahiert die Realität und steigert zugleich ihre Wirkung, in seiner Anlage vermengen sich Symbolik und deutliche Aussage, und die Gefühle, die er im Betrachter erweckt, geben diesem ein tieferes Verständnis für sein eigenes Bewußtsein. Die vier Gärten in Kyôto, die vielleicht am besten die Prinzipien der frühen Zen-Landschaftskunst verkörpern, wurden alle unter dem Patronat der Ashikaga errichtet: Die beiden ersten, Saihô-ji (ca. 1339) und Tenryû-ji (ca. 1343) entwarf der Zen-Mönch Musô unter der Herrschaft Takaujis; der Garten des Goldenen Pavillons (1397) wurde unter dem Einfluß Yoshimitsus angelegt; und der Garten des Silberpavillons (1484) entstand unter der Aufsicht Yoshimasas. Alle vier wurden auf den Flächen früherer Gärten aus der Heian- oder Kamakura-Zeit errichtet, die Zen-Künstler von allem unwesentlichen Beiwerk befreiten und umformten – vergleichbar in etwa der Umarbeitung einer marmornen Rokoko-Statue, die einen rundlichen Höfling darstellt, in eine freistehende muskulöse Aktplastik. Kennzeichnend für das Zeitalter ist es auch, daß diese einst privaten Besitztümer in mehr oder weniger öffentliche Parks umgewandelt wurden, wenn diese auch von Zen-Tempeln verwaltet wurden.

Der Hauptgarten des Saihô-ji, dessen täuschend echter Eindruck unberührter Natur auf einem durchdachten Entwurf und sorgfältiger Pflege beruht.

Als erster wurde der Garten des Saihô-ji am Westrande Kyôtos entworfen, der beim Volk als »Moos-Tempel« *(Kokedera)* bekannt war. Während der Heian- und Kamakura-Zeit gehörte dieses Grundstück einer prominenten Familie, die gegen Ende des 12. Jahrhunderts zwei Tempelgärten zu Ehren Amidas und seines Westlichen Paradieses anlegte. Die Beziehungen mit China waren damals längst unterbrochen, deshalb fehlten diesen Amida-Gärten bereits viele der dekorativen Motive, die man in den früheren, im T'ang-Stil errichteten Parks fand. Sie waren zurückhaltend und natürlich und erhoben keinen Anspruch auf symbolische Bedeutung. Dies sollte sich jedoch ändern um die Zeit, als Ashikaga Takauji die Macht übernahm; damals kam dem Besitzer der Gedanke, diese Gärten der *Jôdo*-Sekte so umzuändern, daß sie der neuen Schule des Zen angemessener waren. Man einigte sich vor der Ausführung des Projekts darüber, daß der berühmte Zen-Priester Musô Soseki als Abt dem neuen Tempel vorstehen würde, und unter dessen Anleitung wurde das Werk in Angriff genommen.

Der so entstandene Zen-Garten liegt auf zwei Ebenen, ebenso wie der ursprüngliche Doppelgarten Amidas, aber der Gartenarchitekt benutzte diese Ebenen, um viele der Kennzeichen eines größeren Universums vorzutäuschen. Noch war es keine völlig entwickelte Landschaft, eher ein kontemplativer Zufluchtsort zum Umherwandeln, der die Bestandteile der Natur – Felsen, Teiche, Bäume, Gräser, Moos – in kleinerer Form darzubieten strebte. Dennoch lassen sich viele Charakteristika späterer Landschaftsgärten auf diesen Entwurf Musôs zurückführen; so hat vor allem das rauhe Felsgestein, mit dem die Inseln des großen Sees auf der unteren Ebene ausgestattet waren, später die Felsanordnung im Garten von Yoshimitsus Goldenem Pavillon beeinflußt. Hügelaufwärts findet sich ein »trockener Wasserfall«: eine kunstreiche Anordnung runder, flacher Steine an einer Stelle, wo nie Wasser floß. Schon war der obligatorische Wasserfall des chinesischen Gartens zu einer stillen Symbolik abstrahiert worden. Der Garten strahlt eine schlichte, ehrwürdige Anmut und Vornehmheit aus – und offenbart ästhetische Vorstellungen, die dem Zen eigentümlich sind.

Der Garten des Tenryû-ji (*ji* = »Tempel, Kloster«) liegt bei dem Tempel, den Takauji auf Anregung Musôs gründete, und zwar als Ruhestätte für die Seele des Kaisers Godaigo, den Takauji aus Kyôto vertrieben hatte. Der Leser wird sich erinnern, daß die mit diesem Tempelbau verbundenen Ausgaben der Grund dafür waren, daß Takauji den Handel mit China wieder aufnahm, was zu einer wahren Explosion der Zen-Kunst führen sollte. Musô wurde auch der offizielle Abt des Tempels, und man nimmt an, daß er an der Neugestaltung seines Gartens beteiligt war, der ursprünglich zu einem kaiserlichen Landhaus gehört hatte. Musôs Beitrag ist jedoch nicht unbestritten, denn der Garten ist ersichtlich von den nach Art der Landschaftsmalerei angelegten chinesischen Gärten der Sung-Periode und deren spezieller Kunst der »Felsanordnung« beeinflußt. Vielleicht ist er früher von einem eingewanderten chinesischen Ch'an-Mönch entworfen worden, der mit der neuesten Gartentheorie der Sung-Zeit vertraut war. Die Felsformen sind jedoch nicht grotesk, sondern weisen eher die lebendige Kantigkeit auf, die später zum Merkmal japanischer »Steingartenkunst« wurde. Ein kleines, aus drei Steinen gebildetes Inselchen erinnert an die drei Ebenen der Landschaftsmalerei, und im Hintergrund findet sich eine Art ›Wasserfall‹ aus zackigen, trockenen Steinen. Der See und seine Inseln sind einfarbig und streng, und die für Landschaftsgärten der Sung-Zeit traditionelle Brücke wird durch drei lange, flache Steine dargestellt, die ein schmales Stück Wasser im Hintergrund des Sees überqueren. Dieser Garten ist wahrscheinlich die einzige japanische Schöpfung im Sung-Stil, aber seine Auswirkung auf Zen-Gartenkünstler war beträchtlich, denn er machte offenbar, in wie starkem Maße der Ch'an-Buddhismus die chinesische Gartenkunst beeinflußt hatte. Ohne Zweifel sah Musô in dem Garten ein würdiges Vorbild für Zen-Künstler, und er tat vermutlich nicht mehr, als dem Werk ein paar letzte japanische Züge zu verleihen.

Um die Zeit Ashikaga Yoshimitsus, der den dritten Zen-Landschaftsgarten anlegte, wurden die Ch'an-Vorstellungen von Gartenkunst in Japan zweifellos besser verstanden als in China. Yoshimitsu war oft zum Saihô-ji gegangen, um im Garten zu meditieren, und er wußte genau, wie der Landschaftsgarten beschaffen sein mußte, mit dem er seinen Goldenen Pavillon zu umgeben gedachte. Er wählte ein Gelände aus, das als Landhaus des Nordhügels bekannt war. Dieses Anwesen war ursprünglich von einer aristokratischen Familie errichtet worden; die Geldmittel dafür hatten ihre Angehörigen sich erworben, als sie den Kamakura-Kriegsherren Spionagedienste leisteten, indem sie ihnen das Tun und Treiben der Aristokratie von Kyôto hinterbrachten. Der von ihnen 1224 angelegte Garten spiegelte die letzte Blütezeit der Gartenkunst im chinesischen Heian-

Der Garten des Tenryû-ji mit der zum Tempel und dem nahen Ufer des Teichs hinausblickenden Veranda.

oder T'ang-Stil wider; das heißt, er war ein rein dekorativer Weiher zum Kahnfahren. Als Yoshimitsu das Gelände erwarb, zerstörte er sofort das im chinesischen Stil errichtete Haus mit seinem Fischerpavillon, der über den See hinausragte. Dann wandte er seine Aufmerksamkeit dem Garten zu, machte die inmitten des Sees gelegene Insel niedriger und fügte ihr kleinere Inseln bei, indem er mächtige Steine von den umliegenden Hügeln herabbringen ließ. Um die notwendigen Bäume zu bekommen, wählte er einfach in den Gärten des machtlosen Adels diejenigen aus, die ihm am besten gefielen.

Heute bedeckt der Garten des Goldenen Pavillons eine Fläche von etwa viereinhalb Morgen (obwohl er viel größer erscheint), mit einem See, der etwa ein Drittel des ganzen Geländes einnimmt. Der Pavillon steht am Ufer des Sees, doch in früheren Zeiten, bevor der See verlegt wurde, stand er in dessen Mitte. Wenn man den Garten vom Pavillon aus betrachtet, wie es ursprünglich geplant war, scheint er die Aussicht in eine Landschaft zu bieten. Auf mehreren der

Der Garten des Goldenen Pavillons vermittelt einen Eindruck übertrie-
bener Perspektive: indem er den Blick des Betrachters von den großen
Felsbrocken im Vordergrund über die kleinen Inselchen und absichtlich
kleinwüchsig gehaltenen Pinien in der Mitte bis zum entfernten Horizont
führt, dessen Mangel an erkennbaren Details die Aufmerksamkeit wieder
zur Mitte lenkt, erzeugt er einen Eindruck der Unendlichkeit in den Gren-
zen des gekrümmten Raumes.

kleinen Inseln, die über den See verstreut sind, wachsen
Zwergkiefern, während andere nicht mehr als mächtige, aus
dem Wasser aufragende Steine sind, die wegen ihrer abstrakten Ähnlichkeit mit Schildkröten oder Kranichen ausgewählt wurden. In dem Teil des Sees, der dem Pavillon am
nächsten liegt, ist alles sehr detailliert ausgeführt, wogegen
die weiter entfernten Steine von unklarer Form und wenig
gegliedert sind, so daß die Ufer sich in dunstiger Ferne zu
verlieren scheinen. Die Hügel rings um den Garten sind mit
Laubwerk bedeckt, und es gibt keine klare Abgrenzung zwischen dem Garten und den Hügeln. Der Gárten des Goldenen Pavillons – angelegt zu einer Zeit, als fast unbegrenzte
Geldmittel zur Verfügung standen – ist einer der schönsten

Im Garten des Silbernen Pavillons scheint aus den verborgenen Tiefen des Abhangs im Hintergrund ein Wasserfall hervorzuschießen und unter einer Steinbrücke hindurchzuströmen, die – in ihrer vom Geist des Zen erfüllten Abstraktheit – an die Stege in den Gärten der Heian-Zeit erinnert.

Zen-Landschaftsgärten, die je geschaffen wurden. Er bezeichnet die Wasserscheide zwischen der Umwandlung chinesischer Stile und der Reife japanischer Zen-Kunst. Yoshimasa, Schöpfer des vierten großen Zen-Landschaftsgartens, liebte den Saihô-ji ebenfalls; er hatte dessen Garten sowie den des Goldenen Pavillons mit großer Sorgfalt studiert. Doch der Silberne Pavillon und sein Garten wurden nach dem verheerenden Ônin-Krieg errichtet, als die verfügbaren Geldmittel keinen Vergleich aushielten mit denen der früheren Ashikaga-Shôgune. Obwohl ihn eine ganze Schar von Zen-Ästhetikern umgab, hat Yoshimasa den Garten anscheinend selber entworfen; dabei unterstützte ihn eine neue Klasse professioneller Gartenarbeiter, die der ausgestoßenen *Eta*-Kaste entstammten (ausgestoßen deshalb, weil sie mit der Fleisch- und Fell-Verarbeitung zu tun hatten und deshalb für alle guten Buddhisten Parias waren). Sie waren von Zen-Priestern für die Gartenarbeit angestellt worden, insbesondere für die schwere Arbeit des Heranschaffens und Anordnens von Felsen. Viele dieser *Eta* wurden berühmt wegen ihres künstlerischen Geschmacks, und einer von ihnen, der bekannte Zen-ami, gilt als einer der besten Gartenarchitekten der Ashikaga-Zeit.

Der Garten des Silbernen Pavillons wurde nach dem Vorbild des Gartens des Saihô-ji entworfen und machte den gleichen Gebrauch von auffallenden, kantigen Steinen – eine Mischung von Felsen mit flacher Oberfläche und senkrechten Seiten sowie hohen, schmalen Steinen, die an Sung-Landschaftsmalereien ferner Gebirge erinnerte. Ebenso wie beim Saihô-ji ist der Garten auf zwei Ebenen angeordnet, und der Hintergrund erinnert an einen Wasserfall in den Bergen. Auf einer Seite des Gartens spannt sich eine steinerne Brücke über den Teich, die beide Ufer mit der mittleren Insel verbindet. Überall wachsen geformte Zwergkiefern, und die Wasseroberfläche, hier und dort von mächtigen Steinen unterbrochen, liegt friedlich und heiter da. Nicht verwunderlich, daß Yoshimasa seinen geschmackvollen Pavillon und den dazugehörigen abstrahierten Mikrokosmos einer Landschaft den verwüsteten Trümmern Kyôtos vorzog. Hier konnte er sich in Ruhe der Meditation hingeben, seinen Blick über die ruhigen Wasserflächen wandern lassen, an den blühenden Bäumen vorbei, die den symbolischen Wasserfall einrahmten, aufwärts bis zur Silhouette der hochragenden Kiefern auf den fernen Hängen; er konnte zusehen, wie abends der Mond aufging und seine Welt in Silber tauchte. In dieser friedvollen Umgebung konnte er die letzten, abschließenden Jahre des großen Ashikaga-Zeitalters der Zen-Kunst genießen.

Die Kunst des Landschaftsgartens endete natürlich nicht mit Yoshimasa; vielmehr begann sie neuen Richtungen und Zielen zu folgen. Schon kündigte sich die nächste Phase der Gartenkunst des Zen an, die der abstrakten Sand-und-Stein-Gärten.

Die Steingärten

Dies unser Leben, von Getümmel frei,
Gibt Bäumen Zunge, findet Schrift im Bach,
In Steinen Lehre...

Shakespeare: *Wie es euch gefällt*

In der letzten Dekade des 15. Jahrhunderts war es mit den langen Abendgesellschaften, die der Ästhetik des Zen gewidmet waren, vorbei. Nach dem Ônin-Krieg lag Kyôto in Trümmern; ein neuer, nüchterner Geist ergriff das Land. In Kyôto waren von den meisten Tempeln und Wohnsitzen und deren Gärten nur noch verlassene Ruinen vorhanden, und die milde Schutzherrschaft der Aristokraten und Shôgune war für immer vorüber. Eine nachdenkliche, kontemplative Stimmung senkte sich über das Haus des Zen.

In dieser kargen und wirren Zeit entwickelte sich ein Stil des Tempelgartens, den viele als den tiefsten künstlerischen Ausdruck des Zen betrachten: die Trockenlandschaft – *Kare sansui*. Diese wasserlosen Gärten, aus den denkbar einfachsten Materialien – aus Sand und Steinen – gestaltet, waren der letzte Schritt auf dem Weg zur räumlichen Nachbildung von Sung-Tuschmalereien: eine Verdichtung des Universums auf kleinstem Raum – so weit wie möglich monochrom. Vor allem aber dienten sie ausschließlich dem Zweck der Meditation. Hatte man sich in früheren Gartenanlagen um die Schönheit des Anblicks bemüht, so waren diese kleinen Tempelgärten einzig dazu da, den Geist zu schulen; das kontemplative Bewußtsein sollte sich darin erweitern können, um schließlich das Wesen des Zen zu ergreifen. Diese späten Zen-Gärten waren auch räumlich beschränkt, denn in solchen Zeiten konnte sich kein Tempel mehr die früheren weiträumigen Parks leisten. Sie waren stilisierte und oft abstrakte Darstellungen der Natur, und in ihnen fehlte alles schmückende Beiwerk, damit sie ihrem eigentlichen Zweck, der Meditation, um so besser dienen konnten.

Das beste Beispiel für diese Art des monochromen »Malerei«-Gartens ist vielleicht die Anlage von Daisen-in, im Daitoku-ji-Tempelbezirk in Kyôto. Hier umfaßt der Sand-und-Stein-Garten den Tempel von allen Seiten, so daß sich der Betrachter buchstäblich im Zentrum einer Sung-Landschaft befindet. Den Mittelpunkt des Gemäldes bildet eine Ecke der Anlage, wo zwei mannshohe vertikale Steine so aufgestellt sind, daß sie wie ferne Berggipfel wirken; der gefurchte Sand zu Füßen der Berggipfel scheint die abgeflachten Felsen im Vordergrund zu umspielen wie das Wasser eines imaginären Wasserfalls. Eine Steinbrücke überspannt den Sandstrom, und ein großer Felsen in Form eines Bootes verstärkt noch den Eindruck, daß wirklich Wasser vorhanden ist. Das Wasser scheint unter der Tempelveranda zu verschwinden und auf der anderen Seite des Gebäudes zu einem weißen Meer zusammenzufließen. Neben den hohen Steinen im Hintergrund sind mehrere etwa hüfthohe Felsen zu sehen, über die kleine Ströme von weißem Sand hinfließen, als sei dort ein wirklicher Katarakt. So wie ein Meister der Zen-Malerei das Wesentliche einer ganzen Szenerie in wenigen Pinselstrichen einfängt, hat der Meister von Daisen-in gerade jene Elemente aus der natürlichen Welt herausdestilliert, die den Geist am meisten anregen.

Dieser klassische *Kare sansui*-Garten soll um 1513 entworfen worden sein. Der Entwurf wird meist (und wahrscheinlich irrtümlich) dem bekannten Maler Sô-ami (1472–1525) zugeschrieben. Es war kaum zu vermeiden, daß die Grenze zwischen Malerei und Gartenkunst allmählich verschwamm, denn diese Gärten sollten ja tatsächlich eher die Malerei nachahmen als die Natur. Zeichen des wahrhaften Zen-Malers war, daß er Felsen und Berge ohne Weichheit und Sentimentalität in scharfen, eckigen Pinselstrichen darstellte. Natürlich mußten die Steine eines *Kare sansui*-Gartens ebendiese Eigenschaften auch besitzen, aber solche Steine waren sehr selten und wurden zu hohen Preisen gehandelt. Bäume konnte man anpflanzen, aber Steine mußte man in den Bergen suchen und nach Kyôto transportieren.

*Der Steingarten von Daisen-in, ein monochromes »Gemälde« aus kanti-
gen, vielfach abgeflachten Steinen, die wie die Pinselstriche einer
Tuschlandschaft wirken sollen; zwei hochragende Felsstücke im Hintergrund deuten ein fernes Gebirge an, und im geharkten Kies ist der Eindruck fließenden Wassers eingefangen.*

In der Blütezeit der Kamakura- und Ashikaga-Periode gab es
Mittel und Wege, Steine zu finden, zu bewegen und aufzu-
stellen; zeitweilig fanden ganze Armeen von Arbeitern bei
dieser Aufgabe Lohn und Brot. Nach dem Ônin-Krieg war
dieser Aufwand nicht mehr möglich, aber bestens geeignete
Steine standen in reichlicher Auswahl bereit: in den Gärten
der verfallenen Klöster und Herrschaftshäuser von Kyôto.
Die Mönche der früheren Klöster plünderten die Gärten des
Heian-Adels systematisch aus und verwendeten die besten

Stücke aus früheren Jahrhunderten für ihre eigenen kleinen Gärten. So standen den Schöpfern von Daisen-in die feinsten Exemplare aus jahrhundertelanger Sammlertätigkeit zur Verfügung.

Was war an diesen Steinen so Besonderes, daß sie über weite Strecken herbeigeschleppt und von Shôgunen und Zen-Ästhetikern gleichermaßen gepriesen wurden? Wonach suchten die Zen-Künstler, wenn sie die Berge nach besonderen Felsstücken durchstöberten? Sie wollten Steine finden, die den Bergen und Klippen in der Tuschmalerei gleichkamen. Das mußten Steine mit gefurchten Seiten und scharfen Kanten sein, die keine Spur menschlicher Bearbeitung aufwiesen. Es mußten keine ungewöhnlichen Formen sein, sondern natürliche, und die Steine sollten wuchtig und monumental wirken. Besonders beliebt war eine flache Form mit senkrechten Seiten, die aussah wie ein etwa fußhoher kräftiger Baumstumpf. Ebenfalls wertvoll waren Steine von der Gestalt abfallender Vulkaninseln; sie wurden so in den Sand eingebettet, daß sie aus der Tiefe des Ozeans emporzusteigen schienen. Längliche gefurchte Steine wurden wegen ihrer Ähnlichkeit mit hohen und steilen Bergen geschätzt, und rundliche Steine mit flacher Unterseite, weil sie an natürliches Flußgeröll erinnerten. Auf den subjektiven Eindruck, den ein Stein hinterließ, kam es an; allzu glatte Stücke ohne besondere Eigenheiten hatten im *Kare sansui* keinen Platz. Geeignet waren nur Steine, die das verwitterte Antlitz der Jahrhunderte trugen.

Daisen-in war fraglos der beste der »Malerei«-Gärten; seine gezügelte Kraft ist das Ergebnis einer langen Entwicklungsgeschichte von Leitvorstellungen des Zen: Einfachheit, Sachlichkeit, Strenge und Sparsamkeit der Ausdrucksmittel. Man möchte diesen Garten das beste Beispiel der *Kare sansui*-Kunst nennen, gäbe es nicht aus der gleichen Zeit eine noch vollendetere Gartenanlage: Ryôan-ji.

Anders als Daisen-in ist der Garten des Ryôan-ji kein symbolisches Gebirgspanorama. Er ist ein abstraktes Kunstwerk auf einer »Leinwand« aus Sand, das über die symbolische Darstellung einer Landschaft hinausgeht und auf höchster Abstraktionsstufe einen Anblick des ganzen Universums bietet. Überall auf der Welt betrachtet man Ryôan-ji als die Essenz des Zen, und weder Worte noch Bilder können ihn angemessen beschreiben. Er atmet einen Geist, dem sich anscheinend niemand entziehen kann; wer diesen Garten erlebt, der wird davon ergriffen, auch wenn er nichts von Zen weiß.

Ryôan-ji ist wohl um 1490 erbaut worden, fällt also etwa in die Zeit von Yoshimasas Silberpavillon. Schon 985 hatte an der gleichen Stelle eine Kapelle für die abgedankten Heian-Kaiser gestanden, und im 12. Jahrhundert erbaute ein Heian-Minister dort ein Landhaus, dem sein Enkel im Jahre 1189 einen verschwenderisch angelegten See-und-Insel-Garten im chinesischen Stil anfügte. Nach dem Sturz der Heian-Aristokratie und während der ganzen Kamakura-Zeit war der See kaum mehr als ein Museumsstück des *ancien régime*, das an die Eleganz vergangener Tage erinnerte. (Die Reste des Sees, der zweifellos im Lauf der Zeit oft verändert worden ist, sind auch heute noch als Teil des Ryôan-ji-Komplexes vorhanden.)

Bis etwa 1450 blieb der Ort in den Händen seiner ursprünglichen Besitzer; dann kaufte ihn Katsumoto Hokusawa, Berater der Ashikaga und einer der Anstifter zum Ônin-Krieg. Katsumoto ließ ein Landhaus erbauen, von dem aus man über den ganzen Garten blicken konnte, und wie Yoshimitsu ordnete er an, aus diesem Haus nach seinem Tode einen Tempel zu machen. Der Krieg erfüllte seinen Wunsch schneller als ihm lieb gewesen sein mag; die Villa war gerade erst fertig, als der ganze Besitz dem Myôshin-ji-Zweig der *Rinzai*-Sekte übertragen wurde, die auch einen nahegelegenen Tempel namens Ryôan-ji in der Hand hatte. Der Krieg, der kurz nach Katsumotos Tod große Teile Kyôtos verwüstete, machte auch vor dieser Villa nicht halt; sie wurde zusammen mit anderen zum gleichen Besitz gehörenden Gebäuden niedergebrannt.

Im letzten Jahrzehnt des 15. Jahrhunderts ließ Katsumotos

Sohn den Wohnsitz wieder aufbauen, aber in einem neuen Stil der Zen-Architektur, dem *Shoin*-Stil. Dazu gehörten besondere.Erkerfenster, die man den Fenstern chinesischer Ch'an-Klöster nachbaute. Yoshimasa hatte mehrere Gebäude um den Silberpavillon in diesem Stil erbauen lassen und so für seine Verbreitung in Kyôto gesorgt. Von den *Shoin*-Fenstern aus überblickte man den ganzen See-und-Insel-Garten, aber die Zen-Mönche, die später über den ganzen Besitz verfügten, hatten kein Interesse an dekorativer Landschaftskunst; sie teilten ein kleines Viereck vor dem Haus durch eine Mauer ab und legten einen ebenen *Kare sansui*-Garten an, der bald mehr Interesse fand als der alte Landschaftsgarten. Kurz darauf wurde das *Shoin*-Gebäude wiederum durch Feuer zerstört, was den Mönchen die willkommene Gelegenheit gab, einen Pavillon mit einer langen Veranda vom nahegelegenen Seigen-in-Tempel herbeizuschaffen. Diese Veranda entlang der Längsseite des Gartens ließ nun auch Gruppenmeditationen zu, die vom Erkerfenster des früheren Gebäudes aus nicht möglich gewesen waren.

Besucher des Ryôan-ji gehen auf dem Wege zum Haupttempel auch heute noch durch den älteren Landschaftsgarten. Von hier aus kann man nur die Außenmauer des Sand-und-Stein-Gartens sehen; kein Hinweis darauf, was sich dahinter verbirgt. Kommt man dem Tempel näher, so mischt sich der Geruch von Räucherwerk in den Duft der alten Bäume, die den Pfad um den See herum säumen. Beim Betreten der schwach erleuchteten Eingangshalle tauscht man die Straßenschuhe gegen geräuschlose Pantoffeln. Dann geht es auf leisen Sohlen hinaus auf die Veranda; die plötzliche gleißende Helle des weißen Sandes blendet für einen Augenblick die Augen.

Man sieht, nüchtern ausgedrückt, eine gewellte Sandfläche, etwa so groß wie ein Tennisplatz, und darin fünfzehn Steine, die in fünf Gruppen aufgeteilt sind und (gemessen an den Verhältnissen der Ashikaga-Zeit) nichts Ungewöhnliches an sich haben. Der Sand ist in der Längsrichtung geharkt –

Der Steingarten des Ryôan-ji mit seinen fünf von einem Meer aus geharktem Kies umfluteten Steingruppen; seine Ausdehnung ist ein Kunstgriff, um den Geist des Betrachters nach innen zu wenden.

um die Steine herum in konzentrischen Kreisen –, so daß der Eindruck kleiner Wellen entsteht. Man sieht keinen Baum, keinen einzigen Grashalm im Garten; das einzige Pflanzliche ist das Moos, in das die Steine eingebettet sind. Die drei nicht an die Veranda grenzenden Seiten des Gartens sind von einer alten Mauer eingefaßt, die in ihrem ölig-erdigen Braun einen wunderbaren Kontrast zu dem makellos weißen Sand bildet. Über dieser mit schwarzen Ziegeln gedeckten Mauer sieht man die hohen Bäume des Landschaftsgartens; früher muß man dort einmal einen großartigen Blick über Kyôto gehabt haben.

Jede der fünf Steingruppen scheint einen eigenen Schwerpunkt zu haben, aber man hat auch den Eindruck, sie seien untereinander ausbalanciert – die beiden Steingruppen zur Linken haben annähernd die gleiche Masse wie die drei

Gruppen auf der rechten Seite. Wie in den meisten Ashika-ga-Gärten wird auch hier jede Gruppe von einem überragenden Mitglied beherrscht; die geringeren Steine scheinen darum zu kämpfen, sich auch ein wenig hervorzutun, und dadurch entsteht der Eindruck einer gewissen Spannung. Von jeder Gruppe geht aber auch ein Gefühl der Stärke aus, hervorgerufen durch die bemooste Erde, in die sie eingebettet sind und die die einzelnen Steine miteinander verbindet. Der Eindruck ästhetischer Stabilität entsteht auch dadurch, daß die Steine tief genug in die Erde eingelassen sind (oder zumindest so wirken), so daß nur ihr Gipfel über den Boden hinauszuragen scheint.

Die insgesamt fünfzehn Steine sind in zwei Gruppen zu je zwei, zwei Gruppen zu je drei und eine Gruppe von fünf Steinen aufgeteilt. Jede dieser Gruppierungen stellt eine der gartenbaulichen Konventionen der Ashikaga-Zeit dar. Die beiden Zweiergruppen leben aus der Spannung zwischen kontrastierenden Formen: Die eine besteht aus einem langen, senkrecht aufragenden Stein neben einem unscheinbaren kleinen Klumpen; die andere aus einem scharfkantigen, senkrecht stehenden und oben abgeflachten Stein neben einem breiten, runden Felsstück, das sich nach unten hin verbreitert. Beide Steinpaare liegen etwas neben der Längsachse des Gartens und betonen so das bildnerische Prinzip der Asymmetrie.

In den beiden Dreiergruppen geht es darum, den größten Stein visuell deutlich hervorzuheben; er wird von zwei vergleichsweise unbedeutenden Steinen flankiert (die gewöhnlich von anderer Gestalt und anderem Charakter sind), wodurch ein vertikales Dreieck entsteht, dessen obere Ecke durch den Scheitelpunkt des Mittelsteins gebildet wird. Diese besondere Anordnung war in Ashikaga-Gärten so gebräuchlich, daß sie einen eigenen Namen erhielt: »Drei Gottheiten«; angeblich eine fromme Anspielung auf eine buddhistische Legende, ist dieser Name wohl tatsächlich nicht mehr als eine bequeme Kurzbezeichnung für ein zur Norm gewordenes künstlerisches Ausdrucksmittel.

Eine Vierergruppe gibt es nicht, weil die Gartenmeister des Zen diese Zahl als zu symmetrisch empfanden. Die letzte – fünfteilige – Gruppe wird von einem großen Felsblock beherrscht, um den herum vier Nebensteine so angeordnet sind wie die Füße eines steinernen Tiers.

So ist, rein äußerlich betrachtet, die Anordnung des Gartens; aber eine solche Beschreibung allein vermag kaum plausibel zu machen, weshalb gerade dieser Garten so berühmt geworden ist. Wir müssen uns daher von seinem objektiven Aufbau lösen und nach seiner subjektiven Wirkung fragen. Die Anordnung der Steine zielt deutlich darauf hin, den Eindruck der Bewegung hervorzurufen, denn sie sind alle mit ihrer Längsachse auf die Längsachse des Gartens hin ausgerichtet. Dieser Eindruck wird noch verstärkt durch den in Längsrichtung geharkten Sand; das Auge des Betrachters wird praktisch gezwungen, dieser Richtung zu folgen. Und obwohl es der Zweck des Gartens ist, den Geist ruhig werden zu lassen, besitzt er eine innere Spannung, wie sie die Momentaufnahme eines brausend zu Tal stürzenden Gebirgsbachs wiedergeben könnte. Ähnlich wie die leeren Flächen in einer chinesischen Tuschzeichnung, spielt der Sand für den Gesamteindruck eine eben so große Rolle wie die Steine. Die »leeren« Flächen heben die Steine hervor und laden den Geist ein, sich in die kosmische Unendlichkeit auszudehnen, die sie andeuten.

Diese Wechselwirkung von Form und Raum ist einer der Schlüssel zum Verständnis der grenzenlosen Offenheit von Ryôan-ji, in der sich der Geist nach allen Seiten hin unbeschränkt entfalten kann. Innerhalb strikter räumlicher Grenzen entsteht ein Gefühl der Unendlichkeit – Sinnbild für die Weite Leere und das Nicht-Haften des Zen. Dieser Ausdruck von Zeitlosigkeit fehlt in früheren Landschaftsgärten; besonders in der Heian-Zeit galten die Gärten mit ihren verwelkenden Blüten und fallenden Blättern als Sinnbild für die Vergänglichkeit des Lebens. An die Stelle des *Aware* – des ästhetischen Konzepts der Heian-Zeit mit dem Grundgedanken, daß alles Schöne sterben muß – tritt im

Ryôan-ji das aus dem Geist des Zen erwachsene *Yûgen*; es fordert unter anderem, daß ein schöpferisches Werk sich auf solche Ausdrucksmittel beschränkt, die dem Geist Anstöße geben, ohne daß auch nur die geringsten Zugeständnisse an bloß ornamentale Schönheit gemacht werden. Anzahl und Anordnung der Steine scheinen willkürlich zu sein, und dennoch ist die ganze Anlage in sich geschlossen und vollkommen – wie eine Tonfolge von Beethoven, die man durch Veränderung eines einzigen Tons bis zur Lächerlichkeit entstellen würde. Wie alle Meisterwerke ist Ryôan-ji einfach, kraftvoll und zwingend.

Daisen-in und Ryôan-ji sind die beiden Pole der *Kare sansui*-Gartenbaukunst im Ashikaga-Japan. Daisen-in: eine symbolische Landschaft aus einfarbigem Granit mit trockenen Wasserfällen und Bächen; Ryôan-ji: ein vollkommen abstraktes Steinarrangement im Stil der sandbedeckten »Flachgärten«. Gerade dieser Stil hat auf der ganzen Welt kein Gegenstück. Ägypter, Griechen und Florentiner haben allenfalls Steine gesammelt, sie irgendwie in einem mit Sand ausgelegten Hof verstreut und das Ganze dann religiöse Kunst genannt. Ryôan-ji wirkt gerade heute erstaunlich modern, und tatsächlich ist ja der *Kare sansui*-Garten des Zen im Westen erst »entdeckt« worden, als dort das Verständnis für abstrakte Kunst weit genug entwickelt war. Noch in den dreißiger Jahren unseres Jahrhunderts interessierte sich niemand für Ryôan-ji, einen verwahrlosten Sandhaufen, der nur selten einmal von einem Mönch geharkt wurde; und Daisen-in wurde erst 1961 wieder so hergestellt wie die Anlage einmal gewesen sein soll. Ryôan-ji ist heute der meist bewunderte Ort Japans und so berühmt, daß man ihn in den Botanischen Gärten von Brooklyn (New York) maßstabsgetreu nachgebildet hat.

Zen-Gärtner waren kluge Ästhetiker, und wir finden in ihren Werken mindestens zwei künstlerische Techniken, die der Westen erst in diesem Jahrhundert entdeckt hat. Das erste ist das *objet trouvé*, ein surrealistisches Prinzip, das aus dem frühen Dadaismus entstanden ist; zufällig gefundene

Gegenstände werden aufgrund ihrer ästhetischen Eigenschaften in unveränderter Form in künstlerische Kompositionen integriert.[1] Die Steine in Ryôan-ji und anderen Ashikaga-Gärten wurden so gelassen, wie man sie gefunden hatte; sie blieben auch im Garten Steine, und doch waren sie zugleich Symbole für etwas Größeres. Das zweite »moderne« künstlerische Prinzip der Zen-Gärten ist ihr abstrakter Expressionismus. Flachgärten wie Ryôan-ji sind keine Abbildungen eines Ausschnitts aus der Natur, sondern stellen einfach eine Möglichkeit der Verteilung von Masse und Raum dar.

Vielleicht blieb Ryôan-ji deshalb so lange unbemerkt, weil er nicht eigentlich als Kunstwerk gedacht war, sondern als körperhafte Darstellung des Wesens mystischer Wahrheit.

Wer Ryôan-ji zum erstenmal erlebt, der mag so ähnlich empfinden, wie es der deutsche Mystiker Meister Eckhart (1260–1329) ausgedrückt hat, als er von der »innerliche(n) Einöde« sprach und vom »ledigen Gemüt, das mit nichts verwirrt, (und) an nichts gebunden ist«, »von allen Namen frei und von allen Formen bloß, ganz ledig und frei«[2], von jener Leere also, in der allein sich das Innewerden der universalen Einheit – im Zen *Satori* (»Erleuchtung«) oder *Kenshô* (»Erschauen des Selbst-Wesens«) genannt – ereignen kann. Ryôan-ji ist ein sichtbarer Ausdruck dieser »Einöde«, ein Ort, wo es kein Anhaften und keine unauflösbaren Gegensätze gibt. Hier hat die Zen-Kunst ihr Höchstes erreicht: die Schönheit ist gegenwärtig, doch sie tritt ganz zurück hinter der geistigen Kraft.

Malerei – die Tuschlandschaft

Die monochrome Tuschmalerei der Ashikaga-Zeit gehört
zu den Höhepunkten der japanischen Kunst. Die monochrome Malerei, die in China als konsequente Fortentwicklung der Pinsel-Kalligraphie begann, wurde zum äußersten
und schönsten Medium für die Übermittlung des japanischen Zen. Man hat einen Zen-Maler als einen Mann beschrieben, der zwanzig Jahre lang die Technik der Malerei
studiert, um sich dann der Gnade der Eingebung zu überlassen. Die Werke der Zen-Künstler erscheinen oft wie mühelos hingeworfen, aber dies ist bewußte Täuschung seitens
des vollendeten Meisters. Wie der Hieb des Zen-Schwert-
fechters, so kann auch der absolut präzise Pinselstrich des
Zen-Malers nur von dem ausgeführt werden, dessen Geist
und Körper sich in völliger Übereinstimmung befinden. Das
Ziel der Zen-Malerei ist es, über die Wahrnehmungen des
rationalen Verstandes und der ihn unterstützenden Sinne
hinaus vorzudringen, nicht die Oberfläche der Natur zu zeigen, sondern ihr innerstes Wesen. Der Künstler malt die Erleuchtung eines Augenblicks, deshalb bleibt ihm keine
Zeit, jeden Pinselstrich zu überlegen; seine Hand muß den
Pinsel unbewußt führen, um die flüchtigen Bilder des inneren Auges einzufangen, jenseits des reflektierten Gedankens.
Wer einen Zen-Maler beobachtet, erhält eine Lektion in der
Disziplin des Zen. Wenn er sich ans Werk begibt, legt er sich
zuerst die unentbehrlichen Werkzeuge seiner Kunst zu-
recht: Pinsel, Tuschstein, Tusche, Papier. Auf dem Boden
kniend, breitet er das Papier vor sich aus, und während er die
Tusche reibt und mischt, beginnt er Ausdehnung und Um-

risse seines Werkes vorauszuahnen. Gleich einem Samurai-Krieger vor der Schlacht, verbannt er alle Gedanken an die Welt; in einem Zustand der Kontemplation sammelt und ordnet er seine Energien, um zur plötzlichen Tat bereit zu sein. Wenn die Tusche fertig und das Papier geglättet ist, wenn er einen geeigneten Pinsel ausprobiert hat und sein Geist zur Ruhe gekommen ist – dann führt er den ersten Strich.

Das von Zen-Künstlern bevorzugte fasrige Reispapier saugt die Tusche sofort auf, so daß kein Strich geändert werden kann, der einmal getan ist. Wenn der Künstler mit einem Pinselstrich nicht zufrieden ist, dann versucht er ihn nicht zu korrigieren, sondern zerreißt das Werk und beginnt ein anderes. Im Gegensatz zur üblichen westlichen Ölmalerei, die Retuschen zuläßt, wird ein Strich des Tuschpinsels auf Papier (oder Seide, die zuweilen benutzt wird) stumpf und leblos, sobald man ihn übermalt: Korrekturen sind immer sichtbar, sobald das Gemälde trocknet. Das Werk muß aus der Zen-Disziplin des Nicht-Denkens herausfließen. Der Künstler macht nie eine Pause, um sein Werk prüfend zu betrachten; die Tusche fließt mit unaufhörlichen, schnellen Pinselstrichen, kräftig oder schmäler, hell oder dunkel, wie es gerade erforderlich ist . . . und erweckt so ein Gefühl des Rhythmus, der Bewegung, der Form und der Vision des Künstlers von der inneren Musik des Lebens.

Die Disziplin der Tuschmalerei war nur eine der Qualitäten, wegen derer Zen-Maler diese Kunst so hoch schätzten. Ebenso wichtig war ihnen das suggestive ›Understatement‹, das diese Kunst ermöglichte. Die Japaner der Ashikaga-Zeit lernten von den Chinesen, daß sich mit schwarzer Tusche – sorgfältig aufgetragen, um alle Tönungen von Licht und Schatten wiederzugeben – ausdrucksvollere und tiefere Wirkungen erzielen ließen als mit einem Regenbogen von Farben. (Ähnliche Erkenntnisse sind modernen Fotografen gekommen, die im Schwarz-und-Weiß oft das eindringlichere Medium sehen als in der Farbe.) Die chinesischen Maler der T'ang- und Sung-Dynastien entdeckten als erste, daß man mit schwarzer Tusche alle Pigmente auf ihre Stimmung reduzieren und dadurch die Farbtönungen, die in der Natur zu finden sind, überzeugender wiedergeben kann, als wenn man tatsächlich mit Farben malt. Während der Westen das Mittel der Tusche vorwiegend in der Zeichnung und der Lithographie eingesetzt hat, bedienen sich die Künstler des Ostens der Tusche, um die Illusion der Farbe zu erzeugen – eine so vollkommene Illusion, daß Betrachter sich zuweilen bewußt in Erinnerung rufen müssen, eine nicht polychrom gemalte Szene vor sich zu haben. Ähnlich wie eine anscheinend unvollendete künstlerische Darstellung unmerklich dazu verleitet, sich als an dem Kunstwerk Mitwirkender zu empfinden, so verführt die monochrome Malerei mit ihren eher angedeuteten als klaren Abstufungen den Betrachter, sie ganz unbewußt durch ›seine‹ Farben zu ergänzen.

Die Einsicht des Zen, die Palette des Geistes sei reichhaltiger als die des Pinsels, ist am besten von einem japanischen Künstler und Kritiker beschrieben worden; über die starke Aussagekraft der schwarzen Tusche – von den Japanern *Sumi* genannt – schrieb er:

Auf den ersten Blick erscheint dieses bißchen Tusche auf einem weißen Blatt Papier langweilig und uninteressant, doch je länger man es betrachtet, desto mehr verwandelt es sich in ein Abbild der Natur – eines kleinen Teils der Natur, gewiß, undeutlich wie durch Nebelschleier gesehen, aber eines Teils, der den Geist auf das herrliche Ganze hinlenken kann. Seit Jahrhunderten haben Künstler versucht, die wahren Farben der Natur mit Hilfe Dutzender von Pigmenten wiederzugeben, doch mit bestenfalls sehr begrenztem Erfolg. Die *Sumi-e* (Tuschmalerei), die alle Farben auf Schattierungen von Schwarz reduziert, bringt es paradoxerweise fertig, uns gerade dadurch die echten Farbnuancen erfühlen zu lassen... Indem er erkennt, daß die wirklichen Farben der Natur nicht exakt wiederzugeben sind, hat der *Sumi-e*-Künstler eine der fundamentalsten Wahrheiten der Natur begriffen. Er steht deshalb mehr im Einklang mit ihr als der Maler, der sie mit Öl- und Wasserfarben einzufangen versucht.[1]

Die Zen-Malerei scheint, wie die Religion selber, von antischolastischen Denkern der späteren T'ang-Dynastie geschaffen worden zu sein. Die exzentrischen Mönche, die

Kôan erfanden, waren offenbar auch Freunde der Kalligraphie und der monochromen Malerei. Diese Mönche – wie auch nicht-buddhistische Maler, die mit akademischen Stilen im Streit lagen – liebten es, ihre konservativen Kollegen aufzubringen, indem sie Tusche auf Papier spritzten und sie mit ihren Händen, ihren Haaren oder manchmal auch mit dem Körper eines Gehilfen verschmierten. Selbst diejenigen, die sich auf den Gebrauch des Pinsels beschränkten, fanden besonderes Vergnügen an Karikaturen und unkonventionellen Stilen. Diese Art des Malens, wie sie von aufsässigen T'ang-Literaten und Ch'an-Mönchen vertreten wurde, erlangte hohes Ansehen (ähnlich wie die abstrakte expressionistische Schule von heute), und man nannte sie die »entfesselte Klasse«. Während der Sung-Dynastie wurden Ch'an-Mönche angesehene Mitglieder der chinesischen Gesellschaft, und allmählich bildeten sich drei deutlich unterschiedene Arten Ch'an-beeinflußter Malerei heraus. Die eine, in Japan als *Zenki-ga* (»Zen-in-Aktion-Bilder«) bekannt, zeichnete sich durch lehrhafte figürliche Darstellungen *(Zenki-zu)* aus; die Bilder erläuterten Ch'an-Parabeln, stellten Bodhidharma in irgendeiner legendären Situation dar, schilderten den kritischen Augenblick eines *Kôan* oder zeigten einfach einen Zen-Adepten, der sich durch Ausführung einer »niederen« Arbeit in der Selbstdisziplin übte.

Die zweite Art war Porträtmalerei, bekannt als *Chinzô*. Diese feierlichen, ehrerbietigen Darstellungen wohlbekannter Lehrer – manchmal in zarten Pastellfarben ebenso wie in Tusche ausgeführt – sollten offensichtlich die Physiognomie des Porträtierten so getreu wie möglich wiedergeben. Man muß sie zu den schönsten Porträtbildern der Welt zählen. Der Einblick in den Charakter der Dargestellten ist bei *Chinzô* weder so streng entlarvend wie bei Rembrandt, noch so formal wie bei den Florentiner Malern der Renaissance, doch als einfühlende psychologische Studien sind sie selten übertroffen worden.

Die dritte Art der Malerei, die mit Ch'an verbunden ist, besteht aus der monochromen Landschaftsdarstellung. Die Landschaft gehörte ursprünglich nicht zu den Hauptthemen der Ch'an-Kunst, aber Ch'an-Mönche experimentierten mit der traditionellen chinesischen Behandlung solcher Szenen und beeinflußten die chinesische Landschaftsmalerie derart, daß sogar akademische Gemälde während der Sung-Dynastie etwas von den spontanen Einsichten der Ch'an-Philosophie widerspiegelten. Landschaftsdarstellungen gehören zum Schönsten, was die chinesische Malerei hervorgebracht hat, und die japanischen Zen-Maler, die sich dieser Form annahmen, entwickelten sie zu der großen Kunst des Zen.

Die technische Meisterung der Landschaftsmalerei war erst spät in der T'ang-Dynastie erreicht worden, nachdem man die Probleme der Perspektive, der Anordnung und des Blickpunktes gelöst hatte. Die klassischen Regeln für diese Kunst, die während der frühen Sung-Dynastie zu festen Vorschriften erstarrten, wurden danach sowohl in China wie in Japan mehrere Jahrhunderte hindurch eingehalten. Man muß sich dieser Regeln bewußt sein, wenn man die fernöstliche Landschaftsmalerei verstehen will. Zunächst ist keine photographische Genauigkeit beabsichtigt, vielmehr soll ein gefühlsmäßiges Eingehen auf die Natur wiedergegeben werden; der Charakter einer Landschaft wird dargestellt, nicht aber die zufälligen Einzelheiten einer bestimmten Gegend. (Tatsächlich haben japanische Landschaftsmaler oft chinesische Szenerien abgebildet, die sie nie gesehen hatten.) Die Natur wird verherrlicht als eine Quelle meditativer Erkenntnis, und die Spontaneität des Künstlers findet ihren Ausdruck innerhalb eines starren Rahmens.

Zu nebenstehender Abbildung
Eine japanische monochrome Tuschlandschaft mit der schulmäßigen Aufteilung der Perspektive auf drei Ebenen, jede eine Welt für sich: auf der ersten die der Menschen, auf der zweiten die der Architektur und auf der dritten die der Erdformationen.

Es wird erwartet, daß bestimmte Dinge auf jedem Gemälde erscheinen: Berge, Bäume, Felsen, fließendes Wasser, Wege, Brücken, Wildtiere, Häuser (oder wenigstens strohgedeckte Hütten). Das Aussehen der Berghänge wechselt je nach der Jahreszeit: frisch und üppig im Frühling, grün und feucht im Sommer, kräftig und reif im Herbst, rauh und kahl im Winter. Die winzigen menschlichen Figuren stellen würdige alte Sung-Beamte in einer Einsiedelei dar; echte Bauern oder Fischer sind nicht zu sehen. Die dargestellten Landschaften verschwinden nicht im Unendlichen; in den Hintergrund führende Linien bleiben parallel, statt zu konvergieren. Die Stellung des Betrachters ist derart, als schwebe er hoch im Raum und blicke auf ein Panorama hinunter, das sich nach aufwärts und um seinen Blickwinkel herum krümmt.

Um die Entfernungen vom unmittelbaren Vordergrund bis zu den Gebirgszügen weit hinten zu verdeutlichen, wird ein Bild in drei verschiedene Ebenen aufgeteilt; jede von ihnen kennzeichnet einen bestimmten Abstand vom Betrachter. Die unterste, d. h. nächstliegende Ebene läßt die einzelnen Blätter der Bäume und das Gekräusel der Wasseroberfläche erkennen; auf der mittleren Ebene sind nur die Äste und Zweige der Bäume ausgeführt, während das Wasser meist in Form eines Wasserfalls dargestellt ist; die oberste Ebene schließlich zeigt ferne Berggipfel. Da diese drei Ebenen jeweils beträchtliche Sprünge hinsichtlich der Distanz markieren, sind sie oft durch Nebelschleier voneinander getrennt.

Diese konventionellen Regeln der Landschaftsmalerei wurden während der Sung-Dynastie bändeweise analysiert und erläutert. So heißt es in einem Werk des Malers Han Cho aus dem Jahre 1121:

Beim Malen eines Landschaftspanoramas ordnet man Berge in mehreren Reihen übereinander an; selbst auf einer Fußbreite des Bildes scheinen sie weit hintereinander zu liegen... und man hält sich an eine gebührende Ordnung, indem man den hohen, ehrfurchtgebietenden Bergen einen Platz vor den unbedeutenderen anweist. Es ist unerläßlich, daß... die Berge waldbedeckt sind. Denn die Wälder eines Berges sind seine Kleidung, die übrige Pflanzenwelt ist sein Haar, die Dünste der Atmosphäre bedeuten sein Mienenspiel, die szenischen Elemente sind sein Schmuck, die Gewässer seine Blutgefäße, und die Nebelschleier drücken seine Stimmungen aus.[2]

Zwei charakteristische Züge der Sung-Landschaftsmalerei sollten später als wichtige Elemente in den Kanon der ästhetischen Theorie des Zen eingehen. Die Verwendung des leeren Raumes als eine Form der Symbolik fand sich später in der ganzen Zen-Kunst vom Steingarten bis zum Nô-Theater wieder; desgleichen die besondere Behandlung von Felsen und Bäumen. Der Zen-Schule sollten diese Elemente später als Metaphern für das Leben selbst gelten. Diese Charakteristika sind von den westlichen Kunstgelehrten Osvald Sirén und Ernest Fenollosa beredt und überzeugend beschrieben worden:

Wir brauchen kaum näher auf die wohlbekannte Tatsache einzugehen, daß die chinesischen Maler – und vor allem jene, die mit indischer Tusche arbeiteten – den Raum als höchst wichtiges Mittel des künstlerischen Ausdrucks verwendeten. Es sei jedoch darauf hingewiesen, daß ihre Vorstellungen vom Raum und ihre Art, ihn wiederzugeben, weit entfernt waren von allem Vergleichbaren in der europäischen Kunst. Raum war für sie nicht ein dreidimensionales Volumen, das man geometrisch konstruieren kann; sie sahen in ihm etwas Grenzenloses und Unberechenbares, das sich bis zu einem gewissen Grade durch die Beziehungen von Formen und Schattierungen zueinander andeuten ließ, das sich aber im Grunde jeder materiellen Darstellung entzog und etwas wie Unendlichkeit vorspiegelte.[3]

Fenollosa weist darauf hin, wie im Verständnis der chinesischen Landschaftsmaler

... jede charakteristische Form in der Natur als übereinstimmend mit Phasen der menschlichen Seele gedacht werden kann; wie z. B. die wunderbar gewundenen Bäume, mächtige Bergfichten und Zedern, wie sie diese alten Chinesen und die späteren Japaner liebten – nach unserem oberflächlichen abendländischen Urteil barbarische Monstrositäten – in Wirklichkeit die tiefen Denker des Ch'an symbolisieren, mit ihren knorrigen Stämmen und schuppigen Zweigen, mit denen sie gegen Sturm, Frost und Erdbeben ankämpfen. Gerade so prägt ja auch der Lebenskampf gegen äußere Feinde, Unglück und Schmerz dem Menschen seine Spuren ein, in den Runzeln und den harten Muskelflächen schöner Greisengesichter. So wird die Natur zu einer weiten, malerischen Welt, einer Enzyklopädie für die tiefere

Kenntnis des Charakters; und dies kann nicht zu didaktischer Überschätzung und literarischem Eigendünkel wie bei uns vielleicht führen, weil der Charakter in seinem doppelten Sinne – als menschliche und als natürliche Individualität – als eine Einheit erkannt wird.[4]

Während der frühen Jahre der Sung-Dynastie entwickelten sich zwei verschiedene Stile der Landschaftsmalerei, die heute als ›nördlicher‹ und ›südlicher‹ Stil bekannt sind, entsprechend ihrer geographischen Herkunft. Allgemeine Aussagen über Schulen der Malerei sind zwar höchst gefährlich, dennoch läßt sich feststellen, daß die nördliche Schule verhältnismäßig formelle, symmetrische Werke hervorbrachte; scharfe, kantige, wie mit der Axt gehauene Pinselstriche wechselten in ihnen mit breit aufgewischter Tusche, und die fernen Berge waren meistens ebenso deutlich und detailliert dargestellt wie der Vordergrund. Im Gegensatz dazu bevorzugte die südliche Schule eine romantischere Behandlung der Landschaftselemente, mit gerundeten Hügeln und nebelverhangenen Tälern. Ferne Berge wurden in abgestuften Schattierungen hingewischter Tusche dargestellt, die den Eindruck geheimnisvoller, dunstverhüllter Tiefe hervorriefen; den Mittelgrund füllten sanfte Hügelketten, über denen ein diffuses Licht lag. Ein chinesischer Kunstkenner dieser Periode beschrieb das Werk eines nördlichen Künstlers als »nur Pinsel und keine Tusche«, das eines südlichen Künstlers als »nur Tusche und kein Pinsel« – eine vereinfachte, aber im Grunde genaue Charakterisierung der beiden Schulen.

Der nördliche Stil herrschte ursprünglich in der Gegend der nördlichen Hauptstadt Kaifêng, der südliche im Yangtse-Tal um Nanking herum. Als jedoch der Sung-Hof nach dem Fall der nördlichen Hauptstadt im Jahre 1127 nach Süden floh, vermischten sich die Stile der beiden Schulen bis zu einem gewissen Grade in einer neuen Akademie, die in der reizvollen südlichen Stadt Hangchow gegründet wurde. Maler der südlichen Sung-Dynastie, wie man diese spätere Ära nennt, waren oft Meister in beiden Stilarten; bisweilen malten sie kantige, schartige nördliche Landschaften, bisweilen neblige südliche Aussichten, oder manchmal kombinierten sie beide in einem einzigen Gemälde. Mit der Zeit jedoch, als die Zeitstimmung immer romantischer wurde und der Ch'an-Buddhismus in akademischen Kreisen an Einfluß gewann, traten die scharfen, kantigen Pinselstriche der nördlichen Maler weiter und weiter in den Nebel zurück, und die Landschaften wurden immer metaphorischer, mit gekrümmten Bäumen und schroffen, bizarr gegliederten Felsen.

Dieser neue lyrische Stil, der im letzten Jahrhundert der Sung-Malerakademie vorherrschte, war im wesentlichen die Schöpfung zweier Künstler, Ma Yüan (tätig etwa 1190–1224) und Hsia Kuei (tätig etwa 1180–1230), deren Werke die Vorbilder für die Zen-Landschaften der Ashikaga-Zeit werden sollten. Sie experimentierten beide mit der Asymmetrie und dem bewußten Nebeneinanderstellen traditioneller Landschaftselemente. Das Element ›Raum‹ gewann besondere Bedeutung, vor allem in den Werken von Ma Yüan, dessen ›Ein-Eck‹-Kompositionen, abgesehen von einer der unteren Ecken, oftmals praktisch leer waren. Im Stil eklektisch, führte er den Vordergrund oft in den schartigen Pinselstrichen und scharfen Diagonalen des Nordens aus, indes er auf demselben Bild die fernen Berge in den sanften, abgestuften Schattierungen des Südens behandelte. Hsia Kuei arbeitete nicht viel anders; allerdings verwandte er besondere Sorgfalt auf die Linienführung, und oft malte er Bäume und Felsen im Vordergrund mit scharfen Konturen. In späteren Jahren, nachdem die Ming-Dynastie zur Macht gekommen war, wandte sich der chinesische Geschmack wieder mehr dem nördlichen Stil zu; in Japan aber wurde die ›Ma-Hsia‹ genannte lyrische Schule verehrt und kopiert von Zen-Künstlern, die in der subjektiven Behandlung der Natur einen vollendeten Ausdruck der Zen-Lehren intuitiver Schau erblickten.

Die südliche Sung-Akademie brachte nicht vorsätzlich Ch'an-Kunst hervor; er waren die Japaner, die den Ma-Hsia-Stil ausdrücklich mit Zen identifizierten. Während der frühen Jahre des 13. Jahrhunderts bildete sich jedoch eine expressionistische, eine Ch'an-Kunst heraus – Erbe der früheren T'ang-Exzentriker – und entwickelte einen spontanen Stil des Malens, der ebenso vom schöpferischen Zufall bestimmt war wie Zen selber. Der Mittelpunkt dieser ›protestierenden‹ Schule der Landschaftsmalerei war nicht die Sung-Akademie, sondern ein Ch'an-Kloster in der Nähe von Hangchow; ihr Anführer war ein Mönch namens Much'i (ca. 1210 bis ca. 1280), der alle Themen – Landschaften, Ch'an-*Kôan* und expressionistische Stilleben – mit zugleich sorgfältig beherrschten und wie zufällig scheinenden Pinselstrichen malte. Er war ein Meister kontrollierter Spontaneität. Die Technik beherrschte er vollkommen, doch mißachtete er bewußt alle Konventionen. Mit der Zeit erlagen etliche nüchterne Maler der Sung-Akademie seiner Verführung zur Ekstase und gaben ihren formellen Stil auf; sie endeten ihre Tage, indem sie mit den Ch'an-Mönchen in den Klöstern rund um Hangchow tranken, völlig hingegeben der ungetrübten Freude an Tusche und Pinsel.

Als japanische Mönche nach China zu reisen begannen, machten sie in diesen Klöstern zuerst Bekanntschaft mit der Landschaftsmalerei. Die Malereien der Mu-ch'i-Schule waren folglich die ersten, die nach Japan gesandt wurden. Später, nachdem die nördliche Malerschule in China wieder im Schwange war, kam den Ming-Chinesen nichts gelegener, als die darauf begierigen Japaner mit inzwischen aus der Mode gekommenen Monochromen der südlichen Sung-Periode zu beglücken. Die Abgesandten Yoshimitsus (ebenso wie frühere reisende Mönche) konnten unter diesen Werken auswählen, mit dem Ergebnis, daß die schönsten Beispiele des spontanen Mu-ch'i-Stils und des lyrischen Ma-Hsia-Stils der Sung-Malerei heute in Japan sind.

Die Bilder von Mu-ch'i, die ersten chinesischen monochromen Kunstwerke, die man in Japan zu sehen bekam, fanden sofortigen Beifall, und Zen-Mönche nahmen diesen Stil rasch auf. Der erfolgreichste Nachahmer war ein japanischer Priester-Maler namens Minchô (1351–1431), der schon bald Landschaften malte, die den von Mu-ch'i stammenden zum Verwechseln gleichkamen. Es war fast, als sei Mu-ch'i von den Toten auferstanden und habe ein Jahrhundert später in Japan eine neue Laufbahn begonnen. Anschließend fanden die Landschaften der Ma-Hsia-Schule ihren Weg nach Japan, und es dauerte nicht lange, bis sich unter den Ashikagas eine zweite »Sung-Dynastie« voll entfaltete. Das japanische Zen hatte seine Kunst gefunden, und bald hatte Yoshimitsu im Shôkoku-ji eine Maler-Akademie gegründet; Maler-Mönche kamen hier zusammen, um jede neue Schiffsladung von Sung-Werken zu studieren und miteinander im Nachahmen chinesischer Pinselstile zu wetteifern.

Leiter der Zen-Akademie war der Priester Josetsu (tätig ca. 1400–1413), der nach Yoshimitsus Tod 1408 die volle Kontrolle übernahm. Josetsus berühmtes Bild »Welsfang mit einem Flaschenkürbis« – eine Parabel, die das Flüchtige, schwer zu Ergreifende des wahren Wissens darstellt – ist ein vollendetes Beispiel dafür, in welchem Maße Japaner die Sung-Stile mit ihrer scharfen Pinselführung im Vordergrund und den verschleierten fernen Bergen meisterten. Die Zen-Akademie beherrschte die japanische Kunst bis lange nach dem Ônin-Krieg; immer wieder wurden die großen Werke der Sung-Periode untersucht und kopiert, sowohl die Werke im lyrischen akademischen Stil als auch die im spontanen Ch'an-Stil. Auf Josetsu folgte sein Schüler Shûbun (auf der Höhe seiner Kunst etwa 1423 bis zu seinem Tode 1460); die ihm zugeschriebene riesige Anzahl von Rollbildern und sechsteiligen Wandschirmen stellte eine präzise Nachschöpfung des lyrischen Sung-Stils dar. Er war kein bloßer Nachahmer; man kann ihn eher als legitimen Angehörigen einer längst verschwundenen Schule bezeichnen, mit einem echten Verständnis der Ideale, von denen die südlichen Sung-Künstler motiviert worden waren. Shûbun war ein vollendeter Meister, ein Raffael des Zen, der seinen Stil so beherrschte, daß er den Eindruck der Mühelosigkeit machte. Seine Gemälde atmen eine Schönheit, in der die

»Welsfang mit einem Flaschenkürbis« von dem japanischen Malermönch Josetsu (um 1410), Tusche und leichte Farbe auf Papier, Ausschnitt. Einem bekannten Zen-Kôan folgend, will dieses Bild sagen: Ebenso schwer, wie den glitschigen Wels mit einem Flaschenkürbis einzufangen, ist es, die Erleuchtung zu erlangen. Die kantigen Flußfelsen sind von der gleichen Art, wie man sie später für die Steingärten suchte; die Darstellungsweise der Figur und der fernen Berge im Hintergrund verrät einen Sinn für räumliche Tiefe, der bereits das neue Zeitalter der Landschaftskunst des Zen ankündigt.

Persönlichkeit des Künstlers verschwunden ist. Dies war auch die Absicht der Sung-Meister gewesen, und deshalb brachten sie Werke so vollkommener Art hervor, daß andere sie mit dem Recht des Neubeginners als Grundlage benutzen konnten.

Unter Shûbuns Nachfolger Sôtan (1414–1481) fuhr die Akademie jedoch damit fort, die Techniken toter Sung-Künstler zu kopieren (wie es so oft geschieht, wenn Kunst institutionalisiert wird), so daß ihren Werken kein Schimmer von Originalität mehr anhaftete. Die Kunst des Zen hatte ihre Reife erreicht und damit das Recht auf eigene Meisterschaft erworben; doch sie benötigte einen Künstler, der größeres Vertrauen in sein eigenes Genie setzte als in die Vorschriften der Akademie.

Der Mann, der diese Bedingungen erfüllte, gilt heute als der größte japanische Maler aller Zeiten. Sesshû Tôyô (1420–1506) war ein Schüler Shûbuns und fast der Zeitgenosse Sôtans. Sesshû malte aus einem tiefen Gefühl für den Geist des Zen; aus diesem Grunde konnte er sich der einzelnen Bestandteile von Sung-Landschaften bedienen, um sie auf seine Weise so zu gruppieren, daß sie eine ganz persönliche Aussage der Zen-Philosophie bildeten. Man nimmt an, daß er früh im Leben Zen-Priester wurde und seine bildsamen Jahre in einem unbedeutenden Dorf der Inlandsee verlebte. Dokumente bezeugen jedoch, daß er mit 37 Jahren als Priester eine relativ hohe Stellung im Shôkoku-ji unter der Schutzherrschaft Yoshimasas bekleidete und zugleich der von Shûbun geleiteten Akademie angehörte. Anscheinend studierte er unter Shûbun bis kurz vor dem Ônin-Krieg; dann verließ er Kyôto, begab sich nach einer Stadt an der Südwestküste und war bald an Bord eines Handelsschiffs auf dem Weg nach China.

Da er als Zen-Priester und als Maler von einigem Ansehen reiste, wurde Sesshû in den Zentren der Ch'an-Malerei auf dem Festland und am Ming-Hofe in Peking sofort willkommen geheißen. Obwohl er viele Sung-Malereien sehen und studieren konnte, die in der Ashikaga-Sammlung in Kyôto nicht vorhanden waren, enttäuschten ihn die Ming-Künstler, die er kennenlernte; nach Japan zurückgekehrt, erklärte er, daß er in China keinen würdigen Lehrer gefunden habe außer dessen Strömen und Bergen. Auch stellte er fest, Josetsu und Shûbun seien allen chinesischen Malern, denen er begegnet sei, ebenbürtig – vermutlich das erste Mal in der Geschichte Japans, daß eine derartige Aussage keinen Widerspruch fand. Er kehrte nie nach Kyôto zurück, sondern richtete sich eine Werkstatt in einem Dorf an der Westküste ein, wo er die Mächtigen empfing, seine Jahre mit Malen verbrachte, mit Zen-Meditation und mit Pilgerfahrten zu Tempeln und Klöstern. Nach überlieferten Berichten lehnte er es ab, Sôtans Nachfolge als Leiter der Akademie von Kyôto anzutreten; er empfahl, diese Stellung Kanô Masanobu (1434–1530) zu übertragen, der dann tatsächlich in den 1480er Jahren sozusagen Hofmaler des Shôgun wurde. Dieser Posten ging später auf Masanobus Sohn Kanô Motonobu (1476–1559) über. Hiermit wurde die dekorative Kanô-Schule der Malerei eingeleitet, von der die japanische Kunst noch Jahrhunderte hindurch beherrscht wurde.

Sesshû war ein abtrünniger Stilist, der früh in seiner Laufbahn die Sung-Regeln Shûbuns meisterte, um dann auffallende und überraschende neue Dimensionen der Tuschmalerei zu entwickeln. Trotz seiner geringschätzigen Beurteilung der Ming-Kunst lernte er in China vieles, was er sich später zunutze machte; dazu gehörte ein erdhafter Realismus, der ihn von Shûbuns ausgeklügelter Perfektion freimachte; ein Gefühl für Entwurf, der es ihm ermöglichte, große dekorative sechsteilige Wandschirme zu gestalten, die noch den Geist des Zen atmeten; und, vielleicht am wichtigsten, die Ch'an-inspirierte Technik der »aufgebro-

chenen Tusche«, die ihm das Reich des Halbabstrakten eröffnete. In seinen späteren Jahren wurde er berühmt wegen
zweier verschiedener Stile, die – wenn auch nicht ohne chinesische Vorbilder – sehr persönlich gefärbt waren.

Im ersten dieser Stile, bekannt als *Shin,* wurden die glatten,
gefälligen Formeln Shûbuns durch eine beherrschte Kühnheit ersetzt; Felsen und Berge konturierte er mit dunklen,
kantigen Pinselstrichen, die wie mit einem Meißel hinge-
hauen wirkten. Seine Landschaften zeichneten sich weniger durch erhabene Unnahbarkeit aus, vielmehr unterwarf
und formte er sie nach seinem Willen. Die Ehrfurcht vor der
Natur blieb erhalten, doch unter seiner Hand geriet ihre
Darstellung fast kubistisch; das Wesentliche einer Szenerie
faßte er in einer komplizierten, dichten Anordnung kanti-
ger Flächen zusammen, die mit kräftigen Linien umrandet
waren. An die Stelle von Zartheit traten Kraft und Macht.
Vorläufer dieses Stils lassen sich in den Werken von Ma
Yüan und Hsia Kuei finden, die beide in der vom Norden beeinflußten Technik des harten Pinselstrichs experimentierten; doch erst Sesshû wurde der wahre Meister dieser Technik. Der amerikanische Kunstkenner Ernest Fenollosa bezeichnete ihn 1912 als den größten Meister der geraden, ek-
kigen Pinselführung in der Weltgeschichte der Kunst.

Sesshûs zweiter bedeutender Stil war *Sô,* eine Abstraktion
in verwischter Tusche, in der sich die meisterliche Beherrschung des Schattierens durch die südliche Sung-Schule mit
der »aufgebrochenen Tusche« oder *Haboku* der Ch'an-
Schule verbindet; dieser Stil ignoriert den Strich fast völlig,
die Elemente der Landschaft werden durch sorgfältig abgestufte Schattierungen verwischter Tusche angedeutet. Ein
Betrachter, der mit den traditionellen Bestandteilen der
Sung-Landschaft vertraut ist, kann alle erforderlichen Einzelheiten erkennen, obwohl die meisten von ihnen nur aus
undeutlichen Wischern und Tuschetupfern bestehen, die
eher mit einem Schwamm als mit einem Pinsel hingesetzt
scheinen. Im Gegensatz zu der kubistischen Art des
Shin-Stils weist der *Sô*-Stil keine klar abgegrenzten Flächen

Berühmte Tuschlandschaft von Sesshû (1495) im verschwommenen, ma-
lerischen Sô-Stil, bekannt als Haboku-sansui *(»Landschaft im* Haboku-
Stil*«), Ausschnitt. Die erste Landschaftsebene bilden die Häuser, das*
Boot und der hochragende Baum im Vordergrund, die mittlere das Tusch-
gebilde links vom Baumwipfel und die dritte die zart aufgewischte Tu-
sche oben in der Mitte.

auf; dank sorgfältig kontrollierten Wechsels der Schattierungen gehen die Bestandteile der Landschaft sozusagen ineinander über. Der Stil erweckt den Eindruck der Mühelosigkeit, bekundet jedoch in Wahrheit höchste Meisterschaft in der Beherrschung des Pinsels – eines Werkzeugs, das eher dazu gedacht ist, scharfe Striche hinzusetzen, als fein abgestufte Schattierungen und Übergänge zu ermöglichen.

Da Sesshû es vorzog, in den abgelegenen Provinzen zu leben, begründete er keine eigentliche Schule, doch ließen sich Künstler in Kyôto und anderswo von seinem Genie befruchten, um die Zen-Malerei zu beleben. Einer der von ihm beeinflußten Künstler war Sô-ami, ein Mitglied der Familie Ami, deren künstlerisches Wirken in die Blütezeit der Akademie fiel. Die früheren Mitglieder der Familie hatten annehmbare Werke im herkömmlichen Sung-Stil geschaffen, doch Sô-ami zeichnete sich in mehreren Stilarten aus, darunter auch im *Sô*-Stil. Der andere Künstler, auf den Sesshû unmittelbar einwirkte, war der Provinzler Sesson (ca. 1502–ca. 1589), der einen Teil vom Namen des früheren Meisters als seinen eigenen annahm und es sowohl in der *Shin*-Technik wie im *Sô*-Stil zur Könnerschaft brachte. Obwohl auch er das von Streitigkeiten erfüllte Kyôto mied, wurde er in ganz Japan berühmt; an seinen Werken läßt sich ermessen, was die Akademie hätte leisten können, wenn Sesshû sich entschlossen hätte, weiterhin dem Zen-Establishment anzugehören. Doch selbst in Sessons Werk entdeckt man eine glatte, mühelose Eleganz, die Sesshûs schwer erworbene Kraft in eine graziöse Leichtigkeit umzuwandeln scheint – ein sicheres Anzeichen dafür, daß die schöpferische Phase der Zen-Kunst zu Ende war.

Die Ashikaga-Ära der japanischen monochromen Landschaftsmalerei ist eigentlich nur die Geschichte einiger weniger begnadeter Künstler, deren Werke in einer Spanne von wenig mehr als 150 Jahren entstanden. Als Menschen des Zen fanden sie in der Landschaftsmalerei einen idealen Ausdruck der Verehrung für das Göttliche, das sie in der Natur sahen. Die Versenkung in die Natur war ihnen gleichbedeutend mit der Versenkung in die universale Gottheit, und ein Naturgemälde anschauen – oder besser noch, selber die Natur malen – hieß eine heilige Handlung vollziehen. Die Landschaftsmalerei war ihre Version des buddhistischen Heiligenbildes, und ihre monochrome Abstraktion ein tiefer Ausdruck der Zen-Ästhetik. Gleich den Künstlern der Renaissance, verehrten die Künstler der Ashikaga-Zeit Gott, indem sie malten. Das Ergebnis ist eine Form der Kunst, die keine Götter abbildet und doch von Spiritualität durchdrungen ist.

Die Ästhetik der japanischen Architektur

> Der Silberpavillon ... ist ein Markstein in der Kulturgeschichte. Architektonisch gesehen ist er vor allem deshalb so bemerkenswert, weil er nicht nur eine Verbindung von Sakralbau und Wohnhausbau darstellt, sondern auch einen neuen Stil des Wohnraumes zeigt (*Shoin-zukuri* genannt), den Fachleute für den eigentlichen Vorläufer der modernen japanischen Wohnung halten.
>
> George B. Sansom: *Japan*

Man stelle einem Japaner die Frage, warum das traditionelle japanische Haus eigentlich so gebaut ist, daß es darin im Winter bitter kalt ist, und man wird sicher zur Antwort erhalten, daß es mit Rücksicht auf die klimatischen Bedingungen entworfen sei. Will man wissen, weshalb er Tisch und Stuhl verschmäht und lieber den ganzen Tag lang auf einer Bodenmatte aus Stroh kniet, so wird er sagen, die Matte sei eben bequemer. Und fragt man ihn, warum er es vorzieht, auf einer am Boden ausgebreiteten wattierten Baumwolldecke zu schlafen anstatt in einem Bett mit Matratzen und Sprungfedern, dann wird er antworten: der Fuß-

Im prähistorischen Stil erbauter Shintô-Schrein in Ise, der Prototyp der japanischen Architektur; inmitten eines Kiesgartens gelegen, weist er mit seinen naturbelassenen Zypressenhölzern, dem erhöhten Boden, dem Strohdach und der umlaufenden Veranda auf das traditionelle japanische Haus voraus.

boden als Unterlage sei sicherer! Was er nicht sagen wird (weil er annimmt, daß jemand aus dem Westen es ohnehin nicht begreifen kann): daß er durch diese offensichtlichen Härten Raum gewinnt für sein wahres Selbst.

Man hat das traditionelle japanische Haus mit einem überdimensionalen Schirm verglichen, der sich über die Landschaft erhebt – nicht um sie zu beherrschen, sondern um dem Leben inmitten der Natur ein schattiges Plätzchen zu gewähren. Von außen einer Tropenhütte ähnlich, gleicht sein Inneres der strengen Geometrie Mondrianscher Gemälde – eine Verbindung, die den Höhepunkt einer langen Tradition in der Begrenzung und Aufteilung des Innenraumes, der Verwendung natürlicher Baustoffe und der Integration von Architektur und Umgebung darstellt. Das japanische Haus ist eine der allzu selten gewordenen praktischen Erfindungen, die über das bloß Nützliche hinausgehen und die inneren Bedürfnisse des Menschen ebenso beachten wie seine äußere Bequemlichkeit.

Das klassische Haus hat sich im Laufe von zwei Jahrtausenden aus der wechselseitigen Anpassung und Verschmelzung zweier sehr unterschiedlicher architektonischer Stile entwickelt: dem tropischen Natur-Schrein, der zur Shintô-Religion der frühen Einwanderer gehörte, und dem chinesischen Modell, das zuerst in der Palast-Architektur der T'ang-Dynastie sichtbar wurde und in den Klöstern des Ch'an-Buddhismus zur Blüte kam. Die – vermutlich aus dem tropischen Süden eingewanderten – *Yayoi* verehrten die Götter der Natur, und die Schreine, die sie ihnen errichteten, ähneln in mancher Hinsicht den Wohnhütten Ozeaniens. Die Shintô-Religion verlangt, daß bestimmte Schreine alle zwanzig Jahre niedergerissen und neu erbaut werden – eine merkwürdige Vorschrift, der wir es zu verdanken haben, daß diese herrlichen strohgedeckten Holzbauten noch heute kaum anders als vor 2000 Jahren aussehen. Ihre karge Eleganz hat der griechisch-irische Japanophile Lafcadio Hearn (1850–1904) beschrieben:

Der typische Schrein ist ein fensterloses, längliches Gebäude aus unbemaltem Holz, mit einem sehr steil vorspringenden Dach. Der obere Teil der immer geschlossenen Türen besteht aus einem hölzernen Lattenwerk, gewöhnlich einem dichtgefügten Gitter aus Stäben, die sich im rechten Winkel kreuzen. In den meisten Fällen ruht das Gebäude, ein wenig über dem Boden erhoben, auf Holzpfosten, und die wunderlich gegiebelte Fassade mit ihren visierförmigen Öffnungen und den phantastischen Balkenvorsprüngen erweckt bei den europäischen Reisenden Reminiszenzen an mittelalterliche Schießscharten. Nirgends sieht man künstlichen Anstrich.

Unter dem Einfluß von Sonne und Regen wandelt sich das glatte Holz bald zu einem natürlichen Grau, das von den Silbertönen der Birkenrinde bis zu dem Dunkelgrau des Basalt wechselt.[1]

Die *Jômon* hatten noch in Höhlen und später in abgedeckten Erdgruben gehaust, doch mit Beginn der christlichen Zeitrechnung baute die Aristokratie bereits Häuser, die sich auf Holzpfählen über die Erde erhoben und deren Dach statt von den Wänden von einem waagerechten Firstbalken getragen wurde, der auf zwei mächtigen Säulen an Stirn- und Rückseite ruhte.[2] Sie waren tatsächlich genauso konstruiert wie der von Hearn beschriebene Shintô-Schrein. Für ein Haus der Shintô-Götter mochte diese tropische Bauweise durchaus angemessen sein, denn von den Geistern der Natur konnte man erwarten, daß ihnen der harte japanische Winter nichts ausmachte; die *Yayoi* dagegen dürften über den ungehinderten Zugang der Jahreszeiten zu ihren Häusern kaum sehr erfreut gewesen sein. Und dennoch paßt Hearns Beschreibung nahezu unverändert auch noch auf das Äußere des traditionellen Hauses, wie es sich schließlich herausbildete. Noch heute findet man das riedgedeckte Dach, die Pfahlbauweise, die naturbelassenen Hölzer und den weitgehenden Verzicht auf die Verwendung von Nägeln.

Im 5. und 6. Jahrhundert n. Chr. lernten die Japaner die hochdifferenzierte chinesische Kultur kennen, die sich auf dem asiatischen Festland entwickelt hatte, und zu Anfang des 8. Jahrhunderts hatten sie der vergleichsweise primitiven shintoistischen Tropenarchitektur abgeschworen und begonnen, sich mit Palästen und Tempeln nach chinesischem Muster zu umgeben. Der in der Heian-Zeit aufkommende Typ des Adelssitzes stellte bereits einen Kompromiß zwischen den chinesischen Vorbildern und den Bedürfnissen seiner japanischen Bauherren dar. Obwohl er den Einfluß der T'ang-Paläste nicht verleugnen konnte, darf der (später so genannte) *Shinden-zukuri*-Stil als erster original japanischer Architekturstil gelten.

Der Herrensitz des Heian-Adels bestand aus einem ausgedehnten Gebäudekomplex, dessen beherrschendes Zentrum der nach Süden hin auf Teich und Garten blickende Hauptbau *(Shinden)* war, in dem sich die Wohn- und Empfangsräume des Hausherrn befanden. Überdachte Korridore stellten die Verbindung zu den ringsherum angeordneten Nebengebäuden her. Diese zu den Seiten hin offenen Korridore waren ungeheuer beliebt und verbanden auch als Umgang an der Außenseite der Gebäude alle größeren Räume. Im Innern gab es keine festen Wände; die Möglichkeit, sich zurückzuziehen, war durch Vorhänge und an der Decke befestigte, in zwei Teilen herunterklappbare Türen geboten. Nach dem Vorbild der Chinesen ging man vielfach dazu über, die Dächer statt mit Stroh mit dunklen Tonziegeln zu decken, und auch die Wände wurden häufig nicht mehr mit Holzbohlen oder geflochtenem Stroh verkleidet, sondern mit Lehm. Außenhölzer bemalte man mit chinesischem Zinnober, anstatt sie der natürlichen Alterung zu überlassen.

Die Möblierung war dürftig; ohnehin waren die einzelnen Räume nicht auf bestimmte Zwecke festgelegt – das Haus war ein einziger großer Raum, der sich je nach den Bedürfnissen des Augenblicks so oder anders unterteilen und nutzen ließ. Stühle gab es nicht, man ließ sich auf Bodenmatten aus geflochtenem Stroh nieder. Schwere Fensterläden, die im Sommer durch leichte Bambusjalousien ersetzt wurden, schlossen die Zimmer nach außen hin ab. Mit der Beleuchtung stand es in den *Shinden*-Wohnsitzen nicht eben zum besten: im Winter mußten sich die aristokratischen Bewohner, wollten sie nicht bei offenen Fensterläden jämmerlich frieren, im nahezu stockfinsteren Haus um ein qualmendes Feuer zusammendrängen.

Für einige Zeit gelang es dem *Shinden*-Stil, die eingewurzelte Liebe der Japaner zur Einfachheit und zu schmucklosen, natürlichen Werkstoffen, wie sie in den älteren Wohnbauten der Zeit vor Heian sichtbar geworden war, zu unterdrücken. Doch er ist nie wirklich heimisch geworden in Japan, wo man ihn später mehr oder weniger als einen Fehltritt in der Geschichte der Architektur betrachten sollte – ein Zwischenspiel, dessen Hauptvermächtnis immerhin jener Sinn für Offenheit oder ›fließenden Raum‹ ist, der das klassische Zen-Haus auszeichnet.

Nachdem der Adel von Heian seine Macht verloren hatte, setzte auch in der Architektur eine neue Entwicklung ein. Die neuen Herrscher, die Samurai-Krieger von Kamakura, lehnten den aristokratischen Baustil ihrer Vorgänger keineswegs rundum ab; sie änderten ihn lediglich in einigen Punkten um, so wie es ihr kriegerisches Leben und die neue Sichtweise des Zen erforderte. Das Land befand sich im Krieg, und so waren abgelegene Räumlichkeiten und offene Wandelgänge nicht sehr sinnvoll; die Samurai konzentrierten die verstreute Anlage und zogen alles unter einem Dach zusammen. Der Gartenteich verschwand, und das ganze Anwesen wurde mit einem Schutzzaun umgeben. Im Innern des Hauses ersetzte man die Vorhänge und Klapptüren durch hölzerne, mit Papier bespannte Schiebetüren. Und mit zunehmend klarer Abgrenzung der Zimmer begann man, sie nach ihrer Funktion zu benennen. Allmählich verschwanden auch die ornamentalen Züge des *Shinden*-Stils – unter dem Einfluß des Zen hatten die Samurai Strenge und Kargheit schätzengelernt.

In der darauffolgenden Ashikaga-Periode (1333–1573), als Zen-Mönche bei den ungebildeten Militärregenten die Rolle des Beraters und Schreibers übernahmen, tauchte in den Häusern der einflußreicheren Samurai ein besonderes Schreibpult auf, *Shoin* genannt. Das *Shoin* war eine Fensternische mit erhöhtem Fensterbrett, die auf einen kleinen Garten hinausging; hier lasen und schrieben die Zen-Mönche. Sie hatten diese neue Einrichtung des Wohnhauses in den Studierzimmern der Äbte chinesischer Ch'an-Klöster kennengelernt, ebenso wie die *Chigai-dana*, die dem Studierplatz benachbarte Wandnische mit Regalen und kleinen Schränkchen; in den Klöstern ursprünglich zur Aufbewahrung religiöser Schriften gedacht, brachte man nun Papiere und Schreibutensilien darin unter. Das *Shoin*-Studierzimmer wurde große Mode bei den Samurai, selbst bei denen, die weder lesen noch schreiben konnten, und es dauerte nicht lange, da war es der vornehmste Raum des Hauses, in dem man bevorzugte Gäste empfing. Bald übernahm man eine weitere Einrichtung aus den Zen-Klöstern: die *Toko-noma* oder Kunstnische. In den chinesischen Ch'an-Klöstern war dies ein besonderer Schrein, vor dem die Mönche Räucherwerk abbrannten, das Ritual des Teetrinkens zelebrierten und über religiöse Kunstwerke meditierten. Daß solch ein Altar im Empfangszimmer gesellschaftlicher Emporkömmlinge wie der Samurai auftauchen konnte, beweist augenfällig, welchen Einfluß die Zen-Mönche als ihre Berater auf sie ausübten. Auch die Eingangshalle *(Genkan)* sahen die Samurai dem Zen-Tempel ab.

Die Folge all dieser Zusätze und Veränderungen war, daß aus dem *Shinden*-Wohnsitz des Adels allmählich etwas völlig Neues geworden war: ein ganz auf die Samurai zugeschnittenes Haus, dessen Stil als *Shoin-zukuri* (»Schreibzimmer-Bau«) bekannt wurde. Vergessen waren Ziegeldach und Zinnoberanstrich der Chinesen; Stroh und unbearbeitete Hölzer waren wieder Trumpf. In vieler Hinsicht freilich bedeutete die Verdrängung von *Shinden* durch *Shoin* nichts anderes, als daß der chinesische T'ang-Stil durch den chinesischen Sung-Stil ersetzt wurde. Doch während die T'ang-Architektur die des chinesischen Hofes war, stammte der Sung-Stil von den Ch'an-Klöstern ab; zudem entsprach er zufällig einer Reihe von ästhetischen Idealen, nach denen die älteren Wohnbauten und Schreine Japans errichtet worden waren.

Gegen Ende der Ashikaga-Periode gab es in der japanischen Architektur kaum noch etwas, das nicht den Einfluß des *Shoin*-Stils verriet, und was wir heute als traditionelles japanisches Haus kennen, ist im wesentlichen identisch mit dem *Shoin*-Haus des 16. Jahrhunderts. Die beweglichen Bodenmatten der *Shinden*-Einrichtung wurden durch einen von Wand zu Wand reichenden Bodenbelag aus *Tatami* ersetzt – federnde Reisstrohmatten mit dünnem Rohrbezug, die an den Seiten mit dunklem Stoffband eingefaßt waren und eine Standardgröße von etwa 90 mal 180 Zentimetern hatten. Bald ging man dazu über, die Größe der einzelnen Räume nach der Anzahl der für ihren Bodenbelag erforderlichen *Tatami* zu bemessen – und damit hatten die Japaner die modulare Architektur[3] entdeckt. Die Papierschiebetüren *(Fusuma)* wurden allgemein üblich als Trennwände zwischen den Zimmern; die *Tokonoma* benutzte man zu dem (eher profanen als religiösen) Zweck, monochrome Rollbilder und Blumenarrangements darin zur Schau zu stellen. Eine der wenigen chinesischen Erfindungen, die die Japaner beharrlich ignorierten, war seltsamerweise der Stuhl. Daher kommt es, daß zur japanischen Wohnung bis heute ein Eingangsraum gehört, wo man seine Schuhe abstellt – eine unnötige Einrichtung, wenn man, wie die Chinesen, den Fußboden nicht wie ein Sitzmöbel behandeln mußte und seine Schuhe anbehalten konnte. Ein wichtiger Nebeneffekt des Verzichts auf den Stuhl war, daß die Augenhöhe im traditionellen japanischen Zimmer – d. h. die Höhe, von der aus man den Raum, seine Kunst- und Einrichtungsgegenstände überblickt – stets bedeutend niedriger liegt als in einem Raum mit Tisch und Stühlen. Das wirkt sich nicht nur auf die Plazierung der Kunstwerke im Raum aus, sondern auch in der Gestaltung des dazugehörenden Gartens.

Den Höhepunkt in der Entwicklung der japanischen Architektur bezeichnet der *Sukiya*-Stil, eine freiere Abwandlung des eher strengen *Shoin*-Stils der Samurai. Im *Sukiya*- oder Teehausstil wurden die ästhetischen und architektonischen Prinzipien sichtbar, die das vom Zen inspirierte japanische Teehaus bestimmten; innerhalb eines gewissen Rahmens ließ er für den Entwurf und die Verwendung von Baustoffen freie Hand für Experimente. Zarter konstruiert als die mächtigen *Shoin*-Gebäude, übertraf das *Sukiya*-Haus diese an Kargheit noch erheblich; in der Beherzigung des Zen-Prinzips schmuckloser Einfachheit ging man so weit, daß man oft sogar die Mauern unverputzt ließ. War die *Sho-*

Der traditionelle Stil der japanischen Architektur, der die Zen-Ideale der Einfachheit, der natürlichen Materialien und der Öffnung zur Natur hin befolgt.

in-Architektur die des Kriegers gewesen, so hatte nun im *Sukiya*-Bau der einfache Mann sein Haus gefunden, dessen Wirkung auf die weitere Entwicklung der japanischen Architektur entsprechend breit und tief war. Spricht man heute vom traditionellen Stil des japanischen Wohnhauses, so spricht man damit immer auch vom *Shoin*- und vom *Su-*

kiya-Haus, dem Vermächtnis der mittelalterlichen Zen-Mönche und späteren Zen-Ästhetiker.

Nach dem zerbrechlichen Eindruck zu schließen, den dieses Haus auf den ersten Blick erweckt, ist es offenbar eine ziemlich unpraktische Erfindung für ein Land, das immer wieder von Erdbeben heimgesucht wird. Doch tatsächlich machen – ähnlich wie beim Judokämpfer – gerade seine Leichtigkeit und Flexibilität seine Sicherheit aus! Dazu gehört, daß seine Fundamente nicht unverrückbar fest verankert sind, sondern mit der Erde »fließen« können. Das traditionelle Haus wird nicht von seinen Wänden, sondern von kräftigen, etwa 15 Zentimeter dicken Pfosten getragen; mit ihrem unteren Ende in große, passend ausgehöhlte Steine eingelassen, die nicht vollständig ins Erdreich versenkt sind, reichen diese Pfosten durch das Haus bis zum Dach empor, dessen Gewicht ihnen besseren Halt in ihren prekären Fundamenten gibt. Normalerweise ist das Dach ein steil abfallendes Walmdach, dessen leichtes Dachwerk mehrschichtig mit Schindeln aus der robusten Rinde des *Hinoki*-Baums gedeckt ist.

Eine Reihe von kürzeren, auf die gleiche Weise im Boden verankerten Pfosten trägt den aus enggefügten Holzplanken bestehenden Fußboden, der sich gut einen halben Meter über dem Erdboden befindet. Die außerhalb der eigentlichen Wohnfläche liegende Peripherie des Bodens fungiert als Veranda oder Wandelgang, *Engawa* genannt, während seine innere Fläche durch dünne Wände aus Papier, Mörtel und Holzgitter in verschiedene Räume gegliedert wird. Die Außenwände, die ja keine tragende Funktion haben, bilden verschiebbare, durch Holzleisten in gleich große Felder unterteilte Holzrahmen, die mit durchscheinendem Reispapier bespannt sind; diese gewöhnlich paarweise angebrachten und etwa 90 mal 180 Zentimeter großen Schiebetüren tauchen die nach außen hin liegenden Räume in ein sanft gedämpftes Licht. Nach ihrem Zweck, der Raumabgrenzung, *Shoji* (d. h. »Unterbrecher«) genannt, bewirken sie doch weniger eine Trennung als eine Vereinigung von Innen und Außen – im Sommer weit zurückgeschoben, öffnen sie das ganze Haus für die frische Luft und den direkten Kontakt mit der umgebenden Natur. Erweist es sich als notwendig, das Haus besser zu isolieren oder abzusichern, so werden vor die *Shoji* die solideren Wetterläden oder *Amado* (wörtlich »Regentür«) vorgeschoben. Pfosten, die zu eng beieinander stehen, als daß ein *Shoji*-Paar dazwischen Platz fände, sind gewöhnlich durch eine solide, etwa fünf Zentimeter dicke Wand verbunden, die aus einem fest mit Lehm ausgefüllten, aus Bambus und Reisstroh errichteten Rahmen besteht und innen wie außen mit glatter weißer Tünche bestrichen ist. Wo es sinnvoll erscheint, werden ähnliche Wände auch im Innern des Hauses eingefügt. Zusammen mit den Pfosten bilden sie die einzigen festen Elemente unter den sichtbaren Flächen des Hauses. Das gedämpfte Weiß und die seidene Textur der getünchten Wände bilden einen schönen Kontrast zur natürlichen Maserung der Stützpfeiler.

Für die Raumaufgliederung im Innern des Hauses sorgen Trennwände ähnlich den *Shoji,* die allerdings mit schwerem, lichtundurchlässigem Papier bespannt und häufig mit unaufdringlichen Mustern bemalt sind. Diese Papierwände, die *Fusuma,* ruhen in Gleitschienen am Fußboden und an den oberen Querbalken *(Kamoi)* und lassen sich so auch als Türen verwenden. Entfernt man sie ganz, dann gewinnt man aus zwei kleineren Räumen einen größeren. Die *Fusuma* garantieren nicht mehr Privatleben als eine spanische Wand zuläßt (was sich sehr unvorteilhaft auf das Liebesleben der zunehmend ich-bewußten modernen Japaner auswirken soll...). Die Zimmer sind etwa zweieinhalb Meter hoch. Zwischen den die Holzpfosten miteinander verbindenden (und ihnen in Durchmesser und Aussehen ähnlichen) *Kamoi* und der Decke liegen etwa 60 Zentimeter. In diesem Zwischenraum befindet sich, in die Außenwand über den *Shoji* oder auch in die Zwischenwände über den *Fusuma* eingelassen, gewöhnlich das *Ramma* – wörtlich: »Zwischenraum für *Ran*« (eine Holzart); das ist ein Holzgitter, das als eine Art Oberlicht dient und frische Luft von draußen hereinläßt. Den übrigen Zwischenraum füllt das Gesimsbrett oder *Nageshi* aus, eine Kombination aus Holz und Verputz. *Kamoi, Nageshi* und *Ramma* haben nicht nur eine ästhetische, sondern auch eine bautechnische Funktion: sie stellen die einzige solide Querstütze zwischen den Pfeilern dar. Die Decke besteht aus einem leichten hölzernen Lattenwerk, das mit dünnen – wie alle beim Bau verwendeten Hölzer nicht weiter bearbeiteten – Brettern abgedeckt ist.

Besucher treten durch die Eingangshalle *(Genkan)* ein, wo sie ihre Straßenschuhe mit Sandalen vertauschen, deren weiche Sohle die ungeschützten Holzdielen der Veranda vor Kratzern bewahrt. Bevor man einen mit *Tatami* ausgelegten Raum betritt, entledigt man sich auch der Sandalen; Gastgeber und Gäste sind jetzt nur noch in Strümpfen. Das Empfangszimmer ist so leer wie eine Zelle, und in das diffuse Licht der *Shoji* getaucht, scheint es der Zeit und den Eigenheiten der Jahreszeiten ganz und gar entrückt. Höchstens ein niedriger Tisch mag in der Mitte stehen, um den sich Gastgeber und Gäste auf viereckigen Kissen niederlassen. Vielleicht findet man Lampen mit Reispapierschirm vor, vielleicht auch ein oder zwei gerade bis zum Knie reichende Kommödchen. Und wenn das Wetter es verlangt, dann hat man möglicherweise ein oder mehrere Holzkohlen-Becken aufgestellt – entweder ein kleines, bewegliches *Hibachi*, an dem man sich die Hände wärmen kann, oder ein größeres, häufig in einer Vertiefung des Fußbodens unter dem Tisch eingelassenes Becken. Offensichtlich haben sie eher symbolische als praktische Bedeutung, denn in einem Raum mit Papierwänden können sie nur wenig an der Temperatur ändern. Gegen die sommerliche Hitze trifft man ähnlich metaphysische Vorkehrungen: man öffnet einfach alle *Shoji* in der Hoffnung, einen eventuellen Lufthauch in der stehenden Sommerhitze einzufangen, dessen nur mäßig kühlende Wirkung durch die klingelnden Windglöckchen auf der Veranda psychologisch unterstützt wird.

Moderne Version eines klassischen Intérieurs: karge Eleganz aus unlakkiertem Holz, Stroh und Lehm. Hinten links die Bildnische (Tokonoma) mit dem Rollbild (Kakemono), rechts daneben die Nische mit Regal und kleinen Schränkchen (Chigai-dana), auf der linken Seite durchscheinende Reispapier-Fenster (Shoji), auf der rechten die mit lichtundurchlässigem Papier bespannten, beweglichen Schiebetüren (Fusuma), und der Boden ein Teppich aus Reisstrohmatten in genormter Größe (Tatami).

Den ästhetischen Mittelpunkt des Raumes bildet die *Tokonoma* mit ihrem erhöhten Podium und einer eigenen, tiefgezogenen Decke, in der das Rollbild *(Kakemono)* hängt; gewöhnlich kommt noch eine Vase mit einem schlichten Blumenarrangement oder (als Reminiszenz an die ursprüngliche klösterliche Funktion der *Tokonoma*) ein Räucherfaß hinzu. Licht erhält die Kunstnische von einem seitlich gelegenen Papierfenster, das an das traditionelle *Shoin* erinnert. Neben der *Tokonoma* (und deshalb auch *Toko-waki*, »Seite der *Toko*[*noma*]«, genannt) befindet sich die *Chigai-dana* mit Regal und Schiebetürschränkchen, in der freilich nicht mehr die Schreibutensilien von Zen-Mönchen, sondern Kimonos oder Bettzeug untergebracht sind. Diese beiden Nischen sind durch eine dünne Wand voneinander getrennt, deren Abschluß zum Zimmer hin der *Toko-bashira* oder »Bildnischenpfeiler« bildet. Poliertem Treibholz ähnlich, soll der *Toko-bashira* einen Hauch unverfälschter Natur in das ansonsten eher strenge und klösterliche Ambiente des Raumes bringen.

Wenn die Gäste sich auf den Kissen niedergelassen haben und grünen Tee schlürfen, dann öffnet der Gastgeber vielleicht eine der rückwärtigen *Shoji*, um den Blick auf den unüberdachten Garten des Innenhofs freizugeben – seine ganz eigene Abstraktion natürlicher Landschaft. Blumen wird man darin nicht finden, statt dessen aber kleinwüchsige Pinien, einen Teich und immer wieder dem Blick sich entziehende Steinpfade. Die moosbewachsenen Steine glänzen vom Tau (oder von dem Wasser, mit dem der Gastgeber sie kurz vor der Ankunft seiner Gäste extra besprengt hat), und die Luft trägt den frischen Duft von Gras und Laub herein. Es bedarf schon eines sehr genauen Hinsehens, damit sich der Zauber verflüchtigt und man feststellt, daß der Garten nichts weiter als ein von einem Zaun aus Bambus und Mörtel umgrenztes kleines Fleckchen Erde ist; doch auf diesem Fleckchen ist der Extrakt der Natur in einem einzigen Anblick zusammengefaßt – so natürlich wie ein Wald und so kunstvoll ausgefeilt wie eine flämische Miniatur. Dieser Ausblick – ein Erbe des vom Zen erfüllten *Sho-in*-Stils – ist eine unverzichtbare Bedingung für die ästhetische Magie des Hauses, denn er bringt Menschenwerk und Naturschöpfung auf eine Weise zusammen, daß ihr fundamentaler Unterschied verwischt wird. Das Draußen ist mit dem Drinnen vereinigt – ein sichtbares Symbol für die Lehre des Zen, daß die äußere Welt nur eine Ausweitung des inneren Geistes ist.

In der Tat sind die subjektiven Aspekte des traditionellen japanischen Hauses ganz und gar vom Zen inspiriert. Das auffälligste Gestaltungsprinzip ist die Abgrenzung und

Strukturierung des Raumes durch klare Linien, angefangen von den dunklen Stoffeinfassungen der *Tatami* bis hin zu dem herausgestellten Gerüst aus Pfeilern und Querbalken. Weil dabei gekrümmte Linien (deren »sinnliche« Qualität dem Zen-Ideal der kargen Nüchternheit zuwiderlaufen würde) sorgfältig vermieden werden, entsteht die Wirkung einer geometrisch strengen Form, die zugleich Eleganz und Reinheit ausstrahlt. Der Eindruck freien Raums kommt auch dadurch zustande, daß (auch dies im Geist des Zen) jedes schmückende Beiwerk fehlt und die wenigen Möbelstücke in der Mitte des Raumes und nicht, wie im Westen üblich, an den Wänden entlang aufgestellt sind. Zur besonderen Ästhetik der japanischen Architektur trägt zudem bei, daß man die natürliche Oberflächenbeschaffenheit der verwendeten Materialien sowie den Kontrast zwischen verschiedenartigen Baustoffen (wie etwa zwischen Lehm und Holz in einer Wand) nicht verhüllt, sondern sprechen läßt. Das indirekte Licht schließlich, das die *Shoji* geben, erzeugt bei Tage eine Stimmung ewigen Nachmittags und läßt die Oberfläche aller Dinge wie in einem abgeklärten Licht erscheinen; es mildert kräftige Farben zu Pastelltönen und verstärkt den Eindruck der Natürlichkeit, der von den offen ausgestellten Hölzern ausgeht.

Durch die beweglichen Trennwände, innen wie außen, scheint der Raum in sich geschachtelt und doch frei fließend; für Besucher aus dem Westen ist das so verblüffend, daß es oft das erste ist, was sie in einem japanischen Haus bemerken. Dieses Charakteristikum beruht natürlich auf einer philosophischen Grundannahme, die in allen Zen-Künsten, von der Tuschmalerei bis zur Keramik, zum Ausdruck kommt: daß die Freiheit am besten sichtbar wird, wenn sie sich innerhalb eines festen Rahmens von Beschränkungen und Disziplin geltend macht. Noch wichtiger (und noch schwerer zu definieren) ist der Zen-Begriff des *Shibui*. Die Grundbedeutung dieses Wortes läßt sich mit »zusammenziehend« umschreiben – so wie sich etwa der Mund beim Genuß einer sauren Frucht zusammenzieht.

Man bezeichnet damit jene wohldurchdachte Zurückhaltung, jene, wie man auch sagen könnte, Klugheit im rechtzeitigen Anhalten, die unter allen Prinzipien der japanischen Ästhetik den Einfluß des Zen vielleicht am deutlichsten verrät. *Shibui* bedeutet vielerlei: die Verbannung alles Unwesentlichen; den Eindruck disziplinierter Kraft, die bewußt in Schach gehalten ist, um so das, was sie realisiert *hat*, als mühelos erscheinen zu lassen; das Fehlen des Ornamentalen und detailliert Ausgeführten zugunsten schmuckloser Nüchternheit und suggestiver Andeutung; die Eleganz schließlich, die entstehen kann, wenn die reinsten natürlichen Materialien in einer formalen, ausbalancierten Instrumentation vereinigt werden.[4]

Noch etwas anderes verdankt das japanische Haus dem Zen: seine suggestive psychologische Wirkung. Schon früh hatten Zen-Mönche herausgefunden, daß die zellenähnliche Kargheit eines Raumes das Bewußtsein des Menschen, der sich darin aufhält, tiefgreifend beeinflußt. Ein Reisender des frühen 20. Jahrhunderts, Ralph Adams Cram, hat das treffend beschrieben:

> Es ist etwas an diesen geräumigen, luftigen und von mildem Licht erfüllten Wohnungen, das einen merkwürdig zufrieden macht und das Fehlen von Möbeln nur mit Erleichterung feststellen läßt. Von der Rivalität dichtgedrängter Einrichtungsgegenstände befreit, erhalten Männer und Frauen eine ganz einzigartige Würde und Wichtigkeit.[5]

Die »einzigartige Würde und Wichtigkeit« ist eine der fundamentalsten Entdeckungen der Innenarchitekten des Zen. Wenn es keinerlei dekorative Ablenkungen gibt, dann muß man sich ganz auf sich selbst und die anderen im Raum anwesenden Personen konzentrieren. Man achtet aufmerksamer und bewußter auf den anderen; die Barrieren, die Isolation und Ich-Identität gewöhnlich zwischen den Menschen aufbauen, sind niedriger geworden. Jedes Wort, jede Geste wird reicher, bedeutungsvoller. Der Architekt Heinrich Engel hat dieses mysteriöse Phänomen, das Ralph Adams Cram nur voller Verwunderung beschreiben konnte, durchschaut und erklärt:

(Der individuelle Innenraum) bietet eine Umgebung, die des Menschen Anwesenheit und Teilnahme verlangt, damit er die Leere fülle. In der westlichen Wohnung ist ein Zimmer auch ohne die Anwesenheit des Menschen menschlich, denn er ist in der Dekoration, in den Möbeln, in den Gebrauchsgegenständen gegenwärtig. Das Zimmer in der japanischen Wohnung wird menschlich erst durch die unmittelbare Gegenwart des Menschen. Ist er fort, so bleibt keine menschliche Spur zurück. So ist der leere Raum der Raum, in dem der menschliche Geist sich frei bewegen und wo sein Denken bis an die Grenzen seines Vermögens vordringen kann."

Anders ausgedrückt: Diejenigen, die ihn allein betreten, zwingt der japanische Raum zur Introspektion – eine Wirkung, die völlig übereinstimmt mit den Forderungen des Zen. Wer die Last zu großer Freiheit erfahren hat (die Aufgabe, unvorbereitet den »Innenarchitekten« spielen zu müssen), der wird hier einen Zufluchtsort finden, an dem sich die innere Bewußtheit schärft. Ohne die Ablenkung durch all die Dinge, mit denen wir im Westen uns gewöhnlich betäuben, kommt sein Geist hier, wie niemals zuvor, zu sich selbst. Man sollte jedoch wissen, daß diese Befreiung des Bewußtseins kein reines Vergnügen ist. Der japanische Zen-Raum ist eine Zelle der Sammlung, die zwar die in ihr gemeinsam sich aufhaltenden Personen geistig zu vereinigen vermag, die aber denen, die sie allein betreten, oft mehr über ihr Innenleben enthüllt, als ihnen lieb ist.

Mit seiner Lehre der Disziplin und Beschränkung hat Zen nicht nur das traditionelle japanische Haus möglich gemacht, sondern zugleich auch seine Bewohner in den Stand versetzt, mit den praktischen Schwierigkeiten fertig zu werden, die das Leben in einem solchen Haus mit sich bringt. Obwohl nur wenige Europäer bereit wären, die unbequemen, ja oft schwer erträglichen Seiten dieses Lebens in Kauf zu nehmen, werden die Ideale der frühen Zen-Baumeister zunehmend auch in der westlichen Architektur sichtbar. Es ist bekannt, daß die japanische Integration von Haus und Landschaft Frank Lloyd Wright stark beeinflußte, und daß die Reinigung der Architektur von ornamentalem Beiwerk das Credo des Bauhauses war.[7] Das mittelalterliche japanische Prinzip des modularen Entwurfs erfreut sich im

Westen heute großer Beliebtheit; mit unseren modernen, »effizienten« Apartments – Wohn-, Eß- und Schlafzimmer in einem – haben wir schließlich die Möglichkeiten vielfacher Nutzung des Raums für uns entdeckt. Das Interesse an den im Haus verwendeten Baustoffen ist neu erwacht, seit man entdeckt hat, daß sich damit die notwendige optische Wärme schaffen läßt. Immer mehr geht man auch zu einer harmonischen Verbindung von Wohnraum und Garten, Innenhof oder umgebender Natur über. Schiere Dekoration verschwindet, klare Linien, offener Raum und Licht sind wieder gefragt. Das Wichtigste aber ist, daß wir im Westen uns endlich zu Herzen nehmen, was die japanischen Zen-Mönche schon im Mittelalter wußten: in Bauweise und Einrichtung können und sollen unsere Wohnhäuser eine Aufgabe erfüllen, die wir normalerweise der bildenden Kunst stellen.

Das Nô-Theater

Vergiß die Einzelheiten und sieh das Nô!
Vergiß das Nô und sieh den Darsteller!
Vergiß den Darsteller und sieh das Herz!
Vergiß das Herz und wisse um das Nô!

Zeami: *Blumenspiegel*

Die Ashikaga-Periode, die Blütezeit der Zen-Künste, lebt nicht nur in ihren Gärten, ihrer Malerei und Architektur bis heute fort, sondern ebenso durch ihr Theater und ihre Dichtung. Die führende politische Persönlichkeit dieser Ära, Ashikaga Yoshimitsu, war selbst ein Meister des Kurzgedichts, das die Ästheten am Heian-Hof einst so geliebt hatten. Doch die größte Poesie dieser Zeit wurde für das Nô-Theater geschrieben. Zutiefst vom Geist des Zen durchdrungen, ist das Nô zugleich so streng und rein wie ein Steingarten und so vielsagend in der Andeutung wie ein monochromes Tuschbild. Eine Nô-Aufführung ist heute kaum anders als vor 600 Jahren, und in ihrer rituellen Symbolik erscheint sie manchmal wie eine Kreuzung zwischen der christlichen Messe und einer Tragödie von Aischylos. In ihrer betörenden Poesie, ihrem zugleich verhaltenen und intensivem Spiel, in den fein geschnitzten Masken und den trauervollen Melodien und Gesängen – überall ist die Essenz der ästhetischen Theorie des Zen spürbar.

Wie andere Zen-Künste, entstand auch das Nô aus Elementen unterschiedlicher Herkunft und Entstehungszeit. Die frühesten dramatischen Formen Japans stammen weitgehend von farcen- oder possenhaften und rituell-zeremoniellen Tänzen aus China ab. Mit den *Gigaku* – tänzerischen Spielen, bei denen Masken getragen wurden – drang Anfang des 7. Jahrhunderts die erste der kontinentalen *Gaku*(»Musik« oder auch »Belustigung«)-Formen in Japan ein; diese von religiösen Prozessionen umrahmten mythologischen und possenhaften Darbietungen erfreuten sich beim Adel von Nara großer Beliebtheit. Die feinsinnigeren Höflinge der Heian-Zeit ließen sich von den zur kaiserlichen Hofmusik *Gagaku* (»elegante, edle Musik« im Unterschied zu der des Volkes) gehörenden *Bugaku* (»Tanz und Musik«) unterhalten – zeremonielle Tänze, bei denen man z. T. auf die (bereits feiner gestalteten Masken) verzichtete und den mimischen Ausdruck ins Spiel brachte. Zweifellos war die *Bugaku*-Form von großem Einfluß auf die für das japanische Theater charakteristische Verbindung von dramatischen und tänzerischen Elementen; doch mit dem Ende der Heian-Zeit war *Bugaku* zu einer leblosen Zeremonie des Kaiserhofes erstarrt – eine Rolle, die es bei gelegentlichen Aufführungen für die kaiserliche Familie noch heute spielt.

Die eigentlichen Ursprünge des Nô liegen vor allem im *Sangaku* (»Musik zur Zerstreuung«) bzw. *Sarugaku* (»Affenmusik«), wie man diese Spielart seit der Heian-Zeit nannte. Das war eine Art Zirkusunterhaltung, die artistische Kunststücke, kurze Possenspiele und ausdrucksvolle, manchmal obszöne Tänze darbot. Ein beliebtes Thema scheint die Verspottung des buddhistischen und shintoistischen Klerus gewesen zu sein. (In dieser Hinsicht verlief die Entwicklung des japanischen Theaters parallel zum Wiederaufleben der theatralischen Kunst im europäischen Mittelalter: auf beiden Hemisphären der Erdkugel spottete man der Diktatur der Theologen durch Burlesken und Tänze, in denen man scheinheilige Autoritäten der Lächerlichkeit preisgab.)

Die gewollte Obszönität des frühen *Sarugaku* sollte zweifellos den Pomp der Shintô-Rituale parodieren. Doch allmählich wandelte sich das *Sarugaku* – ähnlich wie das aus bäuerlichen Erntetänzen hervorgegangene *Dengaku* (»Feldmusik«), mit dem es in reger Wechselwirkung stand – von einer vieles in sich aufnehmenden Volksbelustigung zu einer strengeren dramatischen Form, die bald von professionellen Truppen vorgeführt wurde. Das japanische Gegenstück zum europäischen Moralitätenspiel, das auf diese Weise im 13. Jahrhundert entstanden war, nannte man *Sarugaku-no-Nô* – »Kunst-*Sarugaku*«, wie man nun auch vom *Dengaku-no-Nô* sprach; später sagte man abkürzend einfach *Nô*. Das Possentheater lebte im *Kyôgen* (»possenhafte Worte«) fort, einer Art von Komödien, in denen gerissene Diener ständig ihre Herrschaft an der Nase herumführen. Heute erfüllt das *Kyôgen* eine ähnliche Funktion im Ablauf eines Nô-Programms wie die antiken griechischen Satyrspiele nach einer Tragödien-Trilogie im Athenischen Theater: als komisches Zwischenspiel bietet es dem Publikum Entspannung vom feierlichen Ernst der Nô-Stücke.

Die älteren Versionen des *Sarugaku-no-Nô* bestanden nur aus dem Gesang und Tanz der Darsteller, doch die gereifte Form wies dazu einen Chor auf, der die Verse zu bestimmten Phasen des Tanzes beitrug. Mitte des 14. Jahrhunderts – um die Zeit Boccaccios und Petrarcas – hatte das Nô seinen festen Platz unter den dramatischen Künsten Japans gefunden; es enthielt bereits alle Elemente, die es heute ausmachen. Im wesentlichen war es jedoch immer noch Dorftheater, und das wäre es wohl auch weiter geblieben, wenn nicht im Jahre 1374 ein glücklicher Zufall eingetreten wäre. In diesem Jahr nämlich besuchte der kaum siebzehnjährige Shôgun Ashikaga Yoshimitsu zum erstenmal eine *Sarugaku-no-Nô*-Vorstellung. Bei seinen Untertanen war diese Kunst sehr beliebt, und Yoshimitsu lag daran, als ein Mann des Volkes zu gelten. Auf dem Tempelgelände des Kannon-ji in Imakumano bei Kyôto sollte ein besonders berühmter Schauspieler auftreten, und der junge Shôgun machte sich auf, ihn zu sehen. Dieser Schauspieler war Kanami (1333–1384) – der Vater des Nô, wie wir heute wissen. Yoshimitsu war begeistert von Kanami, doch ebenso sehr entzückte ihn dessen hübscher elfjähriger Sohn Zeami (1363–1443), der bereits mitspielte. Er wurde Kanamis Mäzen; den kleinen Zeami holte er sich ins Bett (was in den Samurai-Kreisen jener Zeit durchaus nichts Ungewöhnliches war). So sehr Yoshimitsu Zeami liebte, so sehr liebte Zeami das Nô, und damit begann die langwährende Ehe zwischen der Zen-Kultur und dem Nô-Theater.

Durch Yoshimitsu kam das Nô unter den Einfluß der Zen-Ästheten, die er um sich versammelt hatte, und allmählich wurde aus dem einstigen Unterhaltungstheater für die breite Masse eine aristokratische Kunst. Unterstützt und ermuntert von seinem Gönner Yoshimitsu, wurde Zeami der Shakespeare des Nô, dem wir die schönsten Stücke sowie etliche Bände von Abhandlungen über ästhetische Theorie und die Technik der Schauspielkunst zu verdanken haben. Obwohl Zeami immer behauptete, er habe alles nur von seinem Vater gelernt, ist das streng stilisierte, ernste und poetische Nô, das während der Ashikaga-Zeit zur Vollendung heranreifte, doch weitgehend sein Werk. Seine dichterische Kraft ist nie wieder erreicht worden, und sein Handbuch der Schauspieltechnik ist die Bibel des Nô-Schauspielers bis auf den heutigen Tag. Und doch hätte man vielleicht nie etwas von Zeami gehört, wenn nicht Yoshimitsu gewesen wäre, der – wie Donald Keene einmal gesagt hat – einen Ziegelstein fand und ihn als Marmor hinterlassen hat.

Die klassische Nô-Bühne ist ein herrliches Beispiel der vom
Geist des Zen geprägten Architektur. Ganz aus dem fast
goldenen und glattpolierten Holz der japanischen Zypresse
(Hinoki) errichtet, besteht die Bühne aus einem etwa 70
Zentimeter hohen quadratischen Podest, auf dessen vier
Eckpfeilern ein mächtiges, über den Bühnenrand hinausra-
gendes gewölbtes Dach ruht. Das ganze Gebäude wirkt wie
ein Tempelvorbau, der sich in den Zuschauerraum hinein
erstreckt, so daß das Publikum nicht nur von vorne auf die
Bühne blickt. Die Schauspieler treten über einen breiten,
ebenfalls überdachten Laufsteg auf, der sich vom rückwärtigen Teil der Bühne nach links hin bis zu einem verhängten
Eingang erstreckt, hinter dem die Künstlergarderoben liegen. Entlang dem Auftrittssteg sind in gleichen Abständen
drei junge Kiefern aufgestellt; die der Bühne am nächsten
stehende ist die größte, während die beiden anderen im Verhältnis kleiner sind – der aus dem Landschaftsgarten bekannte perspektivische Trick, um Entfernung und räumliche Tiefe zu suggerieren! Wie die Überdachung der Bühne,
der Laufsteg und die Kiefern, so erinnert auch der um Laufsteg und Bühne gezogene Streifen aus weißem Sand oder
Kies an die Zeiten, wo man das Nô-Spiel im Freien aufführte
(und der weiße Kies, der das Tageslicht reflektierte, zur Er-
hellung der Bühne beitrug). Dieser Streifen wirkt als symbolische Trennung zwischen Bühnengebäude und Publikum,
und auch die kleine Holztreppe, die in der Mitte der vorderen Rampe über den Kiesstreifen hinweg auf die Bühne
führt, hat nur symbolische Bedeutung. Die eigentliche
Bühne mißt etwa sechs Meter im Quadrat; an diese – von
den vier Eckpfeilern markierte – Fläche schließt sich die
Hinterbühne an, die (immer vom frontal sitzenden Zuschauer aus gesehen) nach links in den etwas schmäleren
Laufsteg übergeht. Hier, vor der stets mit einer mächtigen
stilisierten Kiefer bemalten Rückwand der Bühne, sitzen
die Musiker. Auf der rechten Seite ist die Hauptbühne um
eine Art Veranda erweitert, wo der Chor Platz findet. Für das
Publikum unsichtbar, befindet sich unterhalb der Bühne

eine Anzahl von großen tönernen Hohlgefäßen – ein traditionelles akustisches Hilfsmittel, das die Wirkung des Bühnenhohlraums als Resonanzboden für die Stimmen und das Fußstampfen der Schauspieler noch beträchtlich verstärkt. Die wenigen Requisiten, die ein Nô-Spiel verlangt, werden von den sonst unmittelbar vor der Rückwand knienden Bühnengehilfen durch einen Seiteneingang im Hintergrund herein- und hinausgebracht.

Der hohe, klagende Ton einer Bambusflöte zeigt an, daß die Vorstellung beginnt. Die beiden Bühnengehilfen öffnen den vielfarbigen Brokatvorhang am Eingang zum Laufsteg, und herein treten die – je nach der Instrumentierung drei oder vier – Musiker. Hintereinander begeben sie sich auf ihre vorgeschriebenen Plätze auf der Hinterbühne: ganz rechts, im traditionellen japanischen Fersensitz, der Flötist, und daneben zur Mitte hin, auf eigens mitgebrachten Schemeln, die beiden Musiker mit den Handtrommeln. Kommt noch ein viertes Instrument, die flache Baßtrommel, hinzu, so nimmt deren Spieler an der linken Seite (und wie der Flötist auf dem Boden) Platz. An der Nô-Flöte ist, von ihrem außerordentlich durchdringenden Ton einmal abgesehen, nichts besonders Ungewöhnliches, doch den beiden Haupttrommeln des Nô hat die westliche Musik nichts Vergleichbares entgegenzusetzen. Von unterschiedlicher Größe, ähneln sie in der Form einer Sanduhr; eine starke Lederverschnürung hält die über beide Enden aufgezogenen Häute zusammen und in Spannung. Die kleinere, mit Roßfell bespannte Trommel (deren Membran der Spieler von Zeit zu Zeit behauchen muß, damit sie weich bleibt) wird mit der linken Hand auf der rechten Schulter gehalten und mit der rechten Hand geschlagen; sie hat einen dumpfen, etwas düsteren Klang, der sich durch Anziehen oder Lockern der Spannschnüre noch eigentümlich nuancieren läßt. Die mit Kuhfell bespannte größere Trommel ruht auf dem linken Oberschenkel des Spielers, der sie mit der rechten Hand schlägt, genauer gesagt: mit den Fingerspitzen, die durch Fingerhüte aus Leder oder Elfenbein geschützt sind. Seine Schläge er-

Dramatischer Augenblick in einem Nô-Spiel: in der Bühnenmitte der Hauptdarsteller (Shite) mit Maske, rechts kniend der Chor und vor dem stets mit einer symbolischen Kiefer bemalten Hintergrund die Trommel- und Flötenspieler.

zeugen ein sehr helles, durchdringend scharfes Klicken, das den Rhythmus der ganzen Aufführung markiert. Die gelegentlich hinzukommende wesentlich breitere Baßtrommel ruht auf einem niedrigen Gestell und wird mit zwei Schlagstöcken gespielt. Zur rhythmischen Strukturierung tragen auch die einsilbigen Lautfolgen bei, die die Trommelspieler häufig zwischen den Schlägen als Einsatzsignal ausrufen.

Nach den Musikern betritt, durch den rechts hinten befindlichen Nebeneingang, der Chor die Bühne. Seine acht bis zehn Mitglieder lassen sich in zwei Reihen im japanischen Hocksitz entlang der rechten Seite der Bühne nieder, wo sie für die Dauer des Nô-Stücks, d. h. oft weit über eine Stunde lang, unbeweglich sitzen bleiben müssen. Der Chor greift nicht, wie bei der antiken griechischen Tragödie, in die Handlung ein; er begleitet das Geschehen mit lyrischen Gesängen und übernimmt den Part des Hauptdarstellers, wenn dieser tanzt.

Sind Chor und Orchester auf der Bühne, so beginnt die Ouvertüre. Als erstes erklingt der gellende Klagelaut der Flöte, gefolgt von den nachdrücklichen Schlägen der Trommeln und den synkopisch versetzten tiefkehligen Schreien der Trommelspieler. Dieser eruptive, fast betäubende Klang zeigt an, daß sich nun der Brokatvorhang wieder auftun wird für den ersten der Schauspieler: gewöhnlich der *Waki* (»Seite«) oder Nebendarsteller. Mit gemessenen, bedächtigen Schritten betritt er den langen Steg und nähert sich der Bühne. Am hinteren linken Pfeiler bleibt der *Waki,* der häufig einen umherziehenden Mönch in schwarzem Gewand darstellt, stehen und beginnt mit der Erzählung der Geschichte. Er nennt seinen Namen, beschreibt Ort und nähere Umstände der Szene, die sich nun entfalten wird, und zieht sich sodann auf seinen Platz am rechten Vorderpfeiler (dem *Waki-bashira* oder »Nebendarsteller-Pfeiler«) zurück, um den Auftritt des Protagonisten zu erwarten. Abermals teilt sich der Vorhang am Ende des Stegs, und der Hauptdarsteller oder *Shite* (»Handelnder«) erscheint – in kostbare Gewänder gekleidet und (im Unterschied zum *Waki)* das Gesicht zumeist hinter einer Maske verborgen. Die erlesene Pracht seines Kostüms kontrastiert seltsam mit der klaren Schlichtheit der Bühne und der Gewänder der anderen. Vor dem ruhig wartenden *Waki* singt und tanzt der *Shite* nun seine Geschichte.

Bei seinem ersten Auftritt (am links hinten gelegenen *Shite-bashira)* stellt sich der *Shite* als ein gewöhnlicher, oftmals von Sorgen bedrückter Mensch vor; doch je mehr seine Erzählung sich entfaltet, desto spürbarer wird es, daß er keinen wirklichen Menschen darstellt, sondern eher die Personifikation einer Seele. Im zweiten Teil des Stückes zeigt er sich dann offen in seiner (bisher nur angedeuteten) wahren Identität: als Dämon oder Totengeist. Wie im Shakespeareschen Monolog spricht der bekennende Gesang des *Shite* für den universalen Geist, wenn er seine zutiefst verletzten innersten Gefühle enthüllt. Der wissende *Waki* dient ihm dabei gewissermaßen als Beichtvater und ermöglicht den Dialog. Mit dem Tanz des *Shite* – einer starren, hochstilisierten, skulpturalen Abfolge von manierierten Haltungen und Gesten, die sehr stark an die heiligen Shintô-Tänze erinnert – erreicht das Spiel seinen Höhepunkt. Mit dieser tänzerischen »Lösung« schließt die Vorstellung, und alle Beteiligten verlassen die Bühne auf die gleiche Weise, wie sie hereinkamen, belohnt von der zurückhaltenden Anerkennung des Publikums.

Das Repertoire des Nô umfaßt fünf Gruppen von Stücken, die sich nach Aufbau, Aufführungsstil, Stellung innerhalb eines aus mehreren Stücken bestehenden Nô-Programms und in ihrer Thematik unterscheiden. Die erste Gruppe (Erstspiele) bilden die sogenannten »Götterspiele«, in denen der *Shite* eine – oft verkleidete – Gottheit darstellt, deren Göttlichkeit erst im Schlußtanz sichtbar wird. In den Zweit- oder »Kriegerspielen« mag der *Shite* eine berühmte Kriegergestalt aus der Kamakura-Zeit sein, die als Geist wiederkehrt und in zeitlosen Worten ihr tragisches Schicksal erzählt. Die Dritt- oder »Frauenspiele« beschwören auf lyrische Weise die Schönheit einer – oftmals adligen – Frau, die ihr Liebesleid klagt, oder auch die Anmut des Schmetterlings oder einer Blume. Die Gruppe der Viertspiele behandelt verschiedenartige Themen, die an historische Ereignisse anknüpfen oder etwa den *Shite* in der Rolle eines Wahnsinnigen oder einer vor Eifersucht rasenden Frau zeigen. Schließlich die End- oder »Dämonenspiele«, in denen der *Shite* ein rachedürstiges Ungeheuer sein mag, das eine wallende rote oder weiße Perücke zur Schau trägt und in einen wilden Tanz ausbricht, um sein übernatürliches Mißvergnügen über irgendein Ereignis zu demonstrieren.

Viele der klassischen Stücke lassen in die gequälte Geisterwelt der Toten blicken. Selbst in den Krieger- und Frauenspielen ist die Hauptperson oft ein Geist aus der Unterwelt, der wiedergekehrt ist, um eine Klage vorzutragen oder von **einem** lebenden Wesen Vergeltung zu fordern. Dabei ist die Fabel, die dramatische Handlung, das Unwichtigste und dementsprechend auf das Notwendigste reduziert. Sie dient lediglich als »Aufhänger« für das eigentliche Thema des Nô, die Vorgänge und Zustände der Seele und des Geistes: Haß, Liebe, Sehnsucht, Angst, Leid – und gelegentlich auch Glück. Die traditionellen Komponenten des westlichen Dramas – Konfrontation, Konflikt, Charakterisierung, Selbstverwirklichung, Entwicklung und schließliche Lösung – fehlen im Nô fast ganz. An ihre Stelle tritt der hochritualisierte Vortrag innerer Zustände, die im Verlauf des Stückes weder eine Entwicklung noch eine Auflösung erfahren; sie werden einfach beschrieben.

Die künstlerischen Ausdrucksträger des Nô sind vor allem die Masken, die Tänze und die lyrischen Texte. Die für das Nô-Drama geschnitzten Masken sind der einzige bedeutende Beitrag des Zen zur bildhauerischen Kunst; tatsächlich war es ja im Grunde dem Zen zuzuschreiben, daß die jahrhundertealte Tradition der buddhistischen Plastik in Japan zum Versiegen kam. Während der späten Kamakura-Zeit durchlief die Kunst der japanischen Holzbildhauerei eine verblüffend realistische Phase; doch die Zen-Mönche hatten keine Verwendung für Ikonen und Statuen buddhistischer Heiliger, und mit dem Beginn der Ashikaga-Periode war die japanische Bildhauerei im wesentlichen bereits eine Kunst der Vergangenheit geworden. In den Nô-Masken aber erwachte die geniale Holzschnitzerei der Japaner zu neuem Leben. Für den *Shite* (und den ihm gelegentlich zugewiesenen »Begleiter«, den *Shite-zure)* verlangt das Nô-Drama Masken, mit denen die (durchweg männlichen) Schauspieler Männer, Dämonen und hehre Frauengestalten verschiedenen Alters darstellen können.

Diese Masken, insbesondere die weiblichen, haben eine in der Theatergeschichte einzigartige Eigenschaft: sie sind zu mehr als einem Ausdruck fähig! Nô-Masken sind so geschnitzt, daß das Spiel des Lichtes auf ihnen, vom Darsteller durch ein Heben oder Senken des Kopfes verändert, ganz unterschiedlichen Ausdruck hervorzubringen vermag – eine brillante Idee, die sich völlig im Einklang befindet mit dem Zen-Ideal der suggestiven Andeutung. Heutige Nô-Ensembles hüten ihre Masken, die häufig sehr alt sind und innerhalb der Truppe von einer Generation zur nächsten weitergegeben wurden, wie einen kostbaren Schatz; einige der alten Masken sind ebenso berühmt wie die Schauspieler, die sie tragen.

Aus Gründen, die sich im Dunkel der Geschichte verlieren, sind die (zumeist aus Zypressenholz geschnitzten) Masken etwas kleiner als das menschliche Gesicht, das deshalb am Unterrand und an den Seiten der Maske oft noch ein wenig hervorschaut. Eine Folge dieser Tatsache ist auch, daß die Maske nicht fest anliegt, sondern sich ein wenig vorwölbt, wodurch der Vortrag des Schauspielers einen eigentümlich gedämpften Klang erhält. Die kehligen, fast gurgelnden Laute des Nô-Gesangs, die tief aus der Brust hervorgebracht werden, bilden die besondere Sprechweise des Nô, seit es sich von der volkstümlichen Unterhaltung zur höfischen Kunst entwickelte. Nicht nur wegen des altertümlichen Japanisch, dessen man sich hier bedient, sondern auch infolge der akustischen Eigenheiten der Maske sind sie sehr schwer zu verstehen; selbst die Kenner im Publikum greifen zum Libretto, um dem Geschehen folgen zu können.

Die oftmals zeitlupenartige Bewegung auf der Bühne, die im Nô als »Tanz« firmiert, ist einer der rätselhaftesten Aspekte des Nô für den westlichen Betrachter. R. H. Blyth hat den Nô-Tanz so beschrieben: »Seine Ruhe ist nicht Bewegungslosigkeit, sondern ein vollkommenes Gleichgewicht entgegengesetzter Kräfte.«[1] Die Bewegungen eines derartigen Tanzes sind subtil, zurückhaltend und von suggestiver Ausdruckskraft. Sie verhalten sich zum westlichen Ballett wie eine *Haboku*-Tuschlandschaft zu einem europäischen Ölgemälde des 18. Jahrhunderts. Sie geben nicht die Fülle, sondern die Essenz der menschlichen Bewegung. Formalität, Reinheit und Intensität sind die bestimmenden Eindrücke des Nô-Tanzes.

Zu nebenstehender Abbildung
Der Hauptdarsteller des Nô-Dramas; sein kostbares brokatenes Gewand
und der feingearbeitete Kopfschmuck bilden einen starken Kontrast zu
der ausdrucksvollen Schlichtheit seiner Maske.

Wenn ein Nô-Schauspieler langsam seine Hand hebt, so entspricht dies nicht nur dem Text, den er rezitiert; zugleich ist es die Andeutung von etwas, das über die sichtbare Darstellung hinausgeht, etwas Ewigem – in T. S. Eliots Worten: »eines Augenblicks innerhalb und außerhalb der Zeit«. Die Geste eines Schauspielers ist in sich selbst schön, wie ein Musikstück schön ist, doch gleichzeitig ist sie das Tor zu etwas anderem, die Hand, die in eine Region weist, welche gerade so abgründig tief und fern ist, wie die Wahrnehmungskräfte des Zuschauers es zulassen. Sie ist ein Symbol, doch nicht für dies und das, sondern für eine ewige Region, ein ewiges Schweigen.[2]

Die Evokation eines Gefühls jenseits aller Ausdrucksmöglichkeiten – »eines Gedankens, der oft zu tief für Tränen liegt« – ist das ureigene Reich der Zen-Ästhetik des *Yûgen*. Wie bei der Zen-Landschaft, doch in der Nô-Dichtung in fast unerträglicher Weise gesteigert, bedeutet dies: Kargheit, gleichsam monochrome Gestaltung, suggestive Andeutung. Allgemein menschliche Gefühle werden nicht ausführlich zur Schau gestellt, sondern eher in Dunkelheit gehüllt. Die Leidenschaft hat ein offenes Ende – ein ahnungsvoll-prophetisches Sonett, dessen letzte Zeile der Zuhörer selbst finden muß. Zeami und die übrigen Nô-Dichter waren davon überzeugt, daß sich die tiefsten Gemütsbewegungen nicht durch die Sprache vermitteln lassen. Die Sprache des Dichters gibt nur den Anstoß, der die Phantasie des Hörers in den Bereich des reinen Fühlens fortträgt; dort wird er verstehen, was sich in Worten nicht ergründen läßt. Shakespeares King Lear – um es mit einem westlichen Beispiel zu sagen – würde, wenn er ein *Shite* wäre, in verhaltener Weise über die Dunkelheit der Heide sprechen, anstatt uns seine Ängste zu enthüllen.

Der Begriff des *Yûgen* – jener »Unvollständigkeit«, die das Eigentliche erst in der poetischen Empfindung des Hörers wach werden läßt – ist, wie bereits erwähnt, eine Erweiterung des *Aware* der Heian-Zeit. Ebenso wie *Yûgen* bezeichnet *Aware* nicht nur die wahrnehmbaren Eigenschaften eines Phänomens, sondern vor allem die Empfindungen, die das Phänomen im Betrachter auslöst. Bedeutete *Aware* das erhebende und zugleich schmerzliche Gefühl, das uns angesichts der Schönheit überkommt, die doch vergehen muß, so weitet *Yûgen* dies auf die ewigen Wahrheiten aus; nicht allein die Schönheit, sondern alles Lebendige schwindet dahin, jedes Glück hat ein Ende, und die Seele vergeht einsam und allein. In einer Kunstform, die *Yûgen* vermittelt, wird nichts dergleichen ausgesprochen; doch sie läßt uns diese Wahrheit *fühlen* – sofern und soweit unsere Empfindungsfähigkeit es ermöglicht. Die schönsten Beispiele für das *Yûgen* finden sich in den Nô-Dramen des 15. Jahrhunderts. Das folgende Gedicht stammt aus dem Nô-Spiel *Bashô* (»Die Bananenstaude«) von Komparu Zenchiku, einem der größten Nô-Dichter und -Theoretiker neben Zeami, dessen Schwiegersohn er war.

Die Abendsonne sinkt im Westen schon
Im Tal die Schatten werden tiefer
Immer schwächer die Schreie der ziehenden Vögel.[3]

Die universale Einsamkeit, die mit dem Einbruch der Nacht spürbar wird; die Leere, die man in verlassener Gegend fühlt; die gotische Kälte, die durch die Sinne in die innersten Empfindungen eindringt – all dies vermag die sparsame Andeutung der Szenerie in größerer Fülle zu vermitteln, als es einer noch so ausführlichen und detaillierten Beschreibung dieser Empfindungen je gelingen würde. Der trauervolle Ruf der Abendvögel in den kahlen, verlassenen, windgepeitschten Feldern schneidet, wie die Nô-Flöte, mitten durch unser Herz.

Von allen Zen-Künsten ist das Nô für uns im Westen wohl die am schwersten zu begreifende. Die verhaltenen Aktionen auf der Bühne sagen uns so gut wie nichts darüber, was dort vor sich geht, und die Gedichte lassen sich kaum adäquat in eine der westlichen Sprachen übersetzen. (Wie Robert Frost einmal bemerkte, ist das, was in Übersetzungen von Poesie verlorengeht, die Poesie.) Für das westliche Ohr klingt die Nô-Musik hart und schrill; der Chor unterbricht in einem zeitlichen Rhythmus, der keinen Sinn zu ergeben scheint, und die fremdartigen, seltsamen Schreie und Tänze machen uns benommen. Vor allem aber: in der Ästhetik des

Westens gibt es nichts, was mit dem Begriff des *Yûgen* vergleichbar wäre. Die abgemessenen Kadenzen des Nô wirken auf den westlichen Zuschauer so mysteriös wie eine religiöse Zeremonie frommer, doch phlegmatischer Marsmenschen. Doch zumindest können wir seine zauberhaft schöne Oberfläche bewundern und die seltsam moderne Atonalität seiner Musik.

Ungeachtet seiner rätselhaften Unnahbarkeit bleibt das Nô eine der größten Schöpfungen der Zen-Kunst aus der Zeit der Ashikaga. Einige Texte von Zeami zählen zu den anspruchsvollsten und subtilsten der gesamten japanischen Lyrik. Seit sechs Jahrhunderten ist das Nô eine profane Zen-Messe, in der die fundamentalsten ästhetischen Reaktionen des Menschen ausgelotet werden.

III. Der Aufstieg des Zen zur Volkskultur
Von 1573 bis zur Gegenwart

Bürgerliche Gesellschaft und spätes Zen

> Gott hat uns das Papsttum geschenkt;
> wir wollen uns daran erfreuen.
>
> Papst Leo X., 1513

Die Ashikaga-Zeit war die letzte Ära der japanischen Geschichte, in der das Land noch nichts von Europa wußte. 1542 lief ein portugiesisches Handelsschiff, das nach Macao unterwegs war, vor der südjapanischen Küste auf Grund, und zum ersten Mal setzten Europäer ihren Fuß auf japanischen Boden. Binnen drei Jahren hatten die Portugiesen Handelsbeziehungen zu Japan aufgenommen, und abermals vier Jahre später war bereits der berühmte Jesuitenmissionar Francisco Xavier zur Stelle, um die heidnischen Eingeborenen zum Katholizismus zu bekehren. Die Japaner hatten im Lauf der Jahrhunderte schon ein halbes Dutzend verschiedener Spielarten des Buddhismus angenommen, und so kam es ihnen auf eine Religion mehr oder weniger nicht an; interessiert lauschten sie der neuen Lehre, zumal ihnen nicht entging, daß die Städte mit den meisten Bekehrten auch im neuen Handel am besten abschnitten. Anfangs sahen die Japaner im Christentum eine exotische Form des Buddhismus, deren Priester die buddhistischen Gebetsperlen übernommen hatten und eine »Göttin der Barmherzigkeit« verehrten, die der buddhistischen Gottheit Kwannon erstaunlich ähnlich war. Aber die Portugiesen brachten nicht nur einen Glauben, sondern hatten mit ihren schwerbewaffneten Handelsschiffen, die Piraten durchaus Trotz bieten konnten, bald auch den Handel zwischen China und Japan – einst eine Domäne der Zen-Mönche – unter Kontrolle.

Dennoch läßt sich kaum von einem starken europäischen Einfluß in Japan sprechen. Für kurze Zeit war europäische Kleidung bei japanischen Dandys groß in Mode (so wie man sich in der Heian-Ära im chinesischen Stil der T'ang-Zeit kleidete), aber im großen und ganzen wußten die Japaner mit den Waren und Ideen Europas wenig anzufangen. Eine europäische Erfindung gewann ihre Herzen allerdings für immer: die Muskete. Die Japaner begriffen sehr schnell den praktischen Nutzen, der sich damit aus der jahrhundertealten chinesischen Erfindung des Schießpulvers ziehen ließ, und bald sollte die Muskete in Japan zum bedeutsamsten Instrument gesellschaftlichen Wandels werden. Eine tausendjährige Tradition militärischer Taktik galt über Nacht als veraltet; die geniale Metallverarbeitungstechnik der Japaner wandte sich vom Schwert ab und konzentrierte sich ganz auf Feuerwaffen. Überall im Land schossen Musketenfabriken aus dem Boden, in denen europäische Muster kopiert und verbessert wurden, und schon bald setzten japanische Kriegsherren diese Waffe effektvoller ein als europäische. Die Jesuiten waren mit der Absicht gekommen, die Seelen der Japaner zu retten, aber ihr einziger Erfolg bestand letztlich darin, daß sie die Kampfkraft des Landes vergrößerten.

Die Muskete spielte eine große Rolle bei der Einigung Japans, dem Traum so vieler Shôgune und Kaiser vergangener Zeiten. Diese Einigung zog sich über mehrere blutige Jahrzehnte hin, und die Namen dreier bedeutender militärischer Führer sind untrennbar mit ihr verknüpft: Oda Nobunaga (1534–1582), Toyotomi Hideyoshi (1536–1598) und Tokugawa Ieyasu (1542–1616). Den Charakter dieser drei Männer beschreibt eine japanische Allegorie mit der Darstellung ihrer Haltung gegenüber einem Vogel, der nicht singen will. Nobunaga, der Initiator der Einigungsbewegung und einer der grausamsten Männer, die Japan je erlebt hat, sagt ohne Umschweife: »Sing, oder ich dreh dir den Hals um.« Hideyoshi, wohl der geschickteste Diplomat der japanischen Geschichte, versucht es so: »Wenn du nicht singen willst, bringe ich dir die Flötentöne bei.« Ieyasus aber, dem die Früchte der Arbeit der beiden anderen zufielen, zeigt Geduld: »Wenn du jetzt nicht singen willst, nun, dann warte ich, bis du Lust dazu hast.« Heute nennt man die Zeit Nobunagas und Hideyoshis – nach dem Ort eines von Hideyoshi erbauten Schlosses – die Momoyama-(»Pfirsichberg«-)Ära; die folgenden zweieinhalb Jahrhunderte des Friedens unter Ieyasu und seinen Nachfolgern bezeichnet man mit Ieyasus Sippennamen als Tokugawa-Zeit.

Nach dem Ônin-Krieg, der die Macht des Ashikaga-Shôgunats und der aristokratischen Zen-Kultur von Kyôto zerschlug, wurde Japan in eine Vielzahl feudaler Lehnsherrschaften unterteilt. Der Kaiser und die Ashikaga-Shôgune hatten nur noch ihre Titel – wirkliche Macht besaßen sie nicht mehr. In dieses ausbalancierte Gefüge der auf die einzelnen Gebiete verteilten Macht brach Nobunaga ein, nachdem er seinen Bruder bei einem Familienstreit erschlagen und sich zum Alleinherrscher über die Heimatprovinz gemacht hatte. Kurz darauf besiegte er einen anderen Feldherrn, obwohl dieser mit einer weit überlegenen Streitmacht in sein Gebiet eingedrungen war. Dieser Sieg machte ihn über Nacht zu einem Nationalhelden, führte jedoch auch zur Zerstörung des dynamischen Gleichgewichts, auf dem das System der autonomen Daimyô-Lehen beruht hatte. Viele Daimyô, die es nach dem Land ihrer Nachbarn gelüstete, schlugen sich auf seine Seite. Nobunagas Macht wuchs; 1568 marschierte er in Kyôto ein und machte einen ihm ergebenen Mann zum Shôgun.

Als die Buddhisten vom Hiei-Berg Einwände gegen Nobunagas konfiskatorische Praktiken erhoben, setzte er Truppen in Marsch, die den Berg einnahmen, alle Gebäude niederbrannten und Männer, Frauen und Kinder töteten. Seine Art der »Vereinigung« von Glaubensgegensätzen hatten die

Buddhisten schon oft untereinander praktiziert, wenn eine Sekte gegen die andere zu Feld zog, aber noch nie hatte ein weltlicher Herrscher so etwas gewagt. Diese Tat und die daraufhin einsetzende systematische Verfolgung der Buddhisten markierten das Ende des maßgeblichen politischen Einflusses der Buddhisten in Japan.

Nobunagas Armeen musketentragender Fußsoldaten hatten seine Macht über ganz Japan beinahe endgültig gefestigt, als er von einem seiner Generäle umgebracht wurde. Hideyoshi, Nobunagas oberster General, machte mit der Aufrührerclique kurzen Prozeß. Hideyoshi, den man später den »Napoleon Japans« nannte, war von Haus aus kein Samurai und hatte seine militärische Karriere als Stiefelträger Nobunagas begonnen. Sein Scharfsinn machte ihn bald zum militärischen Berater seines Herrn, und so konnte es nur eine Frage der Zeit sein, bis er in höhere Ränge aufstieg. Er war der erste (und letzte) Shôgun von gemeiner Abkunft, und daß er nun die Macht an sich riß, erregte den Unmut der gesamten japanischen Aristokratie. Wenig imposant an Gestalt, gehörte er doch zu den großen Persönlichkeiten, die die Geschichte in neue Bahnen lenken; er vollendete die Einigung Japans und wird allgemein als der Welt größter militärischer Stratege des 16. Jahrhunderts betrachtet. Die Anekdoten um sein Leben sind in Japan zu Legenden geworden. So soll er gegenüber aufsässigen Daimyô gern die Strategie angewendet haben, sie erst an den Rand vernichtender Niederlagen zu bringen, um dann einen überaus großherzigen Frieden anzubieten. Im Westen mag solch ein Vorgehen als töricht gelten – in Japan machte man sich damit aus einem erbitterten Feind einen zu Dank verpflichteten Untertanen.

Das Land war befriedet, der Außenhandel florierte, niemand widersetzte sich der rigorosen Besteuerung: Hideyoshi hatte Geld und Muße im Überfluß. Er wurde zum Initiator der Momoyama-Ära der japanischen Kunst. Als der mächtigste Herrscher seit Ashikaga Yoshimitsu war er in der Lage, den Geschmack zu bestimmen, wenn nicht gar zu diktieren. Zen-Mönche, die ihn hätten beraten können, standen kaum zur Verfügung (auch Hideyoshi hielt die Buddhisten sehr kurz, was den Jesuiten ebenso sehr gefiel, wie sie seinen Harem mißbilligten), und so ließ er seinem Geschmack am Pompösen freien Lauf. Die Momoyama-Kunst verkörpert in mancher Hinsicht das Gegenteil der Zen-Ästhetik. Hideyoshi bestellte riesige Stellwände, die er zuerst mit Blattgold grundieren und dann unter ausschließlicher Verwendung der Grundfarben mit Stilleben bemalen ließ. Doch waren ihm die Ideale des Zen nicht ganz fremd; er hielt sich einen berühmten Ästhetiker der Teezeremonie als Berater und wandte ungeheure Summen an die Beschaffung der keramischen Utensilien für dieses Ritual. Die Teezeremonie und ihr Zubehör wurde für Hideyoshi, was Zen-Gärten, Zen-Malerei und das Nô-Theater für die Ashikaga-Zeit war. Seine Schutzherrschaft führte nicht nur zu einer Blütezeit der keramischen Kunst; durch die Teezeremonie begannen die ästhetischen Grundsätze des Zen jetzt auch die einfachen Leute zu erreichen. Die Ashikaga hatten die Zen-Künste bei den Samurai und beim Adel gefördert; Hideyoshi öffnete sie dem ganzen Volk.

Ironischerweise profitierten die Zen-Künste nicht nur von Hideyoshis Mäzenat, sondern auch von seinen militärischen Schnitzern. Einmal entschloß er sich zu einer Invasion in China, aber seine Armee kam, wie kaum anders zu erwarten war, nicht über Korea hinaus. Dieser Feldzug ließ Hideyoshis militärisches Genie völlig vermissen, und mancher Historiker hat sich schon verwundert gefragt, ob er vielleicht nur als Ablenkung für die zur Untätigkeit verurteilten Samurai gedacht war. Die einzig erwähnenswerte Kriegsbeute aus diesem katastrophalen Abenteuer (das heute bisweilen »Töpferei-Feldzug« genannt wird) war eine Gruppe koreanischer Töpfer, deren rustikale Erzeugnisse der Teezeremonie bald eine neue Note gaben.

Hideyoshi hatte den Nachkommen Nobunagas das Shôgunat entrissen; als er selbst alt und krank wurde, plagte ihn zunehmende Unruhe, denn er fürchtete, auch seine Erben könnten wiederum um ihr Geburtsrecht gebracht werden. Das Problem wurde dadurch akut, daß sein einziger Sohn Hideyori erst fünf Jahre alt war und kaum für die Interessen seiner Familie eintreten konnte. Als sich 1598 das Ende näherte, bildete Hideyoshi einen Rat der Daimyô unter Vorsitz von Tokugawa Ieyasu; dieser Rat sollte regieren, bis sein Sohn alt genug war, und auf dem Sterbebett ließ er seine Mitglieder schwören, das Shôgunat zu übergeben, wenn die Zeit reif war. Selbstverständlich geschah nichts dergleichen.

Tokugawa Ieyasu war der brutale politische Stil seiner Zeit durchaus nicht fremd; er selbst hatte die Hinrichtung seiner eigenen Frau angeordnet, als Nobunaga sie des Hochverrats verdächtigte. Die ersten fünf Jahre nach Hideyoshis Tod verbrachte er damit, seine Macht zu festigen und rivalisierende Daimyô aus dem Weg zu räumen. Als Hideyoshis Sohn ins richtige Alter kam, war Ieyasu bereits gerüstet. Hideyori lebte in der Zitadelle der Familie in Ôsaka, die von einer Armee aus entrechteten Samurai und verärgerten Christen verteidigt wurde. Es kam zu einem Blutbad, bei dem Hideyoshis Familie vollständig ausgelöscht wurde; fortan war es bei Todesstrafe verboten, sich zum Christentum zu bekennen, aber es blieb im Untergrund bestehen und fand ausgerechnet in Zen-Klöstern Zuflucht.

Die Tokugawa-Familie war nun die einzige Macht in Japan, einem endlich geeinten Land, in dem ein erzwungener Friede herrschte. Da die Machthaber jeden äußeren Einfluß als eine Quelle der Unruhe im Innern betrachteten, versuchten sie, das Land von der übrigen Welt abzuschirmen: Christliche Europäer wurden vertrieben, und Japanern war es verboten, ins Ausland zu reisen. Neue Hauptstadt wurde Edo (das heutige Tokyo), und Ieyasu verpflichtete den örtlichen Daimyô dazu, viel Zeit und Geld an den Unterhalt des neuen Regierungssitzes zu wenden. So stärkte er geschickt seine eigene Position und schwächte zugleich die des Daimyô – ein Verfahren, dessen sich auch Ludwig XIV. fast ein Jahrhundert später erfolgreich bediente, als er seinen Hof von Paris nach Versailles verlegte, um den französischen Adel in Schach zu halten.

Zufrieden mit dem Status quo, hielten es die Mitglieder der Tokugawa-Familie für das Beste, ihn durch extremen Konservatismus zu erhalten; sie ersannen ein ganzes Bündel von Erlassen, in denen alle sozialen Beziehungen fixiert wurden. Die Zeit blieb stehen, und die Tokugawa blieben ungestört bis zur Mitte des 19. Jahrhunderts an der Macht; erst als das Land sich unter dem Feuer der Kanonen amerikanischer Kriegsschiffe wieder für den Handel öffnete, änderten sich die Verhältnisse.

Unter der Tokugawa-Herrschaft eroberte eine andere chinesische »Religion« den Platz im Herzen der Shôgune, den einst der Buddhismus eingenommen hatte – der Konfuzianismus. Eigentlich mehr eine Philosophie als eine Religion, hatte der Konfuzianismus in seiner ursprünglichen Form Achtung vor der Gelehrsamkeit, Ehrfurcht vor der bestehenden gesellschaftlichen Hierarchie und bedingungslosen Gehorsam gegenüber der Autorität von Alter und Rang gelehrt. Die Tokugawa pervertierten diesen Konfuzianismus jedoch so, daß sie daraus die Berechtigung konstruieren konnten, ein Kastensystem für ihre Untertanen einzurichten: die oberste war die Samurai-Kaste, gefolgt von der Klasse der Bauern, und unten standen die Kaufleute und Handwerker. Als aber das Gesellschaftssystem Japans sich von innen heraus zu wandeln begann, erwies sich diese scheinbar so geschickte Lösung als ein Bumerang für die Regierung. Die Gründe hierfür sind deshalb von besonderem Interesse, weil sie direkten Einfluß auf die Rolle ausübten, die später der Zen im japanischen Leben spielen sollte.

Jahrhundertelang hatte das Land seine Einkünfte hauptsächlich aus der Landwirtschaft bezogen. Die Samurai waren Landbesitzer, die Bauern für den Reisanbau in Dienst nahmen und dem örtlichen Daimyô verpflichtet waren, der sie beschützte. Geld spielte in der Wirtschaft noch keine große Rolle, denn fast alles, was im täglichen Leben gebraucht wurde, war durch Tauschhandel zu beschaffen.

Aber der plötzliche Reichtum, der mit den europäischen Handelsleuten kam, hatte nichts damit zu tun, wieviel Reis die japanischen Bauern produzieren konnten, sondern war allein Verdienst der Kaufleute in den Hafenstädten. In Verkennung der wirklichen Verhältnisse hatte die Tokugawa-Regierung die Samurai und Bauern gerade in dem Augenblick zum Rückgrat der Wirtschaft erklärt, als Japan eine städtische, auf Geldwirtschaft gegründete Kultur entwikkelte. Schon nach kurzer Zeit hatten die Kaufleute die gesellschaftlich höher gestellten Samurai wirtschaftlich vollkommen in der Hand.

Die Regierung gab sich alle erdenkliche Mühe, die neuen Beherrscher der Wirtschaft niederzuhalten. Kaufleuten war es verboten, sich aufwendige Häuser zu bauen oder sich etwa durch prächtige Kleidung über den Durchschnitt zu erheben, und man erwartete von ihnen, daß sie sich in allen Dingen den ärmeren Samurai fügten. In Japan hatte es niemals ein Bürgertum gegeben, und daher hatten sich auch die Künste noch nie auf den Geschmack des Volkes eingestellt. Zum großen Mißvergnügen der Tokugawa (und sehr zum Schaden der klassischen Zen-Kultur) begann sich jetzt ein Wandel abzuzeichnen. Während die Aristokraten- und Kriegerfamilien in Kyôto noch an den älteren Kunstformen festhielten, entstanden in der Bürgerstadt Edo neue Formen wie das Kabuki-Theater und der Farbholzschnitt-Druck, die Äonen vom Nô-Theater und der monochromen Landschaftsmalerei entfernt waren.

Trotz dieser »demokratischen« Wendung der Dinge blieb die Zen-Ästhetik von Kyôto erhalten, und zwar vor allem in der Teezeremonie und der poetischen Form des Haiku, die in der Tokugawa-Zeit entwickelt wurde. Aber auch in der Architektur blieben die Ideale des Zen wirksam, ebenso wie im *Ikebana*, der Zen-Keramik und der japanischen Küche. Auf diese Weise drang die Ästhetik des Zen auch in die Mittelklasse ein, beeinflußte den Geschmack und unterwarf Kunst und Handwerk strengen Regeln.

Dem traditionellen Buddhismus erging es in der Momoyama- und Tokugawa-Ära nicht sehr gut. Die Hochburgen der militanten Buddhisten wurden in der Momoyama-Zeit hart attackiert und oft vollkommen zerstört, und unter den Tokugawa hatte der Konfuzianismus beträchtlich mehr Einfluß als der Buddhismus. Die große buddhistische Bewegung des Mittelalters mit ihren leidenschaftlichen Lehrern und gläubigen Shôgunen gehörte der Vergangenheit an; übrig blieb ein leeres Ritual, das in einem ganz auf weltliche Dinge eingestellten Staat kaum noch eine Rolle spielte. Die einzige buddhistische Sekte, die noch Lebenskraft besaß, war Zen. Die kurze Blütezeit des Zen in der Tokugawa-Ära war eine wirkliche Wiedergeburt, denn der Glaube war in den Jahren von Nobunaga und Hideyoshi statisch und kraftlos geworden. Ein Jesuitenpater, der Japan besuchte, beschrieb die formalisierte Praxis des Zen zu Ende des 17. Jahrhunderts so:

Die Philosophen der Zen-Sekte, die einsam in der Wildnis leben, philosophieren nicht wie die Mitglieder anderer indischer Gymnosophisten-Sekten anhand von Büchern und Abhandlungen berühmter Meister. Sie versenken sich in die Dinge der Natur und verachten alles Weltliche; durch rätselhaftes und symbolisches Meditieren und Nachdenken (gemeint ist das *Kôan*) töten sie die Leidenschaft in sich ab und werden auf ihren Weg gelenkt... Diesen Philosophen geht es nicht darum, miteinander zu diskutieren oder zu wetteifern, sondern sie überlassen alles der Kontemplation des Einzelnen, auf daß er für sich selbst durch den Gebrauch dieser Prinzipien das Ziel erreichen möge. Aus diesem Grund haben sie auch keine Schüler.[1]

Der gute Pater beschrieb einen Zen-Glauben, der zu einem abgeschlossenen System geworden war – ohne Kontroversen, aber auch ohne Leben.

Der Mann, der Zen aus dem Schlummer erweckte und ihm neue Lebenskraft gab, war der Mystiker Hakuin (1685–1768), der die *Kôan*-Schule des Rinzai wiederbelebte und das berühmteste *Kôan* aller Zeiten ersann: »Du kennst den Laut, der beim Händeklatschen entsteht; was aber ist das Klatschen der einen Hand?« Hakuin gab der *Rinzai*-Schule des Zen eine neue, mystische Dimension – ähnlich wie Hui-nêng den nicht-intellektuellen Ch'an-Buddhismus aus der ursprünglichen Idee Bodhidharmas entwickelt hatte. Er war auch Dichter, Maler und Autor vieler Kommentare zu den Sûtren, aber obwohl er im ganzen Land berühmt wurde, hielt er an seiner Bescheidenheit und seinem Streben nach Erleuchtung fest.

Den größten Teil seines Lebens verbrachte er in dem Dorf, wo er geboren war. Er war ein sensibles und für alle Eindrücke empfängliches Kind, und schon früh quälte ihn eine irrationale Furcht vor den Feuern der buddhistischen Hölle, wie sie die Priester der Nichiren-Sekte schilderten, der seine Mutter angehörte. Er suchte Trost im *Lotus-Sûtra,* aber er fand nichts darin, was seinen Geist erleichtert hätte. Schließlich wurde er ein wandernder Zen-Mönch und zog von Tempel zu Tempel auf der Suche nach einem Meister, der ihn zur Erleuchtung führen könnte. Er war Schüler mehrerer berühmter Lehrer, und mit der Zeit errreichte er immer höhere Stufen des Bewußtseins. Mit 32 Jahren kehrte er in sein Heimatdorf zurück, zog dort in den baufälligen Zen-Tempel ein und machte sich daran, ihn zu einem Zentrum des *Rinzai*-Zen auszubauen. Die Kunde von seiner spirituellen Kraft verbreitete sich schnell, und bald strömten die Schüler in Scharen herbei. Seine Demut und Menschlichkeit waren ein Lichtblick in diesem finsteren Zeitalter der Tokugawa-Herrschaft – Hakuin gab dem Zen Leben und Erkenntniskraft zurück.

Doch trotz all seiner Bemühungen erlangte Zen in Japan nicht mehr seine frühere Bedeutung. Eines Tages wird das Interesse des Westens am Zen vielleicht zu einer neuen Blüte außerhalb Japans führen, zu einer Wiederbelebung, in der jedoch Zen ziemlich gewiß ein ganz weltliches Gewand tragen wird. Tatsächlich zeigte sich das Wirken des Zen ja schon in der Momoyama- und der Tokugawa-Zeit deutlicher in der äußeren Welt als in der spirituellen. Die bürgerlichen Künste dieser Zeit sind oberflächlicher als die Künste der Ashikaga, aber der Geist des Zen drang tief in das japanische Leben ein und machte das alltägliche Dasein zu einem Ausdruck der volkstümlichen Zen-Kultur.

Die Teezeremonie

Cha-Zen ichi-mi (Tee und Zen sind eins)

Traditioneller japanischer Spruch

Die Teezeremonie vereinigt alle Seiten des Zen in sich – Kunst, Stille, Ästhetik. In gewisser Weise ist sie die Essenz der Zen-Kultur. Man hat dem Westen dieses Ritual des Zen in so vielen wortreichen Ergüssen nahezubringen versucht, daß man fast jeder Beschreibung – auch dieser – mit Skepsis begegnen muß. Mit der Teezeremonie muß es noch mehr auf sich haben als das, was gleich ins Auge sticht. Aber bevor wir die unsichtbaren Fäden des Zen-Gewebes bloßlegen, wollen wir kurz innehalten und das Getränk selbst betrachten.

Fast scheint es so, als sei das Teetrinken die zweitälteste Beschäftigung der Welt. Einer Legende zufolge wurde der Tee im Jahre 2737 v. Chr. entdeckt, als ein paar Blätter von einem Teestrauch zufällig in den Wasserkessel eines schöngeistigen chinesischen Kaisers fielen. In den frühen chinesischen Schriften wird die Identität der beschriebenen Heilpflanzen oft nicht recht deutlich; fest steht jedoch, daß der Tee zur Zeit des Kungfutse (um 500 v. Chr.) bereits ein gebräuchliches Getränk war. Zur Zeit der T'ang-Dynastie wurden die Teeblätter mit Rauch behandelt und zu halbfeuchten Kuchen gepreßt, von denen man dann Scheiben abschnitt und kochte – eine Methode, nach der man auch in Rußland viele Jahrhunderte lang verfuhr. Die Chinesen würzten diesen Tee mit Salz, ein Überbleibsel aus noch früheren Zeiten, in denen man so merkwürdige Zutaten wie Orangenschalen, Ingwer und Zwiebeln verwendete.

Die Höflinge der Sung-Dynastie mit ihrem verfeinerten Geschmack empfanden diese Art der Teezubereitung anscheinend als ihrem Stil nicht angemessen, denn sie ersetzten sie durch eine neue Art, bei der feingemahlene Teeblätter direkt in der Tasse mit kochendem Wasser vermischt und mit einem Bambusbesen zu einem Getränk von jadegrüner Farbe geschlagen wurden. Die Entwicklungsgeschichte des Teetrinkens fand in China zur Zeit der Ming-Dynastie ihren Abschluß, als sich das noch heute überall auf der Welt übliche Aufbrühen des Tees durchsetzte. Daß wir so wenig über frühere Methoden der Teezubereitung wissen, mag daran liegen, daß der Westen China erst entdeckt hat, als diese Verfahren schon nicht mehr in Gebrauch waren. Liegen die Ursprünge des Teetrinkens in China eher im Dunkel, so wissen wir umso Genaueres darüber, welche Rolle der Tee im alten Japan spielte. Im Jahre 792 überraschte der japanische Kaiser seinen Hof mit einer großen Teegesellschaft, bei der buddhistische Mönche und andere wichtige Persönlichkeiten eingeladen wurden, ein eigenartiges neues Getränk zu versuchen, das die kaiserlichen Emissäre am T'ang-Hof entdeckt hatten. Das Teetrinken wurde bald eine Mode wie das Kaffeetrinken im Europa des 18. Jahrhunderts, aber der Tee blieb eine teuere Importware, und niemand schien auf die Idee zu kommen, ihn im eigenen Land anzubauen. Das änderte sich jedoch im frühen 9. Jahrhundert, als das Teetrinken bei den buddhistischen *Tendai-* und *Shingon-*Sekten einen festen Platz fand. Unter Aufsicht des Hofes begann man in der Nähe von Kyôto mit dem Teeanbau; der Kaiser segnete die Teesträucher im Frühjahr und Herbst mit einem besonderen Sûtra. Jahrhundertelang blieb der Tee ein aristokratisches Getränk; erst im ausgehenden 12. Jahrhundert, als der berühmte Zen-Lehrer Eisai den Tee von einer Chinareise erneut nach Japan einführte, fand er allmählich auch im Volk Verbreitung. Eisai brachte auch neue Samen mit, deren Abkömmlinge in Japan bis auf den heutigen Tag angepflanzt werden.

Bei den chinesischen Ch'an-Mönchen war der Tee schon lange in Gebrauch. Eine berühmte (allerdings apokryphe) Legende führt den Teestrauch auf Bodhidharma zurück; während seiner neunjährigen Felswandmeditation soll er einmal eingenickt sein und aus Ärger darüber seine Augenlider abgerissen haben. Er warf sie auf die Erde, und an dieser Stelle wuchs der erste Teestrauch. Diese Legende hat einen durchaus realen Hintergrund: nämlich, daß man mit dem Tee bei langen Meditationen die Schläfrigkeit unterdrücken konnte. In den Ch'an-Klöstern wurde das Teetrinken zu einem Ritual; die Mönche versammelten sich vor einem Bild des Bodhidharma und tranken den Tee zu seinem Angedenken gemeinsam aus einer Schale. Nach und nach übernahmen die Zen-Klöster Japans dieses Ritual, das wir als den Ursprung der japanischen Teezeremonie betrachten können.

Auch der japanische Adel und die Kriegerklasse übernahmen das neue Getränk; sie ahmten die am Sung-Hofe üblichen Teeproben nach, bei denen es ähnlich zuging wie bei einer Weinprobe. In der Ashikaga-Zeit bis hin zu Yoshimasa waren Teeproben fester Bestandteil der höfischen Abende, bei denen man Sung-Keramiken bewunderte oder Kunsttheorien der Sung-Zeit diskutierte. Zen-Mönche spielten zwar bei diesen ästhetischen Versammlungen eine bedeutende Rolle, aber in den Zen-Klöstern scheint das Teetrinken doch eine andere Bedeutung gehabt zu haben als am Hof. Daher entwickelte sich das zeremonielle Teetrinken in zwei parallelen Bahnen: bei der Aristokratie als verfeinerte Unterhaltung und bei den Zen-Mönchen als andächtige Zelebrierung ihres Glaubens.

Irgendwann vereinigten sich diese beiden Schulen dann zu jener vom Zen durchdrungenen Zusammenkunft, die wir Teezeremonie – *Cha-no-yu* – nennen.[1] Eine lange Periode gegenseitiger Beeinflussung ging dem voraus, in der die ästhetische Theorie des Zen ganz allmählich in die aristokratischen Teegesellschaften eindrang, während der Zeitgeschmack sich mehr und mehr von der polierten Sung-Keramik entfernte und der gewöhnlichen Töpferei zuwandte. Dies war der Anfang jener Tradition des absichtlichen »Understatements«, das später für die Teezeremonie so wichtig werden sollte. Während seiner Regierungszeit ließ sich Yoshimasa von einem Zen-Mönch dazu überreden, einen kleinen Raum einzurichten, wo man den Tee im Stil der Zen-Klöster trinken konnte. Dieser Raum war ganz vom Geist des Zen durchdrungen – eine kalligraphische Schriftrolle in der Bildnische, ein Blumengesteck und dazu das schlichte Ritual, bei dem eine Teeschale reihum ging. Wer den Tee servieren wollte, mußte zuerst die Rituale der Zen-Klöster studieren. Unter den Kriegern verbreitete sich der Glaube, das Teeritual des Zen stärke die kämpferische Disziplin.

Mit Beginn des 16. Jahrhunderts war die Entwicklung der japanischen Teezeremonie in ihren Grundzügen – Disziplin und Stille – abgeschlossen, aber ihre Bedeutung als höchster Ausdruck der ästhetischen Theorie des Zen sollte ihr erst noch zuwachsen. Allmählich verbreitete sich die Ansicht, man sollte den Tee nicht in einem abgeteilten Raum des Hauses *(Kakoi)* trinken, sondern in einer eigens zu diesem Zweck errichteten strohgedeckten Hütte *(Sukiya)*; so glaubte man die Atmosphäre der »Armut«, der inneren Einfachheit, die das Teetrinken auszeichnete, deutlicher sichtbar zu machen. Die erlesenen Gefäße und die aufwendige Einrichtung, die man im 15. Jahrhundert bevorzugte, wurden im 16. Jahrhundert durch grobe, volkstümliche Töpferwaren und ein Intérieur verdrängt, das ebenso karg war wie das eines Klosters. Die Betonung der Armut machte die Zeremonie zu einer lebendigen Verkörperung des Zen – seiner Verachtung des Materialismus und der Welt des Einnehmens und Ausgebens.

Erst ein Zen-Lehrer des 16. Jahrhunderts, Sen no Rikyû (1521–1591), vereinigte alle ästhetischen Vorstellungen der Teezeremonie in einem festen System. Er begann als Nobunagas Tee-Berater und spielte auch bei Hideyoshi noch diese Rolle. Hideyoshi liebte die Teezeremonie, und unter seiner Schutzherrschaft legte Rikyû die klassischen Regeln fest, die auch heute noch für *Cha-no-yu* gelten.

Die bekannteste Legende aus Rikyûs Leben ist die Geschichte von der »Teegesellschaft der Windenblüte«. Als Sohn eines Kaufmanns in einer Hafenstadt geboren, hatte

Rikyû Gefallen an allem Neuen und Exotischen. So begann er eines Tages, die in Japan bislang unbekannte, aus Europa importierte Winde anzusäen. Hideyoshi, der von der neuen Blume hörte, ließ Rikyû sagen, er wolle den Morgentee mit ihm einnehmen, um die Blüten zu sehen, wenn sie am schönsten sind. Als Hideyoshi am Morgen kam, sah er, daß alle Blumen gepflückt worden waren, nicht eine einzige Blüte war mehr zu sehen. Enttäuscht und aufgebracht ging er zum Teehaus – um dort, noch feucht vom Tau, eine einzige Windenblüte in der *Tokonoma* zu erblicken: ein vollendetes Bild für das Zen-Gebot des Reichtums in der Beschränkung.

Teezeremonien finden heute in besonderen Gärten hinter dem Haus statt, die am Eingang ein kleines Wetterdach haben und am hinteren Ende ein kleines Teehaus. Findet man sich zur verabredeten Zeit ein, so verbringt man zusammen mit den zwei oder drei anderen Gästen zuerst eine Weile unter dem Wetterdach, um Entspanntheit und innere Ruhe zu gewinnen. Der Teegarten – man nennt ihn *Roji* (»betauter Pfad«) – ist im Unterschied zu den üblichen Tempelgärten nichts weiter als ein Durchgang von dem Wetterdach am Eingang zum Teehaus. Da man sich wie auf einem Bergpfad fühlen soll, gibt es keine Teiche oder Steinarrangements; nur die Trittsteine sind aus natürlichem Fels, und irgendwo führt der Pfad an einem steinernen Wasserbecken, an dem man sich mit einer Schöpfkelle aus Bambus den Mund ausspülen kann, und einer Steinlaterne vorbei, die bei abendlichen Versammlungen den Weg beleuchtet. Mit seinen tief in den Teppich aus Moos eingelassenen schlichten Trittsteinen windet sich der Gehweg wie ein natürlicher Pfad durch den Garten. Über den Garten verstreut wachsen sorgfältig beschnittene Pinien, zu großen Kugeln zurechtgestutzte Azaleen oder vielleicht eine hochwüchsige japanische Zeder, deren ausladende Zweige Schutz vor den Strahlen der Nachmittagssonne bieten. Natürlich wird der Boden sorgfältig saubergehalten, aber hier und da dürfen doch ein einzelnes Blatt, ein paar Piniennadeln liegen. Während man auf den Gastgeber wartet, beginnt der Garten allmählich eine Art magischer Kraft auszustrahlen, die den Betrachter die äußere Welt vergessen läßt.

Sind alle Gäste eingetroffen, dann schlägt man einen hölzernen Gong, worauf der Gastgeber erscheint und schweigend in den Teeraum bittet. Jeder Gast verweilt kurz bei dem Steinbecken, um einen Schluck Wasser zu nehmen. Aus der Nähe betrachtet, entpuppt sich das Teehaus als strohgedeckte, rustikale Hütte mit grauem Verputz und einem asymmetrischen Fachwerk aus handbehauenen Hölzern. Wie im traditionellen japanischen Haus ist der Fußboden ein wenig erhöht, aber statt der Eingangstür gibt es nur eine kleine rechteckige Öffnung, durch die man das Haus auf Knien betritt; mit diesem psychologischen Kniff soll erreicht werden, daß alle weltlichen Vorstellungen von Rang und Würde vor der Tür bleiben. Nur wer Demut besitzt, kann hier eintreten, denn er muß sich dabei vor den Augen der anderen niederbeugen.

Der Teeraum mag auf den ersten Blick recht beengt wirken. Obwohl der Raum praktisch leer ist, scheint kaum noch Platz zu sein, wenn die Gäste sich kniend um die Mitte des Raums versammelt haben. Der Raum zeigt den von Rikyû bevorzugten *Sukiya*-Stil; die Wände wirken wie ein Flikkenmuster aus Flächen mit dunklem Bewurf, rohem Holz, einigen Reispapier-Fenstern *(Shoji)* und einer kleinen Bildnische *(Tokonoma)*. Die ganze Dekoration besteht in einem einzelnen Gegenstand in der *Tokonoma* und einem an der Rückwand aufgehängten Rollbild. Dieser Eindruck der Schlichtheit ist jedoch trügerisch, denn der Teeraum ist mit den feinsten Hölzern eingerichtet und im Verhältnis beträchtlich teurer als das Wohnhaus des Gastgebers. Ironischerweise kostet gerade diese Atmosphäre von Armut und Bedürfnislosigkeit enorme Summen...

D. T. Suzuki hat die psychologische Wirkung des Teeraums in treffenden Worten beschrieben:

Beim ersten Umherblicken wirkt der Raum einfach, läßt aber alle Zeichen einer durchdachten Anlage vermissen: Die Fenster sind unregelmäßig eingesetzt, die Decke hat kein einheitliches Muster, die verwendeten Materialien sind einfach und schmucklos ... der Boden hat eine kleine quadratische Öffnung, wo in einem kunstvoll geformten eisernen Kessel Wasser kocht. Die Reispapierfenster lassen nur gedämpftes Licht hinein. ... Wie ich so still vor der Feuerstelle sitze, wird mir der Geruch von Räucherstäbchen bewußt. Der Duft wirkt ungeheuer beruhigend. ... In dieser Gelassenheit des Geistes höre ich, wie eine sanfte Brise durch die Nadeln der Pinie streicht und dieser Laut sich mit dem Geräusch fallender Tropfen im Steinbecken mischt.[2]

An der Teezeremonie sollen alle Sinne beteiligt sein, und Suzukis Beschreibung macht deutlich, daß Augen, Ohren und der Geruchssinn schon vor Beginn der eigentlichen Zeremonie gefangengenommen werden. Ein Gefühl der Harmonie und Stille soll erzeugt werden, in dem der andächtige Charakter des Zen-Sakraments sich ausbreiten kann. Durch die Umgebung wird unser Geist vorbereitet, und wir stellen uns auf die Situation ein. Diesen Punkt hebt Suzuki besonders hervor:

Wo keine Stille ist, wird die kunstvoll angelegte Umgebung ihre Bedeutung verlieren. ... Die Steine, das Tropfen des Wassers, die strohgedeckte Hütte, der Schirm der alten Pinien, die moosbedeckte Steinlaterne, das Singen des Wasserkessels und das leicht gedämpfte Licht – all das dient nur dazu, für den Geist einen meditativen Rahmen zu schaffen.[3]

Soll eine Zeremonie mit mehreren Gängen stattfinden, so werden zuerst leichte Hors d'œuvres und *Saké* serviert. Ist es gerade Abendessenszeit, so wird vielleicht eine ganze Mahlzeit aufgetragen, die man aus Lack- oder Porzellanschalen auf einem am Boden stehenden Tablett ißt. Nach dem Mahl verlassen die Gäste das Teehaus und warten, bis der Gastgeber den Beginn der Teezeremonie ankündigt. Wenn man den Raum wieder betritt, so hat er sich auf subtile Art verändert: Das Rollbild ist aus der *Tokonoma* verschwunden und durch eine einfache Vase mit ein oder zwei halbgeöffneten Blüten ersetzt worden; in der eingelassenen Feuerstelle in der Mitte des Raums glüht ein Holzkohlenfeuer, dem Piniennadeln und eine Spur von Räucherwerk beigegeben sind. Im Kessel kocht das Wasser und erzeugt

Die Trittsteine des Roji, *des »betauten Pfads«, führen zum Teeraum, dessen offener Eingang die Matten erkennen läßt, auf denen die Gäste zum Tee niederknien werden.*

ein Geräusch, das an einen Pinienwald im Wind erinnert (es wird von kleinen Eisenstücken am Boden des Kessels hervorgerufen).

Der Gastgeber hat neben sich alles, was zur Zeremonie erforderlich ist: Ein Gefäß für den pulverisierten grünen Tee *(Koicha)*, ein Gefäß mit kaltem Wasser zum Nachfüllen, einen Schöpflöffel aus Bambus, einen frischen Bambusbesen, ein Gefäß für verbrauchtes Wasser, eine Leinenserviette für die Teeschale und schließlich die Schale selbst, der Kelch des Zen. Alle Gegenstände sind aufgrund ihrer besonderen ästhetischen Eigenschaften ausgewählt worden, aber die Teeschale ist immer unbestritten das *pièce de résistance.* zuweilen ein Erbstück aus der Hand eines Töpfers des 17. Jahrhunderts. Jeder Gast ist gegen den bitteren Geschmack des Tees mit süßem Gebäck versorgt.

Nun beginnt der Gastgeber den grünen Tee zuzubereiten. Es ist wie ein Tanz im Sitzen, ein Ritual, in dem alle Einzelheiten aufeinander abgestimmt sind, so bedachtsam, gemessen und formell wie die Elevation der Hostie in der katholischen Messe. Alle Gesten sind jahrelang geübt worden, bis sie sich zu einer fließenden Bewegung zusammenschlossen. Zunächst wird die Schale mit heißem Wasser ausgespült und mit einem Tuch abgewischt. Danach gibt man mit einem kleinen Bambuslöffel Tee in die Schale und fügt mit der Kelle heißes Wasser hinzu. Mit gemessener Bewegung beginnt nun der Gastgeber, Teepulver und Wasser zu vermischen; er verwendet dazu den kleinen Bambusbesen, mit dem er die Zutaten so lange schlägt und verrührt, bis ein jadegrünes, bitteres Getränk entsteht.

Der erste Schluck gebührt dem Ehrengast, er nimmt die Schale, grüßt den Gastgeber, trinkt von dem Tee und lobt seine Güte. Nach zwei oder mehr genau abgemessenen Schlucken wischt er sich die Lippen mit einer eigens dazu mitgebrachten Serviette, dreht die Schale und reicht sie dem nächsten Gast, der das Ritual wiederholt. Der letzte leert die Schale. Seltsamerweise darf gerade der Gastgeber nichts von seiner eigenen Zubereitung trinken. Nach der ersten Runde *Koicha* wird die Schale ausgespült, und ein zweites Mal wird Tee angerichtet – diesmal aber etwas dünner, eine Art, die man *Usucha* nennt. Auf die gleiche Art mit dem Bambusbesen geschlagen, ist dieser Tee doch beträchtlich leichter.

Nach der zweiten Schale ist der formelle Teil der Zeremonie

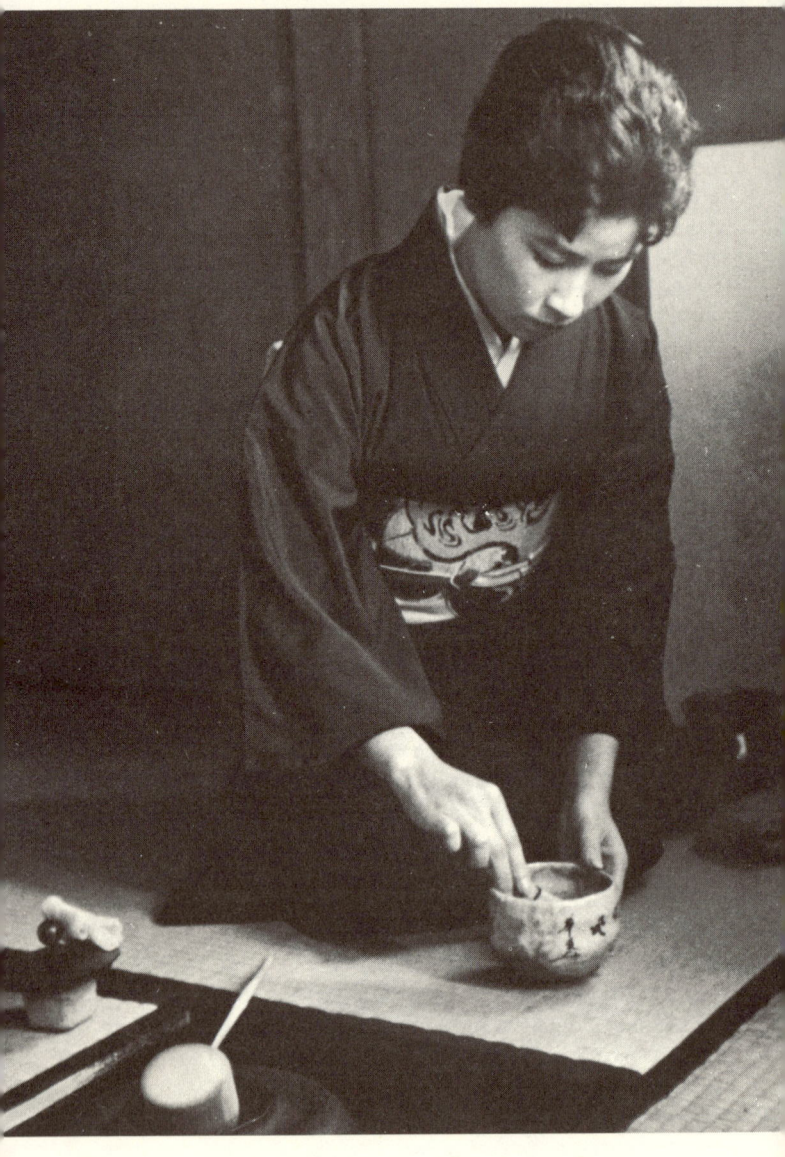

abgeschlossen, und jetzt dürfen sich die Gäste entspannen, Süßigkeiten zu sich nehmen oder über Zen-Ästhetik diskutieren. Gegenstand des Gesprächs ist meist die Teeschale; man reicht sie herum, und jeder bewundert sie in allen Einzelheiten. Auch Bemerkungen über das Blumengesteck sind angebracht, oder ein Gedicht, das zur Jahreszeit paßt. Über die Welt vor dem Gartentor wird nicht gesprochen – niemand hat das Bedürfnis dazu. Jeder Gast ist eins mit sich selbst, seinem Platz und der Umgebung. Wertungen sind ganz leicht in die richtige Perspektive gerückt, die Seele geläutert, der Sinn für das Schöne belohnt worden; für einen flüchtigen Augenblick wird die materielle, dualistische Welt so gewichtslos wie ein Traum.

Die Teezeremonie ist die große Parabel der Zen-Kultur, die uns beispielhaft lehrt, daß die materielle Welt uns unseres wertvollsten Besitzes beraubt, der Natürlichkeit, der Einfachheit und der Selbsterkenntnis. Aber darin erschöpft sich ihre Bedeutung noch nicht: Ihre ästhetischen Prinzipien sind die Grundlage der neuzeitlichen Zen-Kultur, und sie vereinigt in sich die drei Gesichter des Zen. Da sind zunächst die gegenständlichen Künste zu nennen: Die Teezeremonie übte einen tiefen Einfluß auf den architektonischen Geschmack aus und verdrängte mit ihrem informellen *Sukiya*-Stil die strengen *Shoin*-Gestaltungsprinzipen des Samurai-Hauses; die Kunst des Blumensteckens, *Ikebana*, verdankt vieles den Blumenarrangements der Teezeremonie; Malerei und Kalligraphie erhielten durch das Rollbild in der *Tokonoma* neue Impulse; Lackwaren entwickelten sich in die Stilrichtung der Utensilien für die Teezeremonie; und schließlich entfaltete sich die keramische Kunst Japans seit dem 15. Jahrhundert im großen und

Zu nebenstehender Abbildung
Das feierliche Ritual, in dem der pulverisierte Tee in kochendheißem Wasser schaumig geschlagen wird; während rechts die Teedose und links vorne der Wasserbehälter mit Schöpflöffel stehen, gilt die ganze Aufmerksamkeit der Trinkschale.

ganzen gemäß den ästhetischen und praktischen Erfordernissen der Teezeremonie.

Die zweite Seite des Zen, innere Stille in einer unruhigen Welt, fand in der *Cha-no-yu* ihren besten Ausdruck; sie demonstriert die Einstellung des Zen zum Leben eindringlicher, als jeder gelehrte Vortrag dies vermöchte.

Das dritte Gesicht des Zen ist das der Ästhetik. Als Übermittler der ästhetischen Prinzipien des Zen hat die Teezeremonie die Zen-Kultur verewigt. Sie hat den Geschmack eines ganzen Volkes so tief geprägt, daß die fundamentalen Schönheitsideale niemals von den Auswüchsen der modernen Industriegesellschaft verdrängt werden können. In diesem Licht müssen wir die Neuerungen betrachten, die Hideyoshis Teemeister Sen no Rikyû in die Teezeremonie einführte. Er stellte den alten Zen-Prinzipien von *Yûgen* und *Sabi* die Vorstellung des *Wabi* zur Seite.

Yûgen ist die Tiefe, die aus der grenzenlosen Offenheit der reinen Form für einen ganzen Kosmos von Möglichkeiten entsteht; ihren reinsten Ausdruck hat sie in der Nô-Dichtung gefunden. *Sabi* entstand in der Heian-Zeit aus der Vorliebe für vergängliche Schönheit, die sich im Mittelalter auf schon gealterte Dinge ausdehnte; *Sabi* bezeichnet Objekte, die mit den Jahren gereift sind und sich vollendet haben. Alles Neue drängt sich vor und sucht Beachtung. Alter macht die Dinge friedvoller; sie strahlen Ruhe, Würde und Charakter aus. Obwohl westliche Sprachen kein genaues Äquivalent für *Sabi* besitzen, verstehen wir diese Vorstellung recht gut. Wir sagen zum Beispiel, das wettergegerbte Gesicht eines Fischers habe mehr Charakter als das Gesicht eines bartlosen Jungen. Für den Japaner aber ist *Sabi* zuerst und vor allem das Wesen der Schönheit, sei es nun an einem verwitterten Haus oder Tempel, den abgegriffenen Goldschnüren um eine Schriftrolle, einem dürren Zweig in der *Tokonoma* oder an einem alten, rostigen Kessel. *Sabi* wurde zu einem Teil der Zen-Ästhetik, und in der Teezeremonie, wo man besonders darauf achtete, daß die verwendeten Utensilien ›Patina‹ besaßen, fand es seine beste Heimat.

Für Sen no Rikyû war *Sabi* jedoch noch nicht umfassend genug. Kostbare Objekte werden auch durch Alter nicht weniger kostbar, und deshalb ist *Sabi* allein noch nicht in der Lage, Snobismus zu verhindern. Als Teemeister von Nobunaga und Hideyoshi quälte ihn die Prunksucht seiner Herren, so daß er schließlich die Teezeremonie erneuerte und eine neue ästhetische Norm setzte: *Wabi*. Darunter verstand er Zurückhaltung und Beschränkung, und er demonstrierte Hideyoshi dieses neue Prinzip durch die eine Purpurwinde bei der Teestunde. Rikyû beschreibt *Wabi*, das jetzt ein Eckpfeiler der Zen-Ästhetik ist, mit einem Gedicht, in dem die folgenden beiden Zeilen vorkommen:

Wie wenig hat ein Mensch sich selbst,
Der viele Dinge haben will.

In gewisser Weise ist *Wabi* die Verherrlichung des künstlich erzeugten Anscheins der Armut; künstlich deshalb, weil das Element der Beschränkung vorhanden sein muß, und in wirklicher Armut gibt es ja nichts, was beschränkt werden könnte. Bei der Teezeremonie darf kein Reichtum sichtbar werden; wer den Teegarten betritt, muß seinen weltlichen Stand an der Pforte zurücklassen. So muß auch das Teehaus wie eine einfache Hütte wirken; um das *Sabi* nicht zu zerstören, darf es nicht aus neuen Materialien erbaut sein, aber ebensowenig darf man dazu teure antike Hölzer verwenden. Auch für das Blumengesteck gilt: eine oder höchstens zwei Blüten. Man trägt einfache, unauffällige Kleidung. Töpfe und Schalen sind ohne Verzierungen.

Wabi reinigte die Teezeremonie von allen aristokratischen Zügen und gab ihr die einfache Form, die sie heute noch hat. Selbst Japaner, die Zen weder in der Teezeremonie noch in einer anderen Form ausüben, kennen noch die darin enthaltenen Ideale und stimmen ihnen zu. In den letzten Jahren versammeln sich all jene um die Vorstellung des *Wabi*, die das Eindringen des Westens in die überkommene japanische Kultur bedauern, und *Cha-no-yu* wird mehr denn je als eine Lektion über die wahren Werte des Lebens betrachtet.

Zen-Keramik

Du, stille Form, machst uns gedankenleer
gleich wie die Ewigkeit.

John Keats: *Ode auf eine griechische Urne*

Obwohl Japan eigentlich schon immer ein Land der Töpfer
war, führte erst der wachsende Einfluß des Zen und die allmähliche Verbreitung der Teezeremonie dazu, daß aus dem
Handwerk der Töpferei eine hohe Kunst wurde. Die Blütezeit der japanischen Keramik setzte erst etliche Jahrhunderte nach der großen Periode der Töpferkunst im China der
T'ang- und Sung-Dynastien ein, doch die Japaner haben es
ihren Lehrern vom Festland auch hier schließlich gleichgetan und sie sogar in mancher Hinsicht übertroffen.
Bei den japanischen *Jômon*-Stämmen der Steinzeit entstand
eine so reichhaltige Tonfigurenkunst, wie wir sie bei kaum
einem anderen prähistorischen Volk finden. Diese bei niedriger Temperatur gebrannten und selten mehr als 15 bis 20
Zentimeter hohen Figurinen sind eines der klassischen Rätsel für Anthropologen und Kunsthistoriker, denn zuweilen
zeigen sie polynesischen Einschlag oder scheinen aus dem
präkolumbianischen Amerika zu stammen, oder sie muten
gar an wie reine Abstraktionen im heutigen Sinne dieses
Ausdrucks. Einige dieser *Jômon*-Figurinen könnte man tatsächlich für Werke von Picasso oder Mirô halten. Manchmal sind die Einzelheiten des Körpers wiedererkennbar dargestellt, meist jedoch vollkommen stilisiert und dem größeren Interesse am Material und an der reinen Form unterge-
ordnet. Wir erkennen hier die höchst bemerkenswerten Anfänge jenes Interesses, mit dem die Japaner noch heute
wahrnehmen, wie natürlicher Ton aussieht und sich an-
fühlt.
Als die *Jômon* um das dritte Jahrhundert v. Chr. von den

Yayoi verdrängt wurden, war damit auch ihrer Kunst ein Ende gesetzt, und für Jahrhunderte entstanden in Japan nur noch irdene Töpfe und Trinkgefäße für den alltäglichen Gebrauch. Die wenigen Tonfiguren, die noch geschaffen wurden, enthielten kaum noch etwas von der hochentwickelten Abstraktionsfähigkeit der *Jômon.* Erst an der Wende zum vierten nachchristlichen Jahrhundert fanden die *Yayoi*-Töpfer mit den berühmten *Haniwa*-Figurinen zu ihrem ureigenen Metier; sie formten hohläugige Statuetten aus weichem braunem Ton, die zur Ausschmückung von Aristokratengräbern verwendet wurden, und ihre einfachen, aber eleganten Vasen und Wassertöpfe aus braunem Ton, die oft mit Zinnober gefärbt waren und bei niederer Temperatur gebrannt wurden, lassen erkennen, daß sie auf einer Art primitiver Töpferscheibe entstanden.

Die Nachfrage nach diesen Gebrauchsgegenständen war so groß, daß bald eine Klasse berufsmäßiger Töpfer entstand. Natürlich mußte der individuelle Charakter der Erzeugnisse darunter leiden, daß eine vormals persönliche Ausdrucksform sich unter den Händen von Handwerkern zur Massenproduktion wandelte. Die buddhistische Kultur Koreas, die Japan im 5. und 6. Jahrhundert erreichte, brachte neue Hochtemperatur-Brennverfahren für Steinguttöpfe mit sich; dazu gehörte auch, daß man Asche aus den Brennöfen auf der Oberfläche der Gefäße beließ, um so eine natürliche Glasur zu erzeugen. Im Gegensatz zu den herkömmlichen Niedertemperatur-Erzeugnissen aus porösem Ton, die ihre natürliche braune Farbe auch nach dem Brennen behielten, hatten diese Hochtemperaturtöpfe eine harte und dichte Oberfläche und waren von grauer Farbe. Typischerweise bevorzugte das einfache Volk die naturfarbenen und schmucklosen Gefäße aus weichem Ton, die oft noch von Hand gefertigt wurden, während die aristokratischen Schichten mehr von dem neuen Festland-Stil angetan waren; beide Herstellungsarten bestanden jahrhundertelang nebeneinander. Die instinktive Reaktion des größten Teils der japanischen Bevölkerung ist für die spätere Einführung der vom Zen inspirierten Keramik von größter Bedeutung. Aus einer Vorliebe für den natürlichen Ton lehnten die Japaner jede Glasierung ab, selbst noch Jahrhunderte nach der Einführung entsprechender Methoden, und sie waren von sich aus weder daran interessiert, ihre Töpfe zu verzieren, noch daran, Hochtemperaturverfahren anzuwenden oder ihre Produktion zu mechanisieren; vielleicht empfanden sie technische Mittel als eine Barriere zwischen Mensch und Ding, die den Töpfer zu weit von seinem Werk entfernte. Japanische Töpfer bewahrten stets ihre regionalen Eigenheiten und drückten ihr persönliches Empfinden in ihren Werken aus; einer Vielzahl ländlicher Brennöfen entsprach eine breite Vielfalt der Stile.

Im achten Jahrhundert, während der Nara-Zeit, führte die Begeisterung der japanischen Aristokratie für die chinesische Kultur zu einer kurzen Zeit des Experimentierens mit dreifarbigen, glasierten Töpferwaren im Stil der T'ang-Zeit; diese Machart scheint jedoch dem traditionellen japanischen Empfinden nicht entsprochen zu haben, denn sie wurde bald wieder vergessen. Als Kyôto zum Sitz der Regierung wurde und damit die Heian-Zeit begann, standen die beiden landläufigen Formen der Töpferkunst immer noch in voller Blüte – nach wie vor entstanden sowohl die braunen, porösen und bei niedriger Temperatur gebrannten Töpfe für das gewöhnliche Volk als auch die grauen, glänzenden Hochtemperatur-Schalen für die Aristokratie. Die technische Weiterentwicklung der Hochtemperaturöfen führte jedoch zu einer ganzen Palette von feinen Nuancen bei den für die Aristokratie bestimmten Scheinglasuren. Man hatte entdeckt, daß die Aschepartikel auf der Oberfläche der Gefäße zu einer bernsteinfarbenen Glasur zusammenschmolzen, wenn reichlich Sauerstoff im Brennofen vorhanden war, und zu einer pastellgrünen Glasur, wenn man Sauerstoff fernhielt. Durch das Variieren des Brennprozesses konnten die Heian-Töpfer jetzt eine Vielfalt heller Farbtöne erzeugen, eine Verfeinerung der Töpferkunst, wie sie niemals zuvor erreicht worden war. Über diese weiterentwikkelte Brenntechnik hinaus weigerten sich die Japaner jedoch standhaft, die traditionellen Methoden ihrer Töpferei zu verändern.

Aus diesem Grund wurde die japanische Keramik bis zum frühen 13. Jahrhundert mit Absicht auf einem primitiven technischen Stand gehalten, während die Chinesen in dieser Kunst beträchtliche Fortschritte machten. In der Zeit vom 9. bis zum 13. Jahrhundert, in der die Japaner sich vom Festland isolierten, erlebte das China der Sung-Dynasie eine Verfeinerung und Kultivierung der Glasierungstechniken, die über den Stand zur Zeit der T'ang-Dynastie weit hinausging. Japanische Mönche, die Anfang des 13. Jahrhunderts nach China reisten, um den neuen Glauben des Zen zu studieren, sahen staunend, auf welch hohem Stand sich dort das Töpferhandwerk befand. So wurde Zen zum Auslöser einer zweiten Revolution in der keramischen Kunst Japans.

Träger dieser zweiten Revolution soll der Tradition zufolge der japanische Priester und Begründer des *Sôtô*-Zen Dôgen gewesen sein, der auf einer seiner Chinareisen von einem Töpfer namens Toshiro begleitet wurde. Toshiro blieb sechs Jahre in China, um die verschiedenen Glasierungstechniken zu erlernen, und nach seiner Rückkehr errichtete er in Seto eine Brennerei, in der er die chinesischen Glasuren zu imitieren begann. Obwohl man ihn den Vater der modernen japanischen Keramik genannt hat, war seinen Versuchen, die berühmten Sung-Produkte zu kopieren, nicht nur Erfolg beschieden. Seine dekorativen und mit dicker Glasur versehenen Waren fanden nur bei Adel und Priesterschaft Anklang, die für das neuentdeckte kurzweilige Vergnügen, chinesischen Tee zu trinken, mit Vorliebe Gefäße aus Seto verwendeten. Aber während Zen-Ästheten und Teetrinker sich mit den nachgemachten Seladon-Schalen aus Seto vergnügten, blieb der einfache Mann bei seinem unglasierten Steingut.

Ein plötzlicher Wandel trat erst um die Mitte des 16. Jahrhunderts ein, als in den Städten eine bürgerliche Mittelschicht entstand, bei der die Teezeremonie des Zen schnell große Beliebtheit fand. Im 13. Jahrhundert hatte die Zen-Bewegung chinesische Glasuren nach Japan gebracht; nun, drei Jahrhunderte später, zündete der Funke und eröffnete eine glanzvolle Zeit der glasierten Keramik. Die japanischen Töpfer gaben sich nicht mehr mit primitivem Steingut und Nachbildungen chinesischer Gefäße zufrieden, sondern entwickelten einen eigenen Stil, der unverkennbar japanisch war und mindestens ebenso vielgestaltig und ausgefeilt wie anderswo. Ländliche Brennereien mit einer langen Tradition in der Erzeugung irdener Wassergefäße wandten sich der Produktion von Gefäßen für die Teezeremonie zu, und im ganzen Land wurde eifrig an neuen farbigen Glasuren gearbeitet. Die Wellen dieser neuen Mode schlugen so hoch, daß die Shôgune Nobunaga und Hideyoshi ihre erfolgreichen Truppenführer nicht mit Ehrenabzeichen dekorierten, sondern mit besonders begehrten Utensilien für die Teezeremonie beschenkten.

Zu dieser Teezeremonie waren zwar auch Teedosen und Wasserkrüge erforderlich, aber vor allem kam es auf die Trinkschale an, denn sie hielt man ja in der Hand und bewunderte sie aus nächster Nähe. Sie mußte nicht nur schön sein, sondern auch so breit und tief, daß man genügend Tee für drei oder vier Personen mit dem Bambusbesen darin schaumig schlagen konnte. Da sie keinen Henkel hatte, mußte sie aus leichtem, porösem und wärmeisolierendem Ton bestehen, der, zur weiteren Isolierung und um einen sicheren Griff zu bieten, mit einer dicken, rauhen Glasur überzogen war. Der Rand mußte dick und leicht nach innen gewölbt sein, das gab beim Trinken ein angenehmes Gefühl auf den Lippen und vermied Tropfen. Kurz, diese Schalen waren ebenso auf einen bestimmten Zweck zugeschnitten, wie es ein Cognacschwenker oder ein Sektglas ist.

Die Vielfalt der künstlerischen Auffassungen unter den Töpfern und die Verschiedenartigkeit des Ausgangsmaterials führte im 16. Jahrhundert zu zahlreichen Stilrichtungen; die Schalen, die in dieser Zeit entstanden, hatten jedoch nicht nur die wesentlichen, funktionellen Eigenschaften gemeinsam, sondern ließen auch deutlich erkennen, daß sie gemäß der ästhetischen Theorie des Zen geformt waren. Sie waren zwar glasiert, jedoch häufig so, daß das darunter liegende Material noch durchschien, wodurch der Eindruck entstand, daß die Glasur die Rauhigkeit des Tons nicht verdecken, sondern hervorheben sollte. Die Farben der Glasuren waren natürlich und organisch, nicht grell und künstlich.

Die sozialen Unruhen, die dem Aufstieg Nobunagas vorausgingen, vertrieben zahlreiche Töpfer aus der Gegend von Seto, wo immer noch Sung-Imitationen produziert wurden. Sie siedelten sich in der Provinz Mino an, wo sich drei Grundstile der Teeschale herausbildeten. Da war zunächst das Teegefäß im chinesischen Stil, das Haupterzeugnis der älteren Seto-Brennöfen. Gelbe Glasuren, einst das Monopol Setos, wurden auch in Mino produziert, aber neue Tonsorten und Verfahrenstechniken, und vor allem die Bereitschaft zu experimentieren, brachten eine neue »Seto«-Keramik hervor, die sich durch satte Gelbtöne auszeichnete und schon mehr japanischen als chinesischen Einschlag zeigte. Dann gab es, von den Töpfern in Mino entwickelt, eine neue, ganz im Zen-Stil gehaltene Schale; sie hatte eine breitere Standfläche als die chinesischen, ihre Seiten waren praktisch gerade und ihre Glasur von milchig-weißer Farbe. Dieses schon vom Anblick warme und einschmeichelnde Gefäß, das geradezu dazu einlud, es in die Hand zu nehmen, wurde unter dem Namen *Shino* bekannt.

Zuweilen wird angenommen, die *Shino*-Schalen seien nach einem berühmten Meister der Teezeremonie benannt[1], während andere Stimmen behaupten, diese Bezeichnung sei dem japanischen Wort für weiß, *shiro*, nachgebildet. Wie immer es gewesen sein mag – dies war die erste glasierte Keramik rein japanischen Ursprungs, und sie markiert den Beginn einer neuen Einstellung der Japaner zur Töpferei. Nicht mehr von der Ehrfurcht vor den chinesischen Vorbildern behindert, ließen die *Shino*-Hersteller ihrer Phantasie freien Lauf. Die neue weiße Glasur wurde absichtlich willkürlich aufgetragen, bedeckte oft nur Teile der Schale, und man ließ sie tropfen und laufen, wie sie wollte. Manchmal wurde ein Teil der aufgebrachten Glasur wieder abgewischt, so daß der braune Ton nach dem Brennen hier und da durchscheinen konnte; oder man ließ Blasen, verbrannte Stellen oder Ruß beim Brennen einfach auf den Gefäßen. Manchmal erhielt die weiße Glasur noch einen dunklen Überzug, den man anschließend einritzte, um den weißen Untergrund sichtbar zu machen. Dann wiederum wurden, offenbar mit halbtrockenen Pinseln, angedeutete Muster auf die weißen Schalen gekritzelt, so daß es aussah, als seien sie mit Zen-Sgraffiti bedeckt. Mit all diesen Neuerungen schien es den Töpfern darauf anzukommen, möglichst derbe, einfache und anspruchslose Waren herzustellen. Nicht lange, und sie hatten auch eine graue und schließlich sogar eine glänzende schwarze Glasur, deren genaues Rezept bis heute eines der ungelösten Rätsel der Momoyama-Kunst ist.

Die nächste Farbe im Repertoire der Töpferei von Mino war ein prächtiges Grün. Diese dritte Stilrichtung der Mino-Teeschale wurde durch Oribe, einen Schüler von Rikyû, eingeführt; *Oribe* ist zu einem Namen für eine breite Vielfalt von Erzeugnissen geworden, darunter Teeschalen, Teedosen, Wasserkrüge, Gerätschaften zum Abbrennen von Räucherwerk und allerlei Dinge, die zum Eßgeschirr gehören. Diese Gegenstände waren häufig gleichmäßig grün, aber Oribe hatte auch die Angewohnheit, nur einen Teil des Werkstücks einzufärben, und manchmal ließ er die Farbe in einer Ecke zusammenlaufen und dort zu einer durchsichtigen Lache erstarren. Die nicht grün eingefärbten Teile einer *Oribe*-Keramik erhielten durch das Brennen gedämpfte Farbtöne von Grau bis hin zu einem rötlichen Braun, und diese Stellen wurden nun von Malern als Untergrund für dekorative Muster verwendet – Blumen, geometrische Figuren, ja sogar kleine Skizzen und Stilleben. Das war zwar etwas revolutionär Neues in der japanischen Keramik, leitete aber auch eine Flut rein dekorativer Produkte ein, die

Eine Shino-Teeschale aus der Momoyama-Zeit, deren bewußte Unvoll-kommenheit in Form, Glasur und Verzierung dem Betrachter jede Mög-lichkeit zu bequemer Kategorisierung nimmt und ihn zur direkten, unver-stellten Wahrnehmung ihrer Oberflächen-Textur, ihres Materials und Entstehungsprozesses veranlaßt.

auf die Momoyama-Periode folgte. *Shino* hatte den jahr-hundertelangen Bann der unglasierten Keramik und der bloßen Nachbildungen chinesischer Gefäße durchbrochen, indem es einen eigenständigen Glasierungsstil einführte und eine neue ästhetische Freiheit begründete; *Oribe* wies den Weg in eine neue Welt der Töpferkunst, in der alles möglich war, Halbglasuren, Malereien und Experimente mit neuen und bisher unbekannten Formen und Arten von Gefäßen.

Während die einheimischen Töpfer von Mino ihr Handwerk ausbauten, war ganz im Süden der japanischen Inselgruppe, nahe der koreanischen Halbinsel, eine andere bedeutsame

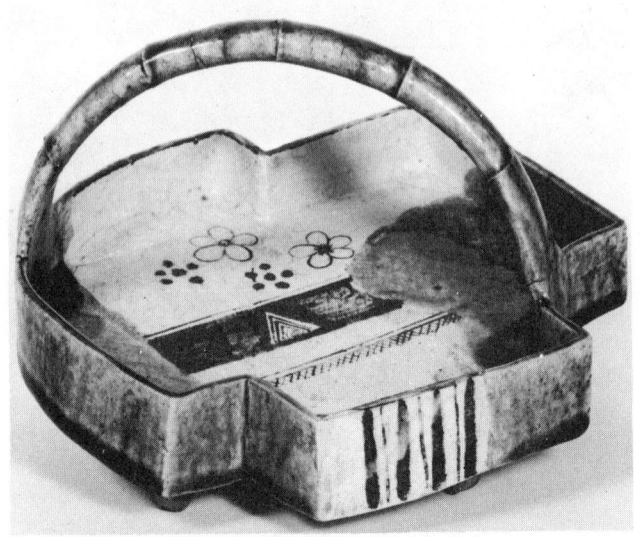

Oribe-*Schale aus der Momoyama-Zeit, braun und weiß mit dunkelgrünem Überlauf auf zwei Seiten, wodurch der Betrachter in den Schöpfungsprozeß miteinbezogen wird und das Engagement des Töpfers für sein Werk nachzuvollziehen vermag.*

Entwicklung im Gange, die weitreichende Bedeutung für alle Zen-Künste gewinnen sollte. Die Töpferkunst war in Korea zu Beginn des 16. Jahrhunderts schon recht weit entwickelt – bei hoher Temperatur gebrannte und glasierte Erzeugnisse, deren bäuerliche Herkunft in ihrer schweren und massiven Machart gut zu erkennen war. Aber diese Gefäße wurden nicht auf der Scheibe geformt, sondern aus gerollten Tonsträngen aufgebaut und dann in ihre endgültige Form geklopft. Diese Kombination von bäuerlicher Einfachheit und technischer Raffinesse scheint den japanischen Sippen gegenüber dem koreanischen Festland zugesagt zu haben, denn sie brachten eine Anzahl koreanischer Töpfer nach Karatsu und riefen dort eine ganze Industrie ins Leben. Das Hauptprodukt der koreanischen Handwerker war eine grobe, mittelgroße Schale mit schrägen Wandungen, in der daheim Reis serviert wurde. Die Primitivität dieser Schalen kam dem wachsenden Rustikal-Snobismus der Teezeremonie gerade recht, und bald konnten japanische Schöngeister ihren Tee aus koreanischen Reisschalen trinken und die Schönheit des Zen darin erblicken. Während die Töpfer von Mino ihre Sung-Teeschalen absichtlich immer gröber fertigten (also *Wabi* hinzufügten), hatte man in Karatsu eine ausländische Schale fix und fertig zur Hand. Als die Japaner im letzten Jahrzehnt des 16. Jahrhunderts in Korea einfielen, achtete Hideyoshi, der Oberbefehlshaber, streng darauf, daß so viele koreanische Töpfer entführt wurden, wie nur möglich war; diese Handwerksleute wurden überall in Japan angesiedelt. Dadurch kam ein kräftiger Schuß bäuerlichen Geschmacks in die gesamte keramische Kunst Japans, der die letzten Reste des feinsinnigen Sung-Ideals auslöschte. Die Momoyama-Teemeister erhielten einen neuen – wenn auch immer noch ausländischen – Maßstab für rustikalen Chic, der vollkommen dem *Wabi*-Ideal der Teezeremonie entsprach.

Es ist kein Wunder, daß gerade Sen no Rikyû die Synthese zwischen der neuen Freiheit im eigenen Land und dem frischen Einfluß vom Festland herstellte, aus der das unbestrittene Glanzstück japanischer Keramik hervorging, das berühmte *Raku*. Fraglos der eigenständigste Beitrag Japans zur Geschichte der Töpferkunst, wird *Raku*-Keramik auf eine vorher nie gekannte Art hergestellt, und man kann über *Raku* keine Aussage machen, ohne zugleich über Zen zu sprechen. Wie man vielleicht schon vermutet, war das Zen-Zentrum Kyôto, eine Stadt, in der es keine keramische Tradition gab, Geburtsort des *Raku*. Rikyû fand Gefallen an den Dachziegeln, die ein Koreaner namens Chôjirô herstellte, und plötzlich kam ihm der Gedanke, daß die Art, wie sich diese Ziegel anfühlten und dem Auge darboten, sich bestens für den »Wabi-Tee« *(Wabi-cha)* eignen würde. Er bat Chôjirô, ihm aus dem gleichen Material und mit der gleichen Brenntechnik einige Teeschalen zu fertigen.

Das Ergebnis waren Schalen, die Chôjirô weder auf der

Scheibe geformt noch nach Art der Koreaner aufgebaut hatte; er verfuhr wie ein Bildhauer, indem er die Gefäße aus dem Ton herausmodellierte. Zuerst wurden verschiedene Tonsorten miteinander vermischt, um die gewünschte Leichtigkeit und Plastizität zu erzielen, dann wurde die Form mit Messer und Spatel grob herausgearbeitet, und die Oberfläche blieb so uneben, wie sie gerade war – der Eindruck des Entstehungsprozesses sollte erhalten bleiben und nicht durch Glättung zerstört werden. Diese sozusagen offene Oberfläche finden wir im Westen wahrscheinlich zum ersten Mal in den roh behauenen Plastiken Rodins. Auch der Brennprozeß ging sehr unkonventionell vor sich: Die Schalen kamen nicht in den kalten Ofen, um dann über Tage hin langsam erwärmt, gebacken und wieder abgekühlt zu werden, sondern wurden wie die Ziegel ohne Übergang der Glut eines Holzkohlenfeuers ausgesetzt, wodurch sie augenblicks ein zerfurchtes, »antikes« Aussehen erhielten, kurz: *Sabi*. Die ersten *Raku*-Erzeugnisse waren schwarz; ihre Glasur schimmerte wie Eisen und erinnerte an erstarrte Lava. Das spätere Repertoire enthielt auch rote Teil- oder Ganzglasuren und ein gedämpftes Weiß. Im Gegensatz zu den *Shino*- und *Oribe*-Schalen wurden *Raku*-Gefäße nicht mit Mustern und Farbflecken verziert; in ihrer schlichten verwitterten Würde waren sie zugleich *Wabi* und *Sabi*. »Überladen« wäre wohl der letzte Ausdruck, der einem angesichts von *Raku*-Keramik in den Sinn käme.

Rikyû fand, daß die *Raku*-Schalen sich vorzüglich für die Teezeremonie eigneten; sie waren herb und kraftvoll, scheinbar glühendem Gestein entrissen. Sie hatten eine breite Standfläche, sanft (fast möchte man sagen: organisch) gerundete Wandungen und einen welligen Rand, der ein wenig nach innen gebogen war, um die Wärme besser zu halten und um Tropfen zu vermeiden. Sie waren leicht und porös und daher wärmeisolierend und gut zu handhaben, hatten aber einen so niedrigen Schwerpunkt, daß sie kaum versehentlich umgestoßen werden konnten, während man auf dem mit *Tatami* bedeckten Fußboden des Teeraums den

Schwarze Raku-*Teeschale im klassisch-gerundeten Stil, die den Eindruck geschmolzener Lava vermittelt;* Chôjirô (1516–1592) *zugeschrieben.*

pulverisierten Tee in ihnen schlug. (Die Schalen für den Sommergebrauch waren dünnwandiger und flacher, da es in dieser Jahreszeit angenehmer ist, wenn die Hitze schneller verfliegt.) Das Ansprechendste an der *Raku*-Keramik ist jedoch der bildhauerische Charakter der natürlichen plastischen Form und die weiche, blasige, fast flüssig anmutende Glasur, die geradezu dazu einlädt, das Gefäß an die Lippen zu nehmen. Hinzu kommt der natürliche, sehr reizvolle Kontrast der Farben mit dem fahlen Seegrün des Pulvertees.

Damit hatte die Suche nach der vollendeten Zen-Teeschale ihr Ende gefunden, und Hideyoshi war so zufrieden mit der Arbeit Chôjirôs, daß er seiner Familie ein Siegel schenkte, auf dem jenes Wort eingeprägt war, das der Form den Namen gab: *Raku*, was soviel bedeutet wie »Freude« oder »Labsal«. Aus Chôjirôs Nachkommen wurde die *Raku*-Dynastie; Generation für Generation setzten sie die Normen, und andere folgten ihnen.

Die offizielle Anerkennung durch Hideyoshi bedeutete, daß Japans Töpfer jetzt keine Handwerker mehr waren, sondern vollwertige Künstler. In späteren Jahren wurde die japanische Keramik in vielen Gegenden der Welt berühmt – nicht nur die traditionellen Erzeugnisse der vielen örtlichen Brennereien, sondern zunehmend auch dekoratives Porzellan, das für den Gebrauch im eigenen Land und für den Export massenhaft produziert wurde. Dabei entstand auch eine Flut von Gefäßen für die Teezeremonie, aber echte Kunst läßt sich nun einmal nicht in großen Mengen produzieren. Mit dem 18. Jahrhundert war die große Zeit der Zen-Keramik endgültig vorbei, und heute werden die frühen Werke der Momoyama-Künstler mit Gold aufgewogen, vielleicht sogar mit Platin. Das ist die Ironie, die mit der *Wabi*-Teeschale verbunden ist, wenn nicht mit der Zen-Kultur überhaupt.

Der bedeutendste Ausdruck der Zen-Kunst, die Teeschale, wirkt zugleich primitiv und sehr modern. Um diesen Widerspruch begreifen zu lernen, müssen wir auf unsere eigene Vergangenheit zurückblicken. Der Zeitgeschmack des 19. Jahrhunderts war auf Dekoration um ihrer selbst willen gerichtet, und das ästhetische Ideal hieß: vollendete, symmetrische und glatte Formen. Dieses stille Gewässer aus Selbstgefälligkeit und ästhetischen Gewißheiten (die sich in mancher Hinsicht bis zu den alten Griechen zurückverfolgen lassen) wurde wie durch einen plötzlichen Steinwurf aufgewühlt, als der englische Kritiker John Ruskin schrieb:

Trachte niemals nach genauer Ausführung um ihrer selbst willen, sondern nur für praktische oder edle Zwecke... das Trachten nach Vollkommenheit deutet stets darauf hin, daß die Ziele der Kunst mißverstanden werden... Unvollkommenheit liegt im Wesen alles Lebendigen. Sie ist das Kennzeichen des Lebens in einem sterblichen Körper... Die Unvollkommenheit ausmerzen, das heißt, den Ausdruck zerstören, das Bemühen hemmen, die Lebenskraft lähmen. Alle Dinge werden besser, schöner und liebenswerter durch ihre gottgegebenen Unvollkommenheiten.[2]

Indem Ruskin das Fundament für viele unserer modernen Schönheitsideale legte, entdeckte er zugleich einen großen Teil der ästhetischen Theorie des Zen neu.

Um diese Übereinstimmung zu erkennen, wollen wir einmal einen Blick auf einige der Feinheiten der ästhetischen Theorie des Zen werfen, wie sie an der klassischen Teeschale deutlich werden. Diese Schalen sind oft von unsymmetrischer und unregelmäßiger Gestalt; ihre Glasur wirkt wie eine Art Moos, das sich immer weiter über die Wandungen auszubreiten scheint, wenngleich es einige Teile nie erreicht; sie ist ungleichmäßig, von Rissen durchzogen und mit Klumpen, Kratzern und Fremdkörpern durchsetzt. Wo es um die Unvollkommenheit geht, da übertreffen diese Schalen die Forderung Ruskins bei weitem. Aber sie sind nicht nur unvollkommen, sondern wirken in ihrer natürlichen, karstigen Patina alt und verwittert. Nichts an ihnen deutet auf eine bewußte künstlerische Absicht hin, ihr einziger Sinn scheint in ihrer Funktion zu liegen.

Doch all dies täuscht. Jahrzehntelang haben die Töpfermeister an der Zen-Kunst des kontrollierten Zufalls gefeilt, und eines ihrer obersten Prinzipien ist *Wabi*, die Absage an alle funktionslosen, bloß dekorativen Objekte, an polierte Oberflächen, künstliche Formen und Farben und an Verarbeitungsweisen, die der Natur des verwendeten Materials widersprechen. Kunstwerke ohne *Wabi* mögen oberflächliche Schönheit besitzen, doch nur auf Kosten der inneren Wärme. Unregelmäßig geformte Schalen mit Rissen, Klümpchen und Aschepartikeln in der Glasur laden dazu ein, sich den Prozeß ihrer Erschaffung zu vergegenwärtigen, sie lassen den Blick durch die Oberfläche dringen.

Einer Schale *Wabi* zu verleihen, ist beträchtlich schwieriger als eine glatte, symmetrische, vollendet glasierte Schale herzustellen. Vor allem erfordert die Technik des gelenkten »Zufalls«, auf der der Anschein der Kunstlosigkeit zum größten Teil beruht, großes Können. Jeder scheinbare Makel, jeder Fremdkörper, jeder Fleck in der Glasur ist so absichtsvoll gesetzt wie das Dekor von Meißner Porzellan; der

Dōnyû (1599–1656), dem dritten Raku-Meister, zugeschriebene Teeschale mit Überlauf und T-förmiger Schramme unter blau-schwarz glänzendem Überzug.

Kenner sieht und bewundert, wie es der Künstler fertiggebracht hat, daß alles so natürlich und notwendig wirkt.

Ebensoviel Geschick erfordert es, einem Werkstück den Anschein von Alter, also die Grundeigenschaft von *Sabi* mitzugeben. Der Anschein des langjährigen Gebrauchs erweckt bei diesen Schalen den Eindruck von Demut und Fülle; sie brauchen nicht erst abgenutzt zu werden, um Charakter zu erhalten, sie sind von Anfang an ausgereift und bescheiden. Dem Töpfer ging es darum, den *Eindruck* von langjährigem Gebrauch zu erwecken, und das erfordert mehr Kunstfertigkeit, als einem Gegenstand die Aura des Neuen mitzugeben.

Der Töpfer möchte, daß der Kenner versteht, was er getan hat: er soll den Ton sehen, seine Beschaffenheit fühlen und bewundern, und erkennen, warum gerade diese Art und Farbe von Glasur verwendet wurde. Die Stücke sind so entworfen, daß sie die Aufmerksamkeit nicht nur auf ihre Ausgangselemente lenken, sondern auch auf den Prozeß, durch den diese Elemente miteinander verschmolzen wurden. Eine Schale, bei der die Glasur den Ton nur teilweise bedeckt, kann zum Beispiel die Verbindung zu der natürlichen Welt herstellen, der sie entstammt; ihre Materialstruktur sticht hervor wie die Maserung auf einem Stück Treibholz. Glasierte und rohe Flächen und die handgeformte plastische Gestalt lassen uns sowohl die einzelnen Materialien als auch den Schaffensprozeß erkennen. Wenn der Töpfer kein Geheimnis für sich behält, so erleben auch wir das Hochgefühl im Augenblick der Schöpfung. Noch einmal; dies ist ein planvolles ästhetisches Mittel, um uns daran zu erinnern, daß der Töpfer eine einzigartige schöpferische Persönlichkeit ist und kein Handwerker wie jeder andere. Nach Aussehen und Beschaffenheit scheint die Zen-Keramik eine Vorläuferin der modernen Töpferhandwerksbewegung zu sein, aber tatsächlich fühlt sich kaum einer der heutigen Töpfer noch den ästhetischen Idealen des Zen verpflichtet. Das Geheimnis ist tief in der antiken Zen-Kultur verwahrt, aus der die Momoyama-Meister lernten, wie man das Schwierige als mühelos erscheinen läßt.

Das Haiku

Musik, sind sanfte Stimmen schon verhallt,
Klingt nach in der Erinnerung...

Percy Bysshe Shelley

Als die größte Errungenschaft der Zen-Kultur gilt vielen das Haiku. Bände von *Kôan*-Sammlungen, Sûtren und Kommentaren haben die vermeintlich wortlose Lehre des Zen während ihrer ganzen Geschichte begleitet, aber erst mit dem Aufkommen des Haiku fand sie ihre eigene poetische Form. Vielleicht hätte sie diese Form nie gefunden, wäre nicht die Entfaltung und Popularisierung der Zen-Kultur mit einem besonders aufgeschlossenen Entwicklungsstadium der traditionellen japanischen Dichtung zusammengefallen – ein Zufall, den ein großer Lyriker der frühen Edo-Zeit ergriff, um eine erregende neue Form zu schaffen. Heute ist das Haiku ein weltweiter Kult – westliche Dichter versuchen in ihren Sprachen die Knappheit und die fließenden Bilder einzufangen, die im Japanisch der frühen Zen-Meister als so mühelos erscheinen.

Auf den ersten Blick scheint Japanisch eine für die Dichtung ungeeignete Sprache zu sein. Es ist eine Silbensprache, in der jede Silbe entweder auf einen Vokal endet oder mit dem Nasallaut *n;* daher gibt es in ihr eigentlich nur fünf echte Reime. Italienische Dichter konnten ein ähnlich gelagertes Problem überwinden, weil es in ihrer Sprache Akzente gibt, während dieses Hilfsmittel im Japanischen fehlt. Wie kann man ohne eine Vielfalt von Reimen und ohne Akzent ein Gedicht zum Klingen bringen? Die Japaner lösten diese Frage im Laufe der Jahrhunderte, indem sie das Metrum durch ein festgefügtes System von fünf oder sieben Silben pro Zeile ersetzten. (Das bedeutet, daß manche Zeilen in japanischen Gedichten aus nur einem Wort bestehen.) Anstelle des Reims stimmen japanische Dichter die Tonhöhen der verschiedenen Vokale in einer Zeile so aufeinander ab, daß ein musikalischer Klang entsteht. Der amerikanische Dichter Kenneth Rexroth hat dieses Prinzip an einem Gedicht aus der klassischen Periode verdeutlicht:

Fu-ta-ri yu-ke-do
Yu-ki su-gi ga-ta-ki
A-ki ya-ma wo
I-ka-de ka ki-mi ga
Hi-to-ri ko-ge na-mu

In seiner Analyse dieses Gedichts weist Rexroth darauf hin, daß die erste und letzte Zeile alle fünf Vokale enthalten, während in den dazwischenliegenden Zeilen verschiedene Kombinationen und Wiederholungen von Vokalen auftreten, die eine ausgesprochen musikalische Wirkung haben.[1] Solche Musik ohne Reime zu erzeugen, ist schwieriger, als man auf den ersten Blick annehmen möchte, und das Bemühen um diese Wirkung führt zwangsläufig zu den poetischen Mitteln der Assonanz (Wiederholung vokalischer Klänge) und Alliteration (Wiederholung gleichartiger konsonantischer Klänge). Einige der Vokale haben – zumindest für empfängliche japanische Ohren – psychologische Obertöne: *u* ist weich, *a* ist scharf klingend, *o* assoziiert abgründige Unbestimmtheit.[2] In ähnlicher Weise haben auch verschiedene Konsonanten einen emotionalen Gehalt.

Ein anderes Mittel, das die frühen japanischen Lyriker einsetzten, war der Gebrauch von Wörtern mit mehreren Bedeutungen. Ein Beispiel dafür ist das sogenannte »Türangelwort« *(Kakekotoba)*: ungefähr in der Mitte des Gedichtes schließt es mit einer seiner Bedeutungen dessen ersten Teil ab und gibt zugleich in seiner zweiten Bedeutung dem folgenden Teil Sinn und Richtung. Dadurch entsteht zuweilen ein etwas einfältiger Eindruck, der die Würde des ganzen Werkes nicht unbedingt unterstreicht. Aber es gibt noch einen anspruchsvolleren Gebrauch der Doppeldeutigkeit. Da die Lyrik der Alten in der rein phonetischen *Kana*-Schrift überliefert ist, gibt es keine Möglichkeit, gleichlautende Wörter von verschiedener Bedeutung durch die Schreibweise zu unterscheiden[3]; so kann ein und dasselbe Gedicht mehrere Bedeutungen vermitteln. (Im Deutschen läßt sich dieses poetische Kunstmittel nur schwer darstellen; nehmen wir als ein etwas bemühtes Beispiel die gleichlautenden Sätze: »Ich leere meine knappen Scheuern« und »Ich lehre meine Knappen scheuern«. Wäre hier nicht der Unterschied der Schreibung, so könnten wir mit *einem* Ausdruck sowohl die eine Bedeutung wiedergeben als auch die andere – oder beide zugleich. Der Sinn mag im ersten Fall sein, daß jemand seine ohnehin kärglichen Vorräte aufbraucht, und im zweiten Fall, daß er aufgrund seiner schlechten wirtschaftlichen Lage nicht einmal mehr Hauspersonal einstellen kann und daher seine eigenen Leibdiener im Putzen unterweisen muß. Im Idealfall soll zwischen den beiden Bedeutungen ein Resonanzverhältnis bestehen, sie sollen einander ergänzen und verstärken.)

Halten wir fest, daß die frühen japanischen Dichter die Beschränkungen der japanischen Sprache überwanden, indem sie sich auf die Musik der Worte einstimmten und sich das häufige Vorkommen gleichlautender Wörter zunutze machten. Die Frage des Metrums lösten sie, wie schon gesagt, durch eine festgelegte Anzahl von Silben pro Zeile: die Grundform bestand aus fünf Zeilen zu 5,7,5,7 und 7 Silben. Dieses als *Waka* bekannte 31silbige Gedicht wurde das japanische »Sonett« und war in der Heian-Zeit die bei weitem beliebteste lyrische Form. In fünf Zeilen kann ein Dichter allerdings kaum mehr darstellen als ein Gefühl oder eine einzelne Beobachtung. Das Medium prägte die Botschaft und zwang die japanischen Dichter schon früh, mehr auf die Sprache des Herzens zu hören als auf den Verstand. Das *Waka* wurde ein leidenschaftlicher Aufschrei, ein sanftes Liebesgeständnis, eine Klage über die Vergänglichkeit der Blüte, des Herbstlaubs, der Jahreszeiten, des Lebens selbst. Ein Beispiel aus der frühen klassischen Periode mag den lyrischen Reiz dieser Verse und den ästhetischen Stellenwert der Jahreszeiten verdeutlichen:

Tsuki ya aranu	Der Mond ist es nicht,
Haru ya mukashi no	Und auch der Frühling ist nicht mehr
Haru naranu	Der Frühling von ehedem.
Waga mi hitotsu wa	Sollte ich allein
Moto no mi nishite	Der Gleiche sein wie früher?[4]

Wir können an diesem Gedicht kaum mehr bewerten als seine konzentrierte Kraft, und unter diesem Gesichtspunkt ist es ein Meisterwerk. Sein Inhalt läßt sich deswegen auf fünf Zeilen komprimieren, weil seine Wirkung vor allem auf seiner Suggestionskraft beruht. Es ist jedoch in sich geschlossen und begrenzt, enthält keine philosophischen Implikationen außer einem zweifelsvollen Blick auf die Wahrnehmungen des Menschen. Das Haiku fügte der japanischen Dichtung neue Dimensionen hinzu.

Die frühe aristokratische Periode gab dem japanischen Gedicht seine Form, das fünfzeilige *Waka,* und seinen Gegenstand, die Natur und die Gefühle. Später nahm es die Einsicht des Zen auf, daß das Leben nur ein flüchtiger Augenblick ist, und daß alle Dinge erblühen und vergehen. Je mehr diese Vorstellung sich verbreitete, desto seltener besangen die Gedichte die Pflaumenblüte, die Wochen dauert, und desto beliebter als Sujet wurde die Kirschblüte – sie ist bereits nach ein paar Tagen vorüber.

Hisakata no	An diesem friedlichen,
Hikari nodokeki	Von Sonnenlicht durchfluteten Tag
Haru no hi ni	Des Frühlings,
Shizugokoro naku	Warum fallen, Unruhe im Herzen,
Hana no chiru ran	Die Kirschblüten?[5]

Japanische Lyrik aus der Zeit vor dem Aufkommen des Zen ist uns hauptsächlich in einigen berühmt gewordenen Sammlungen überliefert. Die erste große Anthologie ist das *Manyôshû* aus dem 8. Jahrhundert. Ein kurzer Blick in dieses Werk zeigt bereits, daß sich die frühen Dichter nicht mit dem *Waka* begnügten, sondern sich auch in einer längeren, *Chôka* (»Langgedicht«) genannten Form mit meist heroischem Inhalt versuchten. Diese Werke haben, wie Donald Keene feststellte, meist einen männlichen, das heißt einen eher kraftvoll-energischen als feinsinnigen Charakter. In der frühen Heian-Periode jedoch, einer Zeit zarter Empfindsamkeit, wurde die heimische Lyrik immer mehr zur Domäne der Frau, während sich die Männer mit der »gewichtigeren« chinesischen Sprache abmühten; die Vorherrschaft des weiblich-sanften Tonfalls war schließlich so erdrükkend, daß männliche Dichter sich hinter Frauennamen verbargen, wenn sie in der eigenen Sprache schrieben. Die nächste Sammlung, das *Kokinshû*, das Anfang des 10. Jahrhunderts erschien, enthält fast nur fünfzeilige Gedichte, in denen es um Jahreszeiten, Vögel, Blumen, vergängliche Liebe und um die Verwirklichung der ästhetischen Ideale *Aware*, *Miyabi* und *Yûgen* geht.

Als der beherrschende Einfluß der aristokratischen Kultur im 12. und 13. Jahrhundert allmählich dahinschwand, entstand eine neue, aus dem *Waka* abgeleitete Gedichtform: das *Renga* (»Ketten-Gedicht«). Das war eine längere Reihe von Versen, in der dreizeilige Einheiten von 5, 7 und 5 Silben mit zweizeiligen von 7, 7 Silben abwechselten – tatsächlich also nichts anderes als eine fortgesetzte Aneinanderreihung von *Waka*! Mit einem Unterschied: die jeweils aufeinanderfolgenden Drei- und Zweizeiler, also Ober- und Unterstrophe des *Waka*, durften nicht den selben Verfasser haben. Zunächst schien es so, als könnte diese neue Form den beengenden Rahmen der für das *Waka* vorgeschriebenen Themen aufheben und eine neue dichterische Freiheit begründen, aber das Gegenteil trat ein. Nicht lange, und das *Renga* war mit einem Netz von Regeln überzogen, die vorschrieben, in welchem Vers welche Jahreszeit erwähnt werden mußte, an welcher Stelle der Mond, die Kirschblüte und so weiter. Solche Vorschriften setzten der Kreativität natürlich enge Grenzen. Das Verseschmieden wurde ein Gesellschaftsspiel, im Mittelalter bei den Samurai und dem Landvolk gleichermaßen beliebt. Während die Aristokraten von Kyôto den Geist des klassischen *Waka* im *Renga* zu erhalten versuchten – ihre Verse orientierten sich an chinesischen Gedichten und hatten meist eine Grundstimmung

leiser Wehmut –, veranstalteten die Provinzler *Renga*-Ge-
sellschaften, deren einziges ästhetisches Anliegen darin bestand, die Regeln des Spiels einzuhalten. *Renga*-und-
Saké-Gesellschaften waren in der Ashikaga-Zeit die beliebteste Zerstreuung. Der einzige echte Beitrag des *Renga* zur
japanischen Dichtung besteht darin, daß es in der Umgangs-
sprache abgefaßt war und deshalb das Bollwerk femininer
Ästhetik aus der Heian-Zeit schließlich durchbrach.
Mit dem Beginn der Momoyama-Periode hatte die Ketten-
Dichtung ihre Blüte hinter sich, und die Zeit war reif für
eine neue Form. Diese neue Form war das Haiku, das im
Grunde aus den ersten drei Zeilen eines *Renga* besteht. Das
Waka war aristokratisch, und die besten *Renga* stammten
aus der Provinz, aber das Haiku war die Schöpfung einer
neuen Klasse: der Kaufleute. (Um ganz genau zu sein – diese
Form wurde nach der ersten Strophe des *Renga*, dem *Hok-
ku*, zunächst *Haikai* genannt. Der Begriff »Haiku« wurde
erst im 19. Jahrhundert gebräuchlich.) Schon nach kurzer
Zeit bildeten sich unter den Haiku-Dichtern wieder zwei
einander entgegengesetzte Gruppen heraus, die auf den ersten Blick einige Übereinstimmung mit den alten klassischen und provinziellen Schulen zeigten. Eine Gruppe for-
mulierte ein festes Regelsystem, das eine mehr oder weniger künstliche Sprache bedingte, während die andere in ihren Epigrammen die Sprache des Volkes zu sprechen suchte.
Als auch das Haiku wieder zu einem Gesellschaftsspiel
herunterzukommen drohte, wandte sich ein enttäuschter
Anhänger der zweiten Schule von der Bewegung ab und lö-
ste auf eigene Faust eine Revolution in der japanischen
Dichtung aus. Dieser Mann, der – spät, aber um so nachhal-
tiger – die japanische Dichtung für den Geist des Zen öffnete, gilt heute als der bedeutendste Lyriker Japans: der berühmte Haiku-Meister Bashô (1644–1694).
Bashô wurde als Samurai geboren, in einer Zeit allerdings,
als dieser Titel kaum noch etwas galt. Er hatte das Glück,
im Dienst eines wohlhabenden Daimyô zu stehen, der ihm
schon früh das Interesse am Haiku vermittelte. Dieses idyl-

lische Leben endete, als Bashô 22 Jahre alt war; sein Herr starb, und er konnte gehen, wohin er wollte. Sein erster Impuls war, in ein Kloster einzutreten, aber schon bald ging er nach Kyôto, um dort das Haiku zu studieren. Mit dreißig Jahren lehrte und schrieb er in Edo. Über seine Verse bis zu dieser Zeit läßt sich kaum mehr sagen, als daß sie gekonnt waren, aber seine technische Gewandtheit zog doch schon manchen Schüler an und machte ihn zu einem gern gesehenen Gast bei *Renga*-Gesellschaften. Seine Gedichte im Haiku-Stil scheinen ihre Wirkung vor allem aus verblüffenden Bildern und Metaphern zu beziehen:

Nimm die Pfefferschote
Und gib ihr zwei Flügel.
Sieh, eine Libelle!'

Dieses Gedicht weist über sich selbst hinaus, es ist »offen«, weil es eine Vielzahl von Bildern im Bewußtsein anklingen läßt; aber noch bedeutsamer ist, daß dieser Effekt vom Vergleich zweier konkreter Bilder ausgeht. Nichts wird kommentiert; die Bilder stehen für sich, sind nur ein Anstoß für den Geist. Doch im ganzen gelangt dieses Haiku über das Prinzip des *Aware,* die anrührend-gefällige Darstellung des Schönen, nicht hinaus; ihm fehlt *Yûgen,* die Öffnung des Bewußtseins für den Bereich jenseits der Worte.
Mit etwa 35 Jahren schuf Bashô ein berühmt gewordenes Haiku, das erstmals die tieferen Regionen des Bewußtseins berührte:

Kare-eda ni	Auf verdorrten Ast
karasu-no tomari-keri	Ließ eine Krähe sich nieder –
aki-no-kure	Herbstabend.[7]

Wie hier schlicht zwei Bilder nebeneinandergestellt werden, ist schon verblüffend genug, aber das Gedicht evoziert auch einen Vergleich der einander vertiefenden Bilder. Die Wirkung auf das Bewußtsein ist wie ein Schlag, der die Sinne betäubt und eine Flut von Assoziationen entfesselt. Der einzige Mangel dieses Gedichts besteht darin, daß die dargestellte Szene statisch ist; es ist ein Gemälde, kein Geschehen von der Art, die manchmal blitzartig Erleuchtung auslösen kann.

Vielleicht wußte Bashô, daß seine Kunst noch nicht tief genug in die Quelle des Zen eingetaucht war, denn einige Jahre später begann er, Zen ernsthaft zu studieren; er reiste im ganzen Land umher und nahm alles, was er sah, tief in sich auf. Seine Reisetagebücher der letzten Jahre sind eine Art Poetik des Haiku, in der er die Idee des *Sabi* auf die Aura der Einsamkeit ausdehnt, die manchmal ganz alltägliche Dinge umgibt. Das »Nichtanhaften« des Zen fand Eingang in seine Verse; alle persönlichen Gefühle verflogen, und zurück blieben Bilder, die keines – auch keines impliziten – Kommentars bedurften.

Jetzt trat auch die Vergänglichkeitsidee des Zen immer deutlicher hervor, aber nicht als die Vergänglichkeit der Kirschblüte, sondern als der flüchtige Augenblick der Erleuchtung. Während das aller Logik widersprechende *Kôan* zu diesem Augenblick hinleiten soll, ist er in Bashôs Haiku unmittelbar gegenwärtig. So etwa in seinem bekanntesten Gedicht:

Furu-ike ya	Der uralte Weiher,
kawazu tobi-komu	Ein Frosch springt hinein –
mizu-no-oto	Wasserplatschen![8]

Diese trügerisch schlichten Zeilen fangen einen Augenblick ein, in dem das Zeitlose und das Flüchtige sich kreuzen. Es heißt, dieses Gedicht beschreibe ein wirkliches Erlebnis, einen Abend, den ein Platschen unterbrach. Bashô soll die beiden letzten Zeilen, den flüchtigen Teil, spontan ausgesprochen und dann sehr viel Zeit an den statischen, zeitlosen Teil gewendet haben. So sollte es auch sein, denn die Inspiration zu einem Haiku muß echt sein und in dem Augenblick, wo sie da ist, ihre eigenen Worte finden. Zen meidet Absichten und rationale Analyse; nichts darf im entscheidenden Moment zwischen Objekt und Wahrnehmung treten.

Mit diesem Gedicht führte Bashô eine neue literarische

Form des Zen ein, und das Haiku war von nun an etwas anderes als früher. Um solch ein Gedicht zu schreiben, muß der Dichter seine Fähigkeit zu interpretieren – zumindest für einen Augenblick – beiseite lassen. Sein Geist wird eins mit der Welt um ihn her, sein künstlerisches Können setzt instinktiv alle Bilder um, die er wahrnimmt. Für einen Augenblick hat er an der unaussprechlichen Wahrheit des Zen teil, daß das Zeitliche nur ein Teil des Ewigen ist, und diese unmittelbare Wahrnehmung erreicht ohne den Umweg über den analytischen Verstand direkt sein tiefstes Verstehen. Frühere Zen-Schriften aus Japan und China hatten diesen Vorgang schon beschrieben, aber das Phänomen selbst konnten sie nicht einfangen. Indem Bashô das Ewige und das Flüchtige im Augenblick ihres Zusammentreffens festhielt, gelang ihm sozusagen eine Momentaufnahme vom Auslösemechanismus der Erleuchtung. Das Haiku wurde, um eine moderne Metapher zu gebrauchen, ein Zen-Hologramm, in dem auf engstem Raum alle zur Wiederherstellung eines dreidimensionalen Phänomens notwendigen Informationen verschlüsselt waren. Jede Interpretation wäre für den Zen-Adepten redundant, denn der philosophische Sinn erschafft sich von selbst aus den Bildern des Gedichts. Deshalb spricht ein gutes Haiku nicht über den Moment der Erleuchtung, sondern es *ist* dieser Moment selbst, gleichsam zu Kristall erstarrt und bereit, im Geist des Zuhörers wieder fließend zu werden.

Es gibt keine poetische Form, in der der Mensch eine noch geringere Rolle spielt als im Haiku. Wir erfahren nichts von den Empfindungen und Gefühlen des Dichters, wir hören von Dingen. Nach unseren westlichen Maßstäben ist das Haiku eigentlich gar kein Gedicht, sondern eher eine knappe Aufstellung. Wie der Kritiker und Dichter Kenneth Yasuda bemerkte, gibt uns der Haiku-Dichter keine Bedeutung an die Hand, sondern Objekte, die Bedeutung haben; er beschreibt nicht, er legt vor.[9] Und anders als die Dichtung des Nô scheint das Haiku eine Form zu sein, in der jede Symbolik fehlt. Der Ton bleibt sachlich, selbst wenn es um emotionsbeladene Gegenstände geht. So etwa in dem Gedicht Bashôs auf den Tod eines seiner Lieblingsschüler:

Tsuka mo ugoke	Grabhügel, wanke auch du!
waga naku koe wa	Meine klagende Stimme
aki-no-kaze	Und die Herbststürme.[10]

Kein Mißbrauch von Gefühlen; einfach eine Gegenüberstellung von etwas Flüchtigem – der schmerzerfüllten Stimme, dem Herbstwind – und dem so endgültig feststehenden Grabhügel. Es ist ein Moment tiefer Erkenntnis, frei von Selbstmitleid, und doch erweckt dieses Gedicht unser Mitgefühl und berührt uns stärker, als es die frühen klassischen Gedichte über Vergänglichkeit jemals gekonnt hätten.

Die Liebe, die im Haiku ihren Ausdruck findet, richtet sich ebenso sehr auf die Natur wie auf den Menschen. Das mag an der poetischen Forderung liegen, daß jedes Haiku eine Aussage über die Jahreszeit enthalten muß. Dazu dient das sogenannte Jahreszeitenwort, entweder der Name einer Jahreszeit selbst oder die Bezeichnung irgendeines von der Jahreszeit abhängigen Phänomens wie etwa Blüten, Farbe des Laubs, Sommervögel, Insekten oder Schnee. Der Tonfall ist immer liebevoll, niemals anklagend, manchmal unbeschwert, manchmal ernst. Das Zirpen der Insekten, der Gesang der Vögel, der Duft der Blüten bilden die flüchtigen Elemente eines Haiku; Wasser, Wind, Sonnenschein und Jahreszeiten die ewigen.

Ume-ga-ka ni	Im Duft der Pflaumenblüten
notto hi-no deru	Plötzlicher Sonnenaufgang –
yama-ji kana	Ah, der Bergpfad![11]

Erfüllt, ganz im Geist des Zen, von zurückhaltender Ehrerbietung und Zuneigung, ist dieser Vers Naturdichtung im besten Sinn des Wortes. Er verrät leidenschaftslose Offenheit für die Natur: Sie ist da, um uns zu erfreuen und die Lehren des Zen zu vermitteln.

Bashôs Haiku fangen einen Augenblick gesteigerter Bewußtheit ein und geben ihn unverändert und ohne Kommentar weiter. Das Gedicht ist ebensowenig von Gefühlen getönt wie die Welt, die es so ohne Leidenschaft vorstellt. Es bleibt dem Leser überlassen, was er daraus macht.

Es ist fast müßig zu sagen, daß Bashôs Gedichte mehrere Bedeutungsebenen haben; sie beschreiben nicht nur einen Moment im Leben der Welt, sie sind auch Symbole und Metaphern für tiefere Wahrheiten, die sich nicht direkt ausdrücken lassen. Hinter dem lebhaften Bild der körperlichen Wirklichkeit steht eine verschlüsselte Zen-Botschaft, die auf den Bereich des Nicht-Körperlichen deutet. Bashô war nicht nur der größte Lyriker Japans, sondern auch einer der besten Interpreten des Zen.

Er hatte viele Nachfolger, und das Haiku wurde zur wichtigsten poetischen Ausdrucksform Japans. Alle Haiku-Dichter vorzustellen, würde den Rahmen dieses Buches sprengen; daher müssen wir uns hier auf drei bedeutende Vertreter beschränken. Der erste ist Buson (1715–1783), der auch als Maler berühmt war; an seinem munteren (wenn auch etwas manierierten) Stil erkennen wir die allmähliche Auflösung des strengen Zen-Ideals zugunsten eines etwas leichteren Tonfalls, den die wohlhabende Kaufmannsklasse vorzog.

Buson war auch ein Meister des doppelten Sinns, den die adligen Dichter der klassischen Zeit so sehr geliebt hatten. Das erste Beispiel ist eine subtile Anspielung auf das Thema der Vergänglichkeit, von Buson in das Gewand eines Austauschs von Liebesbriefen gekleidet, während es im zweiten, scherzhaft und ein wenig zotig, um ein flüchtiges Liebesabenteuer geht.

Hen-ka naki	Noch kein Antwortgedicht
ao-nyôbo yo	Von der jungen Maid –
kure-no haru	Der Frühling geht zuende. [12]

Mijika yo ya	Wie kurz war die Nacht!
kemushi-no ue ni	Auf der behaarten Raupe
tsuyo-no-tama.	Kleine Tautropfen. [13]

Buson konnte auch ernst und ergreifend sein wie etwa in dem folgenden Gedicht, einem seiner am meisten bewunderten Werke:

Mi-ni-shimu ya	Wie es mich durchfuhr!
bô-sai-no kushi	Im Schlafraum trat ich auf den Kamm
neya ni fumu	Meiner verstorbenen Frau.[14]

Buson war deutlich weniger vom Zen inspiriert als Bashô, doch seine Werke entsprachen dem Zeitgeist und übten einen starken Einfluß auf Schüler und Zeitgenossen aus. Eine ganz eigenständige Dichterpersönlichkeit ist jedoch der nächste große Haiku-Meister, Issa (1762–1826), ein romantischer Provinzler, der mit den kunstvollen Formulierungen der eher intellektuellen Buson-Schule wenig anfangen konnte.

Unter den Schöpfern gefühlvoller Dichtung ist Issa der unbestrittene Liebling. Sein Ausdruck war einfach, oft sogar umgangssprachlich, und er konnte alle Dinge, ob groß oder klein, mit Liebe erfüllen. Die strenge Seite des Zen war nicht gerade seine Sache, aber sein einfaches und unbeschwertes Verhältnis zum Leben steht mit der Wiederbelebung des Zen in moderner Zeit durchaus in Einklang. Der Stil seiner Haiku mutet an wie ein literarisches Äquivalent der Zeichnungen von Hakuin (1685–1768) oder Sengai (1751–1837). Obwohl Issa die literarischen Konventionen seiner Zeit ablehnte, war er kein bewußter Rebell, sondern ein einfacher, aufrechter Mann, und so ist auch seine Dichtung. Auch er trat der Natur offen und ehrlich gegenüber, aber anders als Bashô, der seine eigenen Gefühle gern umging, ließ Issa seine Persönlichkeit in seinen Werken gern durchscheinen.

Issa scheint ein schweres Leben gehabt zu haben; er verwaiste schon früh, und er mußte nicht nur zwei seiner drei Frauen, sondern auch alle seine Kinder zu Grabe tragen. Einen großen Teil seines Lebens verbrachte er als wandernder Dichter-Priester: So lernte er das Leben der Menschen kennen, und so verlor er auch nie die Verbindung zur Erde. Sein berühmtes Buch *Oraga haru*, wohl eine Antwort auf Bashôs Reisetagebücher, enthält die Summe seiner Lebenserfahrung und eine Auswahl aus seinen besten Haiku. Dieses Buch zeigt sehr deutlich Issas Menschlichkeit im Gegensatz zu Bashôs einsamen *Sabi*. Ein einprägsames Beispiel mag das folgende Gedicht sein:

Yabu-kage ya	Im Schatten der Büsche,
tatta hitori-no	Ganz für sich allein,
ta-ue-uta	Ein Lied beim Reispflanzen.[15]

Sein wohl erschütterndstes Gedicht ist das Haiku auf den Tod eines seiner Kinder, angesichts dessen die beliebte poetische Figur des »vergänglichen Taus«, die viele Jahrhunderte lang die japanische Dichtung beherrscht hat, als eine bloße Pose erscheint:

Tsuyu-no-yo wa	Diese Tautropfen-Welt
tsuyu-no-yo nagara	Mag ein Tautropfen sein,
sari-nagara	Und doch…[16]

Issas zupackender, persönlicher Stil war kaum nachzuahmen, auch wenn es ihm die städtischen Poeten gern gleichgetan hätten. Um die Mitte des 19. Jahrhunderts war das Haiku zu einer stark schematisierten Kunst verflacht, als der vierte große Haiku-Meister den Kampf gegen die oberflächlichen Salon-Poeten aufnahm. Shiki (1867–1902) hatte ein ebenso schweres Leben wie Issa und war zudem von zerbrechlicher Gesundheit. Er arbeitete für Zeitungen, als Kritiker und als Herausgeber verschiedener kleiner Haiku-Gazetten. Der für Bashô kennzeichnende tiefe Einfluß des Zen ist bei Shiki nicht mehr zu erkennen, aber die objektive Bildersprache ist noch vorhanden – nur in einem straffen, modernen Gewand. Shikis Verse zeigen deutlich, wie sehr die von keiner Gottesvorstellung gemilderte Strenge des Zen äußerlich dem existentiellen Atheismus unserer Zeit ähnelt. (Diese oberflächliche Übereinstimmung ist zweifellos der Grund dafür, daß vieles an der Zen-Kunst uns heute so modern erscheint – sie läßt sich weder mit klassischen noch mit romantischen Idealen ein.) So konnte ein vollkommen diesseitiger Dichter wie Shiki das Haiku als eine Kunst um ihrer selbst willen erneuern, ohne sich zugleich dem Zen verpflichtet zu fühlen.

Hira-hira to	Hierhin – dorthin
Kaze ni nigarete	Flattert im Wind
Chô hitotsu	Ein einsamer Schmetterling.[17]

Shikis Haiku waren so sehr von den Formelementen der Zen-Dichtung durchdrungen, daß man diese Tatsache seither für selbstverständlich hält. Ähnliches geschah in allen anderen Zen-Künsten: Mit dem allmählichen Verblassen der dynamischen Aspekte des Glaubens blieben schließlich nur die künstlerischen Formen und die ästhetischen Ideale der Zen-Kultur übrig. Die Regeln der alten Zen-Meister waren noch als Thema vorhanden, aber das Thema konnte jetzt variiert werden. Als ein eigenständiges Phänomen verschwand die Zen-Kultur allmählich, und heute ist sie nur *ein* Element des gesamten kulturellen Erbes Japans.

Zen privat – Blumenstecken und Kochkunst

> Europas Tisch –
> Jeder armselige Teller
> Ist rund.
>
> Traditionelles japanisches Gedicht

Als die Zen-Kultur sich von den Herrensitzen der Samurai auf die Bürgerhäuser ausdehnte, blieb kein Bereich des Alltagslebens davon unberührt. Das zeigt sich vielleicht nirgendwo besser als in der japanischen Küche und in der Kunst des Blumenarrangements. Die Teezeremonie bewahrt, wie wir bereits gesehen haben, die höheren Kunstideale des Zen, aber in ihrer anspruchsvollen Schlichtheit ist sie den Wohlhabenden vorbehalten. Man braucht dazu Raum für einen Garten, ein besonderes (und häufig teueres) Haus und Gerätschaften, die nicht für jedermann erschwinglich sind, wenn sie das rechte verwitterte Aussehen haben sollen. Ein heutiger Japaner, der in einer der modernen Betonburgen wohnt, wird kaum einen noch so einfachen Zen-Garten anlegen können.

Jedermann kann jedoch die klassische Kunst des Blumensteckens gemäß den Regeln des Zen ausüben. Ein Blumengesteck verhält sich zu einem großen Garten wie ein Haiku zu einem epischen Gedicht – beide sind symbolische verkürzte Formen, die in ihrer suggestiven Dichte das größere Ganze umschließen. Und ebenso wie eine Teezeremonie mit allem notwendigen Zubehör kann auch das Anrichten einer Mahlzeit durch das kunstvolle Arrangement der Speisen auf geschmackvollem Steingutgeschirr die ästhetischen Ideale von *Wabi* und *Sabi* verkörpern. So kann eine sorgfältig vorbereitete Mahlzeit jahreszeitlicher Speisen, die mit Gefühl gewürzt wurden, im Zusammenspiel mit einem Zen-inspirierten Blumenarrangement zu einer alltäglichen Spielart der Teezeremonie und ihres Gartens werden; sie verkörpert die gleichen ästhetischen Prinzipien und erhebt die gleichen Anforderungen an Geschmack und Feingefühl.

Man wird sich daran erinnern, daß Zen entstanden sein soll, als der Buddha vor einer Versammlung auf dem Geierberg wortlos eine Blüte in der Hand drehte. Die Lotusblüte war viele Jahrhunderte lang eines der wichtigsten Symbole des Buddhismus; die frühesten japanischen Blumenarrangements bestanden vielleicht einfach aus einer Lotusblüte in einem wassergefüllten Gefäß vor einem buddhistischen Altar. Für den Buddhisten der Antike war die Blume ein Symbol der Natur; ihre Schönheit und ihr Duft verkörperten den Kreislauf des Lebens zwischen Geburt und Tod und all seine Wunder. Für die alten Japaner, die in der Natur die Seele des Lebens sahen, war die Blume ein treffendes Symbol für eine so abstrakte Philosophie wie den Buddhismus. Schon in der Zeit, bevor Zen nach Japan kam, erfreuten sich die Blumen beim Hofadel großer Beliebtheit, allerdings unter ganz weltlichen Vorzeichen; Liebhaber befestigten Blütenzweige an ihren Briefen und besangen Pflaumen- und Kirschblüte als Symbole für die Vergänglichkeit des Glücks. Ohne zu übertreiben, kann man die Blüte als *das* Symbol in Japans großer Zeit der Liebesdichtung bezeichnen.

Wann die Japaner begannen, Blumen in Töpfen zu dekorativen Arrangements zusammenzustecken, wissen wir nicht genau. Der erste berühmt gewordene Vertreter der Blumenkunst war Ashikaga Yoshimasa (1435–1490), der Zen-Ästhetiker und Erbauer des Silberpavillons. Allerdings popularisierte Yoshimasa lediglich eine Kunst, die längst nicht mehr neu war. *Ikebana*, die Kunst des Blumensteckens, war schon früher in einer bestimmten Schule von Priestern, die sich *Ikenobo* nannten, als eine Art Geheimkult von einer Generation an die nächste weitergegeben worden. Welche Rolle aber das Zen und seine Kunsttheorie in dieser priesterlichen Kunst gehabt hat, ist fraglich, denn die frühen Stilrichtungen wirken zuweilen überladen und rein dekorativ. Auf den ersten Blick mutet es seltsam an, daß die Blumenkunst der *Ikenobo*-Priester das Interesse Yoshimasas und seines Kreises fand, denn zu jener Zeit war sie weit entfernt von der kargen Anlage eines Zen-Gartens – ein ausuferndes Abbild der größeren Welt, ähnlich den *Mandalas* mancher esoterischer Sekten, worin alle Elemente des Universums in strukturierter räumlicher Beziehung repräsentiert sind.

Für diese frühe Stilart des Blumenarrangements, das *Rikka*, wurden später sieben einzelne Elemente festgelegt, deren jedes einen Aspekt der Natur symbolisierte, die Sonne, den Schatten und so weiter. In einem Gesteck gab es drei Haupt- und vier Nebenzweige, jeder mit einem besonderen Namen und einer besonderen ästhetisch-symbolischen Funktion. Wie bei den meisten vorneuzeitlichen Kunstformen waren religiöse Symbolik und rein ästhetische Prinzipien nicht klar gegeneinander abgegrenzt, und die Künstler neigten dazu, jene Formprinzipien, die sie instinktiv als die geeignetsten erkannt hatten, durch philosophische Erklärungen zu rechtfertigen. Angesichts der Zen-Ideale jener Zeit überrascht es nicht, daß Blumengestecke im *Rikka*-Stil asymmetrisch waren und man ihnen ein möglichst natürliches

Aussehen zu geben versuchte. So kunstvoll sie aufgebaut waren, wirkten sie doch nicht künstlich, sondern eher wie ein glücklicher Zufall.

Da der vielschichtige *Rikka*-Stil mit einer komplizierten Theorie untermauert war und große Disziplin verlangte, wurde das Blumenstecken mit der Zeit immer mehr zur hohen Kunst. Wir im Westen können nur schwer begreifen, daß man das Blumenstecken als eine echte Kunstform betrachten kann, denn unsere eigenen Blumenarrangements kennen weder die formale Strenge noch die Regeln der japanischen. Aber wir haben die Blume auch nie als ein religiöses Grundsymbol betrachtet, während diese Funktion sie im Osten für den künstlerischen Ausdruck geradezu prädestiniert. Da die Religion des Zen keinen Gott kennt, den es zu verherrlichen gilt, wandte sie sich Blumen und Gärten als den Symbolen für den Geist des Lebens zu.

Beim *Rikka* ist noch kein direkter Einfluß des Zen erkennbar, und erst Sen no Rikyû, der berühmte Meister der Teezeremonie, schuf einen Stil, der ganz vom Zen geprägt war. Wie nicht anders zu erwarten ist, fand Rikyû den herrschenden Stil zu üppig für die Ästhetik des *Wabi* und führte eine weniger formgebundene und spontanere Form des Blumenarrangements ein, die man *Nageire* nennt. Gestecke dieser Art wurden bei der Teezeremonie verwendet und erhielten daher den Namen *Chabana* – »Teeblumen«. An die Stelle der aufwendigen siebenteiligen Anlage traten im Teehausstil ein oder zwei Blütenzweige, die ohne jeden Anschein von Künstlichkeit einfach in einem Topf standen. Natürlich war das *Nageire* keineswegs willkürlich – es sollte nur so wirken. Man wandte große Sorgfalt daran, die wenigen Bestandteile eines Gestecks in eine Lage zu bringen, in der sie natürlich und spontan wirkten. Die *Chabana*-Version des *Nageire* ist letzter und höchster Ausdruck des Zen mit natürlichen Materialien. Den Unterschied zum *Rikka* hat Shozo Sato sehr deutlich gemacht:

Das Rikka entstand letztlich aus dem philosophischen Bemühen, sich das Universum als geordnet vorzustellen, während das Nageire den antiphilosophischen Versuch darstellt, die unmittelbare Einheit mit diesem Universum herzustellen. Ein Rikka-Gesteck eignet sich als Gabe, die man vor einem der vielen Heiligenbilder des traditionellen Buddhismus aufstellen kann, aber ein Nageire-Arrangement ist eine direkte Verbindung zwischen dem Menschen und seiner natürlichen Umgebung. Der eine Stil geht von Begriffen und Ideen aus, der andere ist instinktiv und naturalistisch. Der Unterschied ist der gleiche wie der zwischen den eifrigen philosophischen Studien, die für den traditionellen Buddhismus kennzeichnend sind, und der direkten Erleuchtung im Zen-Buddhismus.[1]

Ein Blumenarrangement für die Teezeremonie (Chabana).

Das *Nageire* ist immer noch der bevorzugte Stil für das Tee-haus, aber für das Heim des Durchschnittsjapaners ist es zu streng und zu anspruchsvoll. Die aufsteigende Mittelklasse des 17. und 18. Jahrhunderts suchte einen Kompromiß zwischen *Rikka* und *Nageire* und gelangte zu einem vereinfachten *Rikka*, dem *Seika*, in dem nur noch die drei Hauptzweige des *Rikka* verwendet wurden.

Heute stehen verschiedene Stile in Blüte, und es gibt experimentelle Schulen, die in ihren Kompositionen auch Steine, Treibholz und andere natürliche Materialien zulassen. Allen Schulen aber – und ihre Zahl geht in die Tausende – ist die Idee gemeinsam, daß Blumen der komprimierte Ausdruck der Beziehung des Menschen zur Natur sind. Die Ideale des Zen sind niemals fern, auch nicht in den abstraktesten modernen Kompositionen.

Mehr noch als in der Einstellung zu Blumen unterscheidet sich Japan vom Westen in der zum Essen. Das fast überall gleiche Verhältnis des Westens zur japanischen Küche wurde schon vor Jahrhunderten von dem europäischen Japanreisenden Bernardo de Avila Giron ausgesprochen: »Ich werde die japanischen Speisen nicht preisen, denn sie sind nicht gut, wenngleich ein Schmaus fürs Auge; ich will aber beschreiben, auf welch saubere und eigenartige Weise sie dargereicht werden.« Schönheit zählt bei Tisch so viel wie der Geschmack, und wollte man sagen, daß japanische Speisen »serviert« werden, so könnte man ebensogut einen Violinvirtuosen einen Stehgeiger nennen. Kein anderes Volk wendet so viel Sorgfalt und künstlerisches Gespür an ein Mahl wie die Japaner. Ganze Zeitschriften dienen nur dem Zweck, die Hausfrau mit den neuesten kulinarischen Kreationen zu versorgen, aber dabei geht es nicht wie bei uns um Rezepte, sondern um neue Arten, die nach bekannten Rezepten zubereiteten Speisen anzurichten. Eine neue Zutat ist weniger gefragt als eine neue Farbe, eine neue Sauce weniger interessant als eine neue Sauciere. Ein gutes Restaurant ist auf sein Geschirr mindestens ebenso stolz wie auf seinen Küchenchef.

Bei all ihrer Schönheit scheint es den japanischen Speisen an Würze zu mangeln. Jeder Japaner wird diese Tatsache ohne weiteres einräumen, aber voller Stolz und ohne sie als einen Mangel zu betrachten. Ein starkes Aroma ist für den modernen Japaner, was grelle Farben für den Ästheten der Heian-Zeit waren – unkultiviert, ein Zugeständnis an jene, denen der Sinn für feine Nuancen abgeht. Ein Feinschmekker ist jemand, der die feinen Geschmacksunterschiede verschiedener roher Pilzsorten oder unterschiedliche Fermentierungen des Bohnenquarks erkennt. Ein kultivierter Japaner weiß nicht nur, was für eine Art von rohem Fisch er gerade ißt, sondern auch, wie viele Stunden er schon nicht mehr im Wasser ist. Ein gewissenhafter japanischer Koch käme niemals auf die Idee, ein Gemüse zu servieren, das nicht absolut frisch ist, noch würde er es in einer schweren Soße ertränken. Am liebsten wird er es ganz roh lassen, weil dabei der natürliche Geschmack und Zustand am besten erhalten bleibt.

In China kocht man mit Öl, in Frankreich wird Butter verwendet, aber in der japanischen Küche bildet das Wasser die Grundlage, und diese Kochkunst hat heute weltweite Anerkennung gefunden. Wenn man irgendwo auf der Welt in einem japanischen Restaurant ein Mahl zu sich nimmt, so kann es dabei so gepflegt zugehen wie in den besten europäischen Restaurants oder so beiläufig wie in einer Brathähnchenstation, aber die Sorgfalt und den Eifer, mit denen ein anspruchsvoller japanischer Gastgeber das Mahl vorbereitet, wird man dort kaum finden. Da man es in Japan nicht als eine besondere Ehre für den Gast betrachtet, im Hause des Gastgebers zu speisen, lädt man ihn in der Regel in ein Restaurant ein, wo der Gastgeber den Inhaber kennt, und wo er selbst die Mahlzeit planen und alle Einzelheiten mit dem Koch besprechen kann. Das Menü wird einige Überraschungen bieten, denn die Speisen richten sich nach der Jahreszeit. Nur das frischeste Gemüse – vorzugsweise Sorten, die gerade zur gleichen Zeit den besten Reifegrad haben – und erlesene Meeresfrüchte sind gut genug.

Der Ehrengast wird stets dazu aufgefordert, mit dem Rücken zur *Tokonoma*, der Bildnische, Platz zu nehmen; diese Sitte stammt noch aus rauheren Zeiten, in denen man mit Überfällen rechnen mußte; in einem Raum, der ansonsten von Papierwänden begrenzt war, hatte man nur an diesem Platz eine feste Mauer im Rücken. Nach dem Zeremoniell des Platznehmens wird der Gastgeber Tee bestellen. Wenn gerade Frühling ist, so wird vielleicht die Sorte *Shincha* gereicht, ein köstlicher grüner Aufguß aus den frisch gepflückten jungen Blättern des japanischen Teestrauchs. Schon dabei wird man seine erste Erfahrung mit den je nach der Jahreszeit wechselnden Geschmacksnuancen machen. Und so ist es auch mit den Speisen: Im späten Frühjahr und im Sommer wird die Tafel Delikatessen bieten, die noch vor Stunden auf dem Feld standen.

Den Anfang könnte ein Tablett mit mehreren keramischen Tellern von unterschiedlicher Form und Glasur bilden, auf denen man Gewürze und Pflanzen der Jahreszeit findet. Eingelegter Ingwer in dunklen Scheiben auf einem Teller aus blauem und weißem Porzellan neben einer groben grauen Viereckschale mit frischen Gurkenscheiben, deren Grün reizvoll mit dem Gelb ihrer eigenen Blüte kontrastiert, mit denen diese Schale garniert ist. Daneben wiederum zarte Bambussprossen aus sonniger Hanglage (und jetzt beginnt uns klarzuwerden, daß jedes einzelne Teil des Geschirrs nach Farbe und Beschaffenheit so ausgewählt ist, daß es zu seinem Inhalt einen Kontrast bildet und ihn doch zugleich ergänzt). Als nächstes folgt in diesem phantasievollen Reigen vielleicht ein hellbrauner Teller mit Scheiben der Lotoswurzel, jede mit einem kleinen Häufchen von grünem Meerrettich garniert, und danach ein blaßgelber Teller mit getrockneten Meeresalgen und einer dünnen Scheibe der porösen japanischen Rübe, so dünn geschnitten, daß sie transparent ist. Im Herbst könnte in einem rechteckigen Gefäß mit schwarzer, welliger Glasur ein einzelnes Ahornblatt gereicht werden, das mit Kürbisstreifen und tannennadel-bespickten Pilzen belegt ist.

Jetzt folgt vielleicht ein kaltes Omelett, das wie eine Zimtstange in lockeren Schichten gerollt ist, dazwischen eine Lage Meeresalgen. Außen wird es spiegelnd glasiert und mit einer hellen, pikanten Rettichsoße garniert sein. Danach wird *Sashimi* gereicht, roher Fisch in breiter Vielfalt, vom Karpfen bis zur Brasse oder dem (zuweilen tödlichen) *Fugu*. Die feinen Geschmacksunterschiede sind für japanische Gaumen, was gute Weine für den westlichen Connaisseur sind. Sein ganzes Genie aber hat der Koch in das Aufschneiden und Anrichten der Fische gelegt. Das rote Rückenfleisch des Thunfischs muß wegen seiner Zartheit dick geschnitten werden, während das fettere Bauchfleisch zu dünnen Streifen verarbeitet wird. Die Größe der Scheiben entscheidet, wie sie angerichtet werden. Bei dieser Arbeit erweist sich, ob der Koch künstlerische Originalität besitzt, denn schließlich sind die Fische roh, und der einzige Einfluß, den er auf ihren Geschmack hat, besteht darin, daß er nur frische Exemplare von ausgesuchter Qualität verwendet. Daher muß er ein Künstler sein, wenn man sich an seine *Sashimi* erinnern soll.

Den nächsten Gang könnte eine Suppe bilden, die oft aus Fischsud und *Miso*, einer fermentierten Sojapaste, zubereitet wird; sie wird in geschlossenen Schalen gereicht, deren Deckel mit jahreszeitlichen Motiven geschmückt sind, etwa mit einem Bambussproß oder einer Chrysanthemenblüte. Darunter ein stiller, bernsteinfarben schimmernder See mit Ringen zarter grüner Schalotten und Würfeln aus weißem Sojabohnenquark, und auf dem Grund findet sich eine Familie daumennagelgroßer Muscheln. Die Suppe erinnert an Felder und ans Meer; in ihren feinen Schattierungen ist sie wie eine Tuschmalerei, die mit wenigen ausdrucksvollen Strichen ausgeführt ist.

Und so folgt ein Gang dem anderen, bis entweder die Phantasie des Gastgebers oder der Appetit des Gastes erschöpft sind. Grüne Bohnen, Spargel, Lotoswurzeln, Karotten, Baumblätter, Hülsenfrüchte...die Vielfalt der Pflanzen scheint endlos zu sein. Jeder Geschmack unterscheidet sich ein wenig von den anderen, jede Farbe wird von anderen zu einem Akkord ergänzt. Und dabei wirkt alles vollkommen natürlich, so als ob die Welt der Berge und Meere selbst anwesend wäre. Man spürt den natürlichen Geschmack der Pflanzen, die zur gleichen Zeit draußen auf dem Feld reifen. Aber um diese Kochkunst genießen zu können, muß man die Sinne schärfen, denn kein Aroma darf überwiegen, kein Gewürz hervorstechen. Man muß alle Sinne öffnen und sich auf die Umgebung einstimmen.

Die *haute cuisine* Japans wird nach dem Mahl, das zur Teezeremonie gereicht wird, *Kaiseki* genannt. *Kaiseki* ist der große Bewahrer japanischer Küchenästhetik, und so ist die Teezeremonie nicht nur der höchste Ausdruck der Zen-Kultur, sondern bewahrt auch die besten Ideale Japans im Bereich der Speisen. Das oberste Prinzip dieser Kochkunst lautet, daß die Speisen natürlich sein sollen, so wie ein traditionelles japanisches Haus das Holz, aus dem es erbaut ist, offen zeigt. Künstliche Speisen entfernen uns von der wirklichen Welt; läßt man sie im Naturzustand, so verbinden sie uns mit ihr. Auch die Farben der Speisen und des Geschirrs sollen möglichst natürlich wirken, und die einzelnen Gänge dürfen weder raffiniert noch offensichtlich teuer sein. Man erwartet von einem Gastgeber nicht, daß er extravaganten Geschmack oder Reichtum zeigt, sondern daß er mit Geschick und Phantasie feine Geschmacksschattierungen miteinander verbindet. Auch hier zeigt sich wieder der Einfluß des *Wabi*, das jede Großtuerei verbietet.

Wohl in keinem anderen Land ist eine Mahlzeit so deutlich eine Kunstform und zugleich Ausdruck einer Philosophie, aber diese Tatsache verliert ihre Unglaublichkeit, wenn wir sie als den zusammenfassenden Ausdruck der Zen-Kultur betrachten. Vom Mittelalter bis heute ist keine Seite des japanischen Lebens vom Zen unberührt geblieben. Natürlich gibt es andere Stimmen und andere Bereiche in der komplexen Welt der japanischen Kulturgeschichte, aber wenn man sich die besten Momente der japanischen Zivilisation vor Augen hält, so denkt man meist an Zen.

Die Lehren der Zen-Kultur

> Es ist...nicht erstaunlich, wenn das religiöse Bedürfnis, der gläubige Sinn und die philosophische Spekulation des gebildeten Europäers sich von den Symbolen des Ostens...angezogen fühlen, wie einstmals das Gemüt und der Geist des antiken Menschen von den christlichen Ideen erfaßt wurden.
>
> C.G.Jung: *Über die Archetypen des kollektiven Unbewußten*

Alle bedeutenden Kulturformen des Zen sind darauf hin angelegt, daß Bewußtsein auf eine Art zu beeinflussen, die wir im Westen nicht kennen. Sehen wir genau hin, so stellt sich heraus, daß keine von ihnen in der westlichen Kultur ein Gegenstück hat. Beim Bogenschießen und im Schwertkampf scheint eine Art Hypnotismus im Spiel zu sein; Zen-Gärten sind voller Überraschungen und so trickreich angelegt, daß sie die Wahrnehmung täuschen; die Zen-Malerei ist ein Produkt des nicht-rationalen Gegen-Geistes, und obwohl sie eine Schulung verlangt, die an Strenge von westlichen Akademien kaum übertroffen werden kann, wird diese Schulung im schöpferischen Augenblick vergessen, und das Werk entsteht völlig spontan: das Nô-Drama drängt den Geist durch geschickte Suggestion in Bereiche des Erkennens, die den Worten verschlossen sind; das Haiku ist in seiner Unabgeschlossenheit ein Funke, der eine Explosion von Bildern und nicht-rationaler Wahrnehmung im Bewußtsein des Zuhörers auslöst; das traditionelle japanische Haus ist durch und durch auf psychologische Wirkung hin entworfen; die japanische Keramik zerstört durch feine Täuschungen unseren Impuls, alles zu kategorisieren, und zwingt uns, das Material, den Entstehungsprozeß und die Form direkt zu erleben; und die Teezeremonie ist wiederum ein Mittel, den Zustand des Bewußtseins zu verändern, diesmal jedoch unter dem Deckmantel eines schlichten gesellschaftlichen Anlasses. Es scheint fast, als seien alle Zen-Künste dazu da, uns klarzumachen, wie begrenzt die Fähigkeit der Sinne ist, die Wirklichkeit zu bestimmen. Wie das *Kôan* den logischen Verstand narrt, so spielen die Zen-Künste mit unserer Wahrnehmung und erinnern uns daran, daß es eine Wirklichkeit gibt, die wir mit unseren fünf Sinnen nicht erfassen können. Obwohl auch in der östlichen Philosophie die Sinne am »Sehen« beteiligt sind, muß es doch letztlich über sie hinausgelangen.

Der Sinn der Zen-Kultur hat während ihrer jahrhundertelangen Geschichte immer darin bestanden, den Menschen mit einem Teil seines Selbst in Verbindung zu bringen, der im Westen kaum bekannt ist – seiner nicht-rationalen, nicht-verbalen Seite. Während die Ch'an-Meister schon vor über tausend Jahren geistige Übungen ersannen, die den rationalen Verstand »kurzschließen« und seine Beschränkungen überwinden sollten, hat der Gegen-Geist im rationalistischen Westen erst in jüngster Zeit Anerkennung gefunden – nachdem er wissenschaftlich nachgewiesen worden war. (Nur eines von vielen Beispielen: Neuere Experimente an der Harvard-Universität haben ergeben, daß »Fragen, die verbale Verarbeitung erfordern, zu einer umfassenden Aktivierung der linken Gehirnhemisphäre führen, während emotionale Probleme die rechte Hemisphäre zu größter Aktivität bewegen«.[1]) Offenbar haben die Ch'an-Meister der T'ang-Zeit nicht nur die Existenz dieser nicht-verbalen Seite des Geistes intuitiv erkannt, sondern sie – wie später die Japaner – dazu benutzt, um eine Vielfalt von künstlerischen und anderen kulturellen Formen zu schaffen, die just diese nicht-verbalen Fähigkeiten, aus denen sie herstammen, zugleich verstärken und schärfen.

Die kulturellen Formen des Zen sind der sichtbare Beweis für die Stärke des Gegen-Geistes. Selbst da, wo die Sprache im Spiel ist (wie im Nô und im Haiku), kommt es mehr auf die suggestive Kraft der Bilder an als auf die Worte selbst. Ein japanischer Gelehrter beschreibt seine Sprache in Worten, die sie fast als einen Ausdruck des Gegen-Geistes erscheinen lassen: »Englisch ist eine Sprache, die ausschließlich auf die Kommunikation begrifflicher Inhalte hin angelegt ist. Das Japanische ist vor allem daran interessiert, die Stimmung des Gegenübers zu erspüren, damit man selbst sich in seinen Aktionen nach diesen Eindrücken richten kann.«[2] Die Sprache wird hier – wohl auch eine Auswirkung des Zen – als eine mögliche Barriere für die Vermittlung dessen betrachtet, was wirklich wichtig ist (die subjektive Reaktion). Ein japanischer Autor bemerkt dazu:

Eine natürliche Folge der japanischen Einstellung zur Sprache ist, was wir »Ästhetik des Schweigens« nennen können – Zurückhaltung wird als eine Tugend betrachtet, während es als vulgär gilt, Gedanken offen auszudrücken. Diese Haltung kann man auf die zen-buddhistische Vorstellung zurückführen, daß der Mensch die höchste Stufe des kontemplativen Lebens nur erreicht, wenn er die Worte meidet und den sprachlichen Ausdruck seiner Erfahrung als oberflächlich betrachtet.[3]

Die kulturellen Formen des Zen nutzen die nicht-verbalen und nicht-rationalen Kräfte des Bewußtseins, um im Leser oder Betrachter ein Gefühl der vollständigen Identifikation mit dem Objekt zu erzeugen. Vor einem wahrhaft gelungenen Kunstwerk verliert der Betrachter das Gefühl für »ich« und »es«. Erfordert dieses Kunstwerk, daß man darüber nachdenkt oder es analysiert, so ist es ebenso sinnlos wie ein Witz, dessen Pointe man erst noch erklären muß. Der Geist muß unmittelbar erfassen, was hinter den Worten steht. Wie das Auge braucht auch der Geist einen Spiegel, um sich selbst betrachten zu können. Die Zen-Kunst zielt darauf ab, den Geist zur Introspektion anzuregen – sie zwingt ihn, die Oberfläche eines Kunstwerks zu durchdringen und die Wahrheit unmittelbar zu erfahren.

Wir sehen nun, daß die Zen-Künste vollständig verinnerlicht sind. Ihre Wirkung hängt ebenso sehr von der Wahrnehmungsfähigkeit des Betrachters oder Lesers ab wie von ihren eigenen inneren Eigenschaften, und aus diesem Grund können sie in ihren Ausdrucksmitteln sparsam und zurückhaltend sein. Den Unterschied zu aufwendigeren Kunstformen macht vielleicht ein Vergleich zwischen einem Hörspiel und einem Fernsehfilm deutlich: Zuhörern, die eine gute Vorstellungskraft besitzen, kann man in einem Hörspiel mit den Mitteln der Suggestion deutlich machen, worum es geht – ein Fernsehspiel erfordert weit weniger Imagination. An die Sparsamkeit der Ausdrucksmittel japanischer Kunst dachte George Sansom bei seinen Bemerkungen über

… die wichtige Rolle, die das ästhetische Gefühl für die Bereicherung des japanischen Lebens spielt. Bei Japanern aller Klassen scheint ein instinktiver Sinn für das Schöne als Ausgleich für einen Lebensstandard zu wirken, der uns Westlern als armselig und trostlos erscheint. Ihre Fähigkeit, sich am Alltäglichen zu erfreuen, ihr Gefallen an Formen und Farben, ihr Gefühl für einfache Eleganz sind Gaben, um die wir sie bei all unserer Abhängigkeit von Besitz und Apparaten ruhig beneiden dürfen. Dieser glückliche Zustand, in dem Kargheit nicht der Feind der Zufriedenheit ist, kennzeichnet vielleicht am deutlichsten die Besonderheit der japanischen Kulturgeschichte.[4]

Die Zen-Kultur konnte sich den hohen Entwicklungsstand, den Sprache und Wahrnehmungsfähigkeit in der Heian-Zeit erreicht hatten, zunutze machen, um jene Kräfte freizusetzen, die die japanische Kultur zu einem Sonderfall der Weltgeschichte machten. Das beste Beispiel dafür ist vielleicht der Steingarten von Ryôan-ji – ein Triumph der reinen Form, die dem Geist weder Inhalte vorgibt noch nahelegt. Gewiß, er ist ein Symbol, aber wovon? Und er ist eine Aufforderung, die Pforten der Wahrnehmung zu öffnen, aber für was? Das Werk selbst gibt keinen Anhaltspunkt. Der Garten scheint nichts als Natur zu sein, so wie ein Sonnenuntergang oder ein Stück Treibholz. Der traditionelle Zen-Raum hat eine ähnliche Wirkung; er verstärkt nur das Erkenntnisvermögen, das der Betrachter schon besitzt. Für sich selbst genommen, ist er leer.

Indem die Japaner so großes Gewicht auf die Wahrnehmung legten, gelangten sie zu einer erstaunlichen neuen Art, Kunst zu erfahren und zu gebrauchen. Westliche Theoretiker haben jahrhundertelang über die Funktion der Kunst, die Verantwortung des Betrachters gegenüber dem Kunstwerk, die verschiedenen Arten der Wahrnehmung und der-

Der Steingarten des Ryôan-ji.

gleichen disputiert, aber mit dem eigenwilligen Phänomen der Zen-Kunst, in der ein Werk einfach nur ein Anstoß für den Geist sein kann, haben sie sich nicht befaßt. Was soll man auch über ein Kunstwerk schreiben, das erst Gestalt annimmt, wenn man es in sich aufgenommen hat? Es ist interessant zu beobachten, wie sich ein Kritiker nach dem anderen abmüht, die Kraft von Ryôan-ji zu erklären, und sich zuletzt doch geschlagen geben muß.[5] Ähnlich ist es mit den Haiku: am wirkungsvollsten sind die, über die man am wenigsten sagen kann. Ryôan-ji nimmt einem beim ersten Anblick den Atem; wie von einem guten Haiku werden wir in einen Moment direkter Erfahrung geschleudert. Aber schon beim Versuch einer Analyse finden wir, daß es nichts Bedeutsames darüber zu sagen gibt. An westlichen Definitionen gemessen ist Ryôan-ji vielleicht nicht einmal ein

Kunstwerk, sondern nur ein Mittel zur Bewußtseinsmanipulation, für das wir keinen Ausdruck haben. Die Künste des Westens gehen stets Hand in Hand mit kritischer Analyse. Sprechen wir beispielsweise von Milton, so haben wir meist einen Milton vor Augen, der unter etlichen Schichten von kritischer Analyse vergraben ist. Die Zen-Künste haben niemals so viel analytischen Eifer hervorgerufen – vielleicht deshalb, weil sie nicht so viele der Eigenschaften besitzen, die bei uns als ästhetische Kategorien gelten. Ist Ryôan-ji im herkömmlichen Sinne schön? Er ist einfach nur da. Er ist – falls überhaupt irgendein Ausdruck dafür anwendbar ist – Anti-Kunst.

Wenn wir im Westen uns die komplexe Welt der Zen-Kultur zunutze machen wollen, so müssen wir damit beginnen, unsere Wahrnehmung zu schärfen. In diesem Punkt sind wir versucht, uns zu fragen, ob die Japaner etwa gelernt haben, ihre Wahrnehmungsfähigkeit sowohl zu entwickeln als auch zurückzubilden. Wie sonst könnten sie so manche Auswüchse der modernen Zivilisation einfach hinnehmen und zugleich ein so vollkommen ästhetisches Phänomen wie die Kirschblüte zum nationalen Fetisch erheben? Donald Richie schreibt dazu: »Japan ist heute vielleicht deshalb das modernste Land der Welt, weil es eine erfüllte und gesicherte Vergangenheit hat und es sich deshalb leisten kann, ganz im Hier und Jetzt zu leben.«[6] Neben all den Geschmacklosigkeiten des 20. Jahrhunderts ist der alte Sinn für Geschmack offenbar ungebrochen erhalten geblieben. Auch im alltäglichen Leben des modernen Japan ist das Bemühen um Schönheit noch lebendig. Während der Kunstgenuß im Westen meist wenigen Privilegierten vorbehalten ist, lebt in Japan jedermann in dem Bewußtsein, daß die ästhetischen Eigenschaften auch des gewöhnlichsten Gegenstandes ebenso wichtig sind wie seine Funktion. Einen einfachen Arbeiter beim Blumenstecken, bei der Teezeremonie, beim Anlegen eines Gartens oder in einem Museum zu sehen, ist dort durchaus nichts Ungewöhnliches. Ein Normalbürger hat vielleicht ein ebenso sicheres Urteil über eine Teeschale wie der Prinz. Und selbst die Streichholz-schachteln der schäbigsten Spelunke sind noch kleine Kunstwerke, ebenso wie die Verpackungen in modernsten Warenhäusern. Schönheitssinn gilt nicht als unmännlich: er wird als ein wesentlicher Bestandteil des richtigen Lebens betrachtet und weist zurück auf die Zeit der Samurai.

Die wichtigste aller Lehren des Zen lautet, daß wir damit beginnen sollten, die Kunst und die Welt um uns her zu erleben, anstatt sie zu analysieren. Folgen wir dieser Anweisung, so wird plötzlich alles lebendig, und gelingt es uns dann, diese von den Zen-Künsten geschärfte Kraft der direkten Wahrnehmung ins tägliche Leben hineinzutragen, so werden wir an den gewöhnlichsten Dingen eine Schönheit entdecken, die uns bisher entgangen ist. Betrachten wir die Welt mit dieser wachen Aufmerksamkeit, so wird unser Sinn für die Schönheit der Dinge den Wunsch, sie zu besitzen, verdrängen. Erlauben wir den Schöpfern der Zen-Kultur, unser Leben zu berühren, so haben wir die Pforten der Wahrnehmung ein wenig mehr geöffnet.

Anmerkungen

(Wo nicht anders vermerkt, stammt die Übertragung der Zitate ins Deutsche vom Übersetzer; die *Haiku* wurden von Stephan Schuhmacher aus dem japanischen Original übersetzt.)

VORWORT

1 Die Amerikaner Kline (1910–1962) und de Kooning (geb. 1904) gelten als die führenden Vertreter des *action painting* oder »abstrakten Expressionismus«, einer Stilrichtung der gegenstandslosen Malerei, die den Malvorgang selbst sichtbar werden läßt. (Anm. d. Übers.)

DIE ZEN-KULTUR UND DER GEGEN-GEIST

1 Dieses – wohl eher legendäre denn historische – Gespräch wurde späteren Zen-Schülern als *Kôan* aufgegeben; es findet sich als 1. Beispiel im *Pi Yen Lu* (jap. *Hekigan-roku*), vgl. die Übersetzung von Wilhelm Gundert, München 1960, Bd. 1, S. 37ff.

2 Vgl. hierzu das instruktive Buch von Vilma Fritsch: *Links und Rechts in Wissenschaft und Leben*, Stuttgart 1964, sowie Michael Gazzaniga: *The Bisected Brain*, New York 1970. (Anm. d. Übers.)

3 George B. Sansom: *Japan. A Short Cultural History*, London 1932, S. 329.

4 Der dritte Mönch soll Hui-nêng, der Sechste Patriarch, gewesen sein; 29. *Kôan* des *Mumonkan*, S. 112ff. in der Übersetzung von Heinrich Dumoulin, Mainz 1975. Vgl. auch Zenkei Shibayamas Kommentar in *Zu den Quellen des Zen*, München 1976, S. 257ff.

5 Laotse: *Tao te king*, 56. Abschnitt. Düsseldorf/Köln 1974, S. 99.

DAS VORSPIEL ZUR ZEN-KULTUR

1 Aus dem Tagebuch der Hofdame Murasaki Shikibu (um 1010); vgl. Omori, Annie Shepley, Kochi Doi (Übers.): *Diaries of Court Ladies of Old Japan*, Tokyo 1935, S. 147.

2 Aus dem *Makura no Soshi* (»Kopfkissenbuch«) der Hofdame Sei Shonagon (um 1000); vgl. Ivan Morris (Übers.): *The Pillow Book of Sei Shônagon*, New York 1967, S. 40.

3 Ebenda S. 214.

4 Aus dem Tagebuch der Murasaki Shikibu; vgl. *Diaries of Court Ladies of Old Japan*, Tokyo 1935, S. 74.
5 *Kokin(waka)shû* (905); Vgl. H.H. Honda (Übers.): *The Kokin waka-shu*, Tokyo 1970, S. 35.
6 Vgl. William Th. de Bary (ed.): *Sources of Japanese Tradition*, New York 1958, vol. 1.
7 Earl Miner: *An Introduction to Japanese Court Poetry*, Stanford/Calif. 1968, S. 9.

DER AUFSTIEG DES JAPANISCHEN BUDDHISMUS

1 Diese Benennung geschah aus der Sicht der Mahâyâna-Anhänger. Sie weist darauf hin, daß das Vehikel der Hînayâna-Schulen nur den einzelnen Gläubigen zur Erlösung tragen soll, während das »Große Fahrzeug« des Mahâyâna alle lebenden Wesen in sich aufnehmen und zur Befreiung tragen kann. Die Anhänger des Hînayâna benennen sich selbst nicht mit diesem Ausdruck, den sie als pejorativ empfinden. (Anm. d. Übers.)

DIE CHRONIKEN DES ZEN

1 Diese Begebenheit ist als (sechstes) *Kôan* im *Mumonkan* überliefert; vgl. die Übersetzung von Dumoulin, Mainz 1975, S. 52 ff. sowie Zenkei Shibayama: *Zu den Quellen des Zen*, S. 77ff.
2 Aus dem Text »Von den Zwei Eingängen und Vier Werken«, der sich (in verkürzter Form) bereits in Tao-hsüans Biografie findet. Vgl. D.T. Suzukis engl. Übersetzung in seinen *Essays in Zen Buddhism: First Series*, London 1949, S. 181.
3 Vgl. Dwight Goddard (ed.): *A Buddhist Bible*, Boston 1970, S. 315.
4 Ebenda S. 323.
5 Dschuang Dsi: *Das wahre Buch vom südlichen Blütenland*, Düsseldorf/Köln 1977, S. 99 (Übersetzung von Richard Wilhelm).
6 Vgl. A.F. Price, Wong Mou-Lam (Übers.): *The Diamond Sûtra and the Sûtra of Hui Nêng*, Berkeley 1969, S. 15.
7 Ebenda S. 18.
8 Auch als ›Schule der Plötzlichkeit‹ (der Erleuchtung) bekannt, in deren Zentrum die »Einsicht in die Wesensnatur« (chin. *chien-hsing*, jap. *kensho*) stand. Darauf fußte auch die von Shên-hsiu initiierte Nördliche Schule, doch betonte sie das »Achthaben auf Reinheit« (chin. *k'an-ching*, jap. *kanjô*) – die schrittweise Vervollkommnung des Geistes durch die Reinigung vom ›Staub‹ der trübenden Leidenschaften –, weshalb sie auch ›Schule der Allmählichkeit‹ genannt wurde. Nach Ansicht der Südschule freilich existieren weder Staub noch Spiegel... Vgl. hierzu das weiter unten über *Rinzai* und *Sôtô* Gesagte sowie das

Kapitel über Hui-nêng in D.T. Suzuki: *Erfülltes Leben aus Zen*, München/Bern 1973, S. 160–288. (Anm. d. Übers.)

9 Vgl. A.F. Price, Wong Mou-Lam (Übers.): *The Diamond Sûtra and the Sûtra of Hui Nêng*, Berkeley 1969, S. 37.

10 Auch die *Kôan*-Schulung ruht auf der Basis intensiven Sitzens; es gibt keine Zen-Praxis ohne *Zazen* – das muß hier betont werden, da vielfach die irrige Ansicht besteht, das *Rinzai*-Zen lege keinen Wert auf *Zazen* oder lehne es gar ab. (Anm. d. Übers.)

11 Vgl. William Th. de Bary (ed.): *Sources of Japanese Tradition*, New York 1958, vol. 1, S. 236.

12 George B. Sansom: *A History of Japan to 1334*, Stanford, Calif. 1958, S. 429.

13 Vgl. Jiyu Kennett (Übers.): Dôgen Zenji, *Selling Water by the River*, New York 1972, S. 115.

BOGENSCHIESSEN UND SCHWERTFECHTEN

1 D.T. Suzuki: *Zen and Japanese Culture*, Princeton, N.J. 1959, S. 146.

DIE BLÜTEZEIT DES ZEN

1 Vgl. William Th. de Bary (ed.): *Sources of Japanese Tradition*, New York 1958, vol. 1, S. 255.

2 John Adams (1735–1826) war (von 1797–1801) der 2. Präsident der USA. (Anm. d. Übers.)

DIE STEINGÄRTEN

1 Vgl. hierzu und zu den Beziehungen zwischen Zen und der modernen Kunst überhaupt das hochinteressante Buch von Christian Kellerer: *Objet trouvé, Surrealismus, Zen*, Reinbek bei Hamburg 1968. (Anm. d. Übers.)

2 Zit. n. Hermann Kunisch (ed.): *Eckhart, Tauler, Seuse. Ein Textbuch aus der altdeutschen Mystik.* Hamburg 1958, S. 44, 37, 51.

MALEREI – DIE TUSCHLANDSCHAFT

1 Seiroku Noma: *Artistry in Ink*, New York 1957, S. 3.

2 Vgl. R.J. Maeda (Übers.): *Two Twelfth-Century Texts on Chinese Painting*, Ann Arbor: University of Michigan Papers in Chinese Studies, Nr. 8, 1970, S. 17.

3 Osvald Sirén: *The Chinese on the Art of Painting*, New York 1963, S. 97.

4 Ernest F. Fenollosa: *Ursprung und Entwicklung der chinesischen und japanischen Kunst*, Leipzig ²1923, Bd. 2, S. 12.

DIE ÄSTHETIK DER JAPANISCHEN ARCHITEKTUR

1 Lafcadio Hearn: *Buddha. Neue Geschichten und Studien aus Japan*, Frankfurt 1910, S. 8f.

2 Eine ausführliche Darstellung der frühen japanischen Architektur bringt Arthur Drexler: *The Architecture of Japan*, New York 1955.

3 Ein *Modul* (von lat. *modulus* »kleines Maß«) ist ein architektonisches Grundmaß, von dem alle anderen Längen- und Querschnittsbemessungen eines Bauwerks abgeleitet sind. (So galt etwa beim griechisch-römischen Tempel der Durchmesser einer Säulenbasis als *Modul*.) In der Antike war der *Modul* noch für jeden Bau individuell festgelegt und variabler; erst in Japan, hierin Vorläufer der Neuzeit, wurde er zu einer absoluten Größe, die eine umfassende Standardisierung (»modularer Entwurf«) ermöglichte. (Anm. d. Übers.)

4 Zum Begriff des *Shibui* vgl. Anthony West: »What Japan Has That We May Profitably Borrow«, *House Beautiful*, August 1960.

5 Ralph Adams Cram: *Impressions of Japanese Architecture*, New York 1966, S. 127.

6 Heinrich Engel: *The Japanese House*, Rutland, Vt. 1964, S. 373f.

7 Frank Lloyd Wright (1869–1959), amerikanischer Architekt, dessen organische Verbindung von Haus und Landschaft vor allem in seinen meisterhaften Landhausbauten aus Holz und Stein zum Ausdruck kommt. – Am *Bauhaus*, der 1919 in Weimar gegründeten Schule für gestaltendes Handwerk, Architektur und bildende Künste, lehrten Walter Gropius und Mies van der Rohe die moderne Architektur der funktionalen Einfachheit. (Anm. d. Übers.)

DAS NÔ-THEATER

1 R.H. Blyth: *Eastern Culture*, Tokyo 1949, vol. 1, S. 146.

2 William Th. de Bary: *Sources of Japanese Tradition*, New York 1958, vol. 1, S. 278.

3 Vgl. Charles E. Tuttle: *The Noh Drama*, Nippon: Gakujutsu Shinkô-kai 1955, S. 130.

BÜRGERLICHE GESELLSCHAFT UND SPÄTES ZEN

1 Vgl. Joao Rodrigues: *This Island of Japan* (Übers. v. Michael Cooper), Tokyo 1973, S. 272f.

DIE TEEZEREMONIE

1 *Cha-no-yu* heißt eigentlich ganz einfach »Tee«; als »Zeremonie« haben das Teetrinken im Zen-Stil erst westliche Beobachter bezeichnet. Darin wird eine für den Westen typische Verschiebung des Augen-

merks von der Sache selbst auf die äußeren, zeremoniellen Aspekte deutlich. Vieles, was westlichen Augen in den Zen-Künsten als »Ritual« erscheint, ist ganz einfach ein künstlerischer Ausdruck. Auch hierin sind die Zen-Künste ausgesprochen modern: nicht das Kunstwerk, das Ergebnis also, steht im Vordergrund, sondern der kreative Prozeß selbst. (Anm. d. Übers.)

2 D.T. Suzuki: Zen and Japanese Culture, Princeton, N.J. 1959, S. 299.
3 Ebenda, S. 305.

ZEN-KERAMIK

1 Gemeint ist der Teemeister Shino Ienobu (gest. 1522). (Anm. d. Übers.)
2 John Ruskin: The Stones of Venice, vol. 2 (1853); vgl. Matthew Hodgart (ed.): Selected Prose of Ruskin, New York 1970, S. 119 und 124.

DAS HAIKU

1 Siehe Kenneth Rexroth: One Hundred Poems from the Japanese, New York 1964.
2 Siehe Geoffrey Bownas and Anthony Thwaite (eds.): The Penguin Book of Japanese Verse, Baltimore 1964.
3 Es gibt zum Beispiel für die ca. 200 Wörter, die »kô« ausgesprochen werden, zwar 200 je verschiedene Schriftzeichen, aber eben nur ein phonetisches Silbenzeichen der Kana-Schrift. (Anm. d. Übers.)
4 Vgl. The Penguin Bock of Japanese Verse, S. 71.
5 Vgl. Earl Miner: An Introduction to Japanese Court Poetry, Stanford/Calif. 1968, S. 91.
6 Vgl. Harold G. Henderson: An Introduction to Haiku, Garden City, N.Y. 1958, S. 18.
7 Ebenda, S. 18.
8 Vgl. An Anthology of Haiku Ancient and Modern, transl. and ann. by Asatarô Miyamori, Tokyo 1932, S. 130.
9 Vgl. Kenneth Yasuda: The Japanese Haiku, Rutland, Vt. 1957.
10 Vgl. Henderson: An Introduction to Haiku, S. 39.
11 Ebenda, S. 49.
12 Ebenda, S. 94.
13 Ebenda, S. 108.
14 Ebenda, S. 113.
15 Ebenda, S. 146.
16 Vgl. Issa: The Year of My Life (übers. v. Nobuyuki Yuasa), Berkeley 1960, S. 104.
17 R.H. Blyth: A History of Haiku, Tokyo 1964, vol. 2, S. 82.

ZEN PRIVAT – BLUMENSTECKEN UND KOCHKUNST

1   Zitiert in Michael Cooper (ed.): *They Came to Japan. An Anthology of European Reports on Japan, 1543–1640*, Berkeley 1965, S. 194.

DIE LEHREN DER ZEN-KULTUR

1   Gary E. Schwartz, Richard J. Davidson, Foster Maer: »Right Hemisphere Lateralization for Emotion in the Human Brain: Interactions with Cognition«, *Science*, October 17, 1975, S. 287.

2   Frank Gibney: »The Japanese and Their Language«, *Encounter*, March 1975, S. 35.

3   Masao Kunihiro: »Indigenous Barriers to Communication«, *The Wheel Extended*, Spring 1974, S. 13.

4   George B. Sansom: *Japan. A. Short Cultural History*, rev. ed., New York 1962, Vorwort.

5   Die bis heute beste Analyse bietet Eliot Deutsch: »An Invitation to Contemplation«, *Studies in Comparative Aesthetics*, Monographs of the Society for Asian and Comparative Philosophy, Nr. 2, University of Hawaii Press 1975.

6   Donald Richie: *The Inland Sea*, New York 1971, S. 60.

Zeittafel

DIE JÔMON-KULTUR (ca. 3000 v.Chr.(?) – ca. 300 v.Chr.)

DIE YAYOI-PERIODE (ca. 300 v.Chr. – ca. 300 n.Chr.)

DIE KOFUN- ODER GRABHÜGEL-PERIODE (ca. 300–552)

DIE ASUKA-PERIODE (552–645)
Einführung des Buddhismus in Japan (552)
Nachahmung chinesischer Regierungsformen und Institutionen

DIE ÄLTERE NARA-PERIODE (645–710)

DIE JÜNGERE NARA-PERIODE (710–794)
Japan wird von Nara aus regiert, einer Nachbildung der chinesischen
Hauptstadt Ch'ang-an (710)
Größte bronzene Buddha-Statue der Welt in Nara geweiht (752)
Manyôshû (»Zehntausendblätter-Sammlung«), eine Anthologie früher
Gedichte (nach 759)
Gelehrte buddhistische Sekten beherrschen Nara

DIE HEIAN-PERIODE (794–1185)
Heian-kyô (Kyôto) wird zur Hauptstadt Japans (794)
Saichô (767–822) führt den Tendai-Buddhismus aus China ein (806)
Kûkai (774–835) führt den Shingon-Buddhismus aus China ein (808)
Die letzte Gesandtschaft zum T'ang-Hof beendet den unmittelbaren chi-
nesischen Einfluß (838)
Kompilation des Kokinshu (905)
Niederschrift des Makura no Soshi (»Kopfkissenbuch«) durch die Hof-
dame Sei Shonagon (um 1002)
Niederschrift des Genji Monogatari (»Erzählung von Genji«) durch die
Hofdame Murasaki Shikibu (um 1008–1018)
Hônen etabliert die Jôdo-Sekte vom »Reinen Land« (1175)
Der Taira-Klan übernimmt die Regierungsgewalt und entmachtet den
Adel (1159–1185)
Gempei-Kriege zwischen den Taira und den Minamoto, die schließlich mit
dem Sieg der Minamoto enden (1180–1185)

DIE KAMAKURA-PERIODE (1185–1333)
Ein kriegerischer Außenposten in Kamakura wird zur faktischen Haupt-
stadt (1185)
Eisai (1141–1215) führt die Kôan-orientierte Rinzai-Sekte des Zen aus
China ein und gründet das erste Rinzai-Kloster (1191)
Minamoto Yoritomo (1147–1199) wird Shôgun (1192)
Der Hôjô-Klan übernimmt die wirkliche Macht in Kamakura (1205)

Shinran (1173–1262) gründet die konkurrierende amidistische *Jôdo-shin*-Sekte (»Wahre Schule vom Reinen Land«) (1224)

Dôgen (1200–1253) gründet einen Tempel für die *Zazen*-orientierte *Sôtô*-Sekte des Zen (1236)

Nichiren (1222–1282) gründet eine neue Sekte, in deren Zentrum der Lobpreis des *Lotus-Sûtra* steht (1253)

DIE ASHIKAGA-PERIODE (1333–1573)

Die Hôjô-Herrschaft geht zuende; Kamakura wird zerstört (1333)

Kaiser Godaigo setzt für kurze Zeit das alte kaiserliche Regierungssystem wieder in Gang (1334)

Ashikaga Takauji (1305–1358) stürzt Godaigo und setzt einen neuen Kaiser ein; Godaigo läßt sich zum Gegenkaiser ausrufen (1336)

Takauji wird Shôgun; eigentlicher Beginn der Ashikaga-Ära (1338)

Musô Soseki (1275–1351) überredet Takauji zur Gründung von 66 Zen-Tempeln überall in Japan (1338)

In den Landschaftsgärten beginnen die ästhetischen Ideale des Zen sichtbar zu werden

Ashikaga Yoshimitsu (1358–1408) knüpft Beziehungen zum Ming-China an (1401)

Zeami (1363–1443) erschafft, von Yoshimitsu ermuntert, das klassische Nô-Theater

Goldener Pavillon (Kinkaku-ji), von Yoshimitsu erbaut (begonnen 1394)

Monochrome Sung-Malereien werden importiert und regen zur Neuschöpfung chinesischer Schulen an (14. Jahrhundert)

Ashikaga Yoshimasa (1435–1490) wird Shôgun (1443)

Der Ônin-Krieg, der Kyôto verwüstet (1467–1477)

Silberner Pavillon, von Yoshimasa erbaut; Zen-Architektur (1482–1489)

Die Teezeremonie beginnt ihre klassische Form als Zelebrierung der Zen-Ästhetik anzunehmen

Sesshû Toyo (1420–1506), größter japanischer Landschaftskünstler

Erste abstrakte Steingärten (um 1490)

Die Periode des »Landes im Krieg« (1534–1615)

Die Portugiesen entdecken Japan und führen Feuerwaffen ein (1542)

Der portugiesische Jesuit Francisco Xavier kommt als Missionar nach Japan (1549)

Oda Nobunaga (1534–1582) entmachtet das Ashikaga-Shôgunat (1573)

DIE MOMOYAMA-PERIODE (1573–1615)

Beginn der Einigung Japans durch Nobunaga (1573)

Nobunaga wird ermordet (1582)

Toyotomi Hideyoshi (1536–1598) übernimmt die Macht und setzt das Einigungswerk fort, bis er ganz Japan beherrscht (1582–1590)

Sen no Rikyû (1520–1591) verbreitet mit der Teezeremonie die Zen-Ästhetik

Die Stadt Edo (Tokyo) wird gegründet (1590)
Hideyoshi dringt erfolglos in Korea ein und kehrt mit koreanischen Keramik-Künstlern zurück (1592–1593)
Hideyoshi erbaut das Momoyama-Schloß, das dem Zeitalter seinen Namen gibt (1594)
Erlesene Prachtentfaltung in den Künsten als Gegenströmung zu den ästhetischen Idealen des Zen kommt auf
Tokugawa Ieyasu (1542–1616) wird zum Shôgun ernannt (1603)
Ieyasu besiegt die Streitkräfte, die Hideyoshis Erben unterstützen (1615)

DIE TOKUGAWA-PERIODE (1615–1868)
Ieyasu begründet das Tokugawa-Shôgunat (1615)
Nach dem System der »abwechselnden Anwesenheit« werden die Daimyô zur Dienstleistung am Tokugawa-Hof in Edo gezwungen
Matsuo Bashô (1644–1694), größter Haiku-Dichter
In Edo kommen die populären Kunstformen des Kabuki-Theaters und des Farbholzschnittes auf
Die klassische Zen-Kultur verliert die Unterstützung des Shôgunats
Wiederbelebung und neue Verbreitung des Zen durch Hakuin (1685–1768)
Volkskunst und Kunsthandwerk unter dem Einfluß der Zen-Kultur

HAUPTPERIODEN DER CHINESISCHEN GESCHICHTE
Han-Dynastie (206 v.Chr. – 220 n.Chr.)
Die Sechs Dynastien (220–589)
Sui-Dynastie (589–618)
T'ang-Dynastie (618–907)
Die Fünf Dynastien (907–960)
Nördliche Sung-Dynastie (960–1127)
Südliche Sung-Dynastie (1127–1279)
(Mongolische) Yuan-Dynastie (1279–1368)
Ming-Dynastie (1368–1644)

Literaturverzeichnis

(Die folgende Auswahl beschränkt sich auf die zugängliche deutschsprachige Literatur zum Thema dieses Buches.)

ZEN-TEXTE IN DEUTSCHER ÜBERSETZUNG

Wu-men Kuan (chin.), Mumonkan (jap.):
  Mumonkan. Die Schranke ohne Tor. Meister Wu-men's Sammlung der achtundvierzig Kôan. Aus dem Chinesischen übersetzt und erläutert von Heinrich Dumoulin. Mainz 1975
  (Einzige deutsche Originalübersetzung der berühmten Sammlung aus dem 13. Jahrhundert. Sie enthält die *Kôan*, mit denen für die meisten Zen-Schüler die Schulung beginnt.)
  Zenkei Shibayama: *Zu den Quellen des Zen. Die berühmten Kôans des Meisters Mumon aus dem 13. Jahrhundert mit Einführung und Kommentar.* München 1976
  (Nicht ganz akkurate Zweitübersetzung aus dem Englischen. Das Buch hat jedoch den Vorteil, die Lehrvorträge des hervorragenden modernen Zen-Meisters Shibayama zu den *Kôan* zu enthalten.)

Pi Yen Lu (chin.), Hekigan-roku (jap.):
  Bi-yän-lu. Meister Yüan-wu's Niederschrift von der Smaragdenen Felswand. Verdeutscht und erläutert von Wilhelm Gundert. 3 Bände. München 1960–1973
  (Ausgezeichnete Übersetzung der berühmten *Kôan*-Sammlung aus dem 12. Jahrhundert; komplexer als das Mumonkan – *Kôan* für Fortgeschrittene. Die »Lobsprüche« des Hsüeh-tou (jap. Setchô) zu den einzelnen *Kôan* sind Meisterwerke der buddhistischen Dichtung Chinas.)

Shôbôgenzô:
  Dôgen Zenji: *Shôbôgenzô. Die Schatzkammer der Erkenntnis des wahren Dharma.* Zürich 1977
  (Das Hauptwerk des großen japanischen Zen-Meisters und Begründers des Sôtô-Zen Dôgen Zenji aus dem 13. Jahrhundert. Zweitübersetzung aus dem Englischen.)

Huang Po Ch'uan Hsin Fa Yao:
  Die Zen-Lehre des chinesischen Meisters Huang Po. Weilheim/Obb. 1960
  (Huang Po (jap. Obaku), der Lehrer von Lin-chi [Rinzai], gehört zu den größten Zen-Meistern Chinas. Sein Schüler P'ei Hsiu zeichnete seine kurzen, eindringlichen Lehrvorträge auf [9. Jahrhundert]. Zweitübersetzung nach der englischen Ausgabe von John Blofeld.)

ZEN-GEDICHTE

Han Shan. *150 Gedichte vom Kalten Berg*. Aus dem chinesischen Han Shan
  Shih übersetzt, kommentiert und eingeleitet von Stephan Schuhmacher.
  Düsseldorf/Köln 1977
Ikkyu Sôjun: *Im Garten der schönen Shin. Die lästerlichen Gedichte des
  Zen-Meisters ›Verrückte Wolke‹*. Aus dem Japanischen übersetzt, kom-
  mentiert und eingeleitet von Shuichi Kato und Eva Thom. Düsseldorf/Köln
  1979
Wang Wei: *Jenseits der weißen Wolken. Die Gedichte des Weisen vom
  Südgebirge*. Aus dem Chinesischen übertragen und herausgegeben von
  Stephan Schuhmacher. Düsseldorf/Köln 1982

BÜCHER ÜBER ZEN UND DIE ZEN-KULTUR

Dürckheim, Karlfried Graf: *Wunderbare Katze und andere Zen-Texte*. Mün-
  chen 1975
Dumoulin, Heinrich: *Zen – Geschichte und Gestalt*. Bern 1959
Fromm, Erich, D. T. Suzuki und Richard de Martino: *Zen-Buddhismus und
  Psychoanalyse*. Frankfurt 1972
Herrigel, Eugen: *Der Zen-Weg*. München 1975
Hoffmann, Yoel: *Der Ton der einen Hand*. München 1978
Kapleau, Philip: *Die drei Pfeiler des Zen. Lehre – Übung – Erleuchtung*.
  München 1974
Munsterberg, Hugo: *Zen-Kunst*. Köln 1978
Shibayama, Zenkei: *Zen in Gleichnis und Bild*. München 1974
Suzuki, Daisetz Taitaro: *Zen und die Kultur Japans*. Reinbek 1967
–: *Der Weg zur Erleuchtung. Die Übung des Kôan als Mittel, Satori zu
  verwirklichen oder Erleuchtung zu erlangen*. Baden-Baden 1957
–: *Der westliche und der östliche Weg. Essays über christliche und buddhi-
  stische Mystik*. Frankfurt 1960
–: *Die große Befreiung. Einführung in den Zen-Buddhismus. Mit einem
  Geleitwort von C. G. Jung*. Frankfurt 1975
–: *Erfülltes Leben aus Zen. Mit einer Einführung in die Texte von Wei-Lang
  (Hui-neng)*. München 1973
Suzuki, Shunryu: *Zen-Geist, Anfänger-Geist. Unterweisungen in Zen-Medi-
  tation*. Zürich 1976
Waldenfels, Hans: *Begegnung mit dem Zen-Buddhismus*. Düsseldorf 1980

ZU DEN ZEN-KÜNSTEN IM EINZELNEN
Architektur
Blaser, Werner: *Struktur und Gestalt in Japan*. Zürich 1963
–: *Wohnen und Bauen in Japan*. Teufen (Aargau) 1958
Masuda, Tamoya und Yukio Futagawa: *Architektur der Welt: Japan*. Fribourg
  1969

Yoshida, Tetsuro: *Japanische Architektur.* Tübingen 1952
–: *Das japanische Wohnhaus.* Tübingen 1969

Gartenkunst
Henning, Karl: *Japanische Gartenkunst.* Köln 1980
Immoos, Thomas und Erwin Halpern: *Japan. Tempel, Gärten und Paläste.*
Köln 1974
Schaarschmidt-Richter, Irmtraud: *Der japanische Garten.* Würzburg 1979
Yoshida, Tetsuro: *Der japanische Garten.* Tübingen 1967

Tee
Hammitzsch, Horst: *Zen in der Kunst der Teezeremonie.* München 1977
Okakura, Kakuzo: *Das Buch vom Tee.* Frankfurt 1966

Keramik
Jakobsen, Kristian: *Japanische Teekeramik. Ein Brevier.* Braunschweig 1958
Sanders, Herbert H.: *Töpfern in Japan.* Bonn 1977

Malerei und Kalligraphie
Akiyama, Terukazu: *Japanische Malerei.* Genf 1977
Armbruster, Gisela und Brinker, Helmut (Hrsg.): *Mit Pinsel und Tusche.*
Meisterwerke japanischer Schreibkunst. München 1975
Awakawa, Yasuichi: *Die Malerei des Zen-Buddhismus. Pinselstriche des*
Unendlichen. Wien und München 1970
Brasch, Kurt: *Zenga (Zen-Malerei).* Tokyo (Wiesbaden) 1961
Brinker, Helmut: *Die Zen-buddhistische Bildnismalerei in China und Ja-*
pan. Wiesbaden 1973

Haiku und Waka (Tanka)
Haiku. Bedingungen einer lyrischen Gattung. Übersetzungen und ein Essay
von Dietrich Krusche. Tübingen/Basel 1976
Haiku – Japanische Dreizeiler. Ausgewählt und aus dem Urtext übertragen
von Jan Ulenbrook. Wiesbaden 1960
Fallende Blüten. Japanische Haiku-Gedichte für alle vier Jahreszeiten. Aus
dem Japanischen von Erwin Jahn. Zürich 1968
Japanische Jahreszeiten. Tanka und Haiku aus 13 Jahrhunderten. Aus dem
Japanischen übersetzt und Nachwort von Gerolf Coudenhouve. Zürich
1963
Lyrik des Ostens. Gedichte der Völker Asiens. Herausgegeben von Wilhelm
Gundert, Annemarie Schimmel und Walther Schubring. München 1965
Ruf der Regenpfeifer. Japanische Lyrik aus zwei Jahrtausenden. Ausgewählt
und übertragen von Kuniyo Takayasu und Manfred Hausmann. München
1961
Shinkokinwakashû. Japanische Gedichte. Ausgewählt und herausgegeben
von Horst Hammitzsch und Lydia Brüll. Stuttgart 1964
Florenz, Karl: *Geschichte der japanischen Literatur.* Stuttgart 1969

Keene, Donald: *Japanische Literatur. Eine Einführung für westliche Leser.* Zürich 1962

Nô-Theater

Vierundzwanzig Nô-Spiele. Ausgewählt und aus dem Japanischen übertragen von Peter Weber-Schäfer. Frankfurt 1961

Die geheime Überlieferung des Nô. Aufgezeichnet von Meister Seami. Aus dem Japanischen übertragen und erläutert von Oscar Benl. Frankfurt 1961

Barth, Johannes: *Japans Schaukunst im Wandel der Zeit.* Wiesbaden 1972

Blau, Hagen: *Sarugaku und Shushi.* Wiesbaden 1964

Bohner, Hermann: *Nô. Einführung.* Tokyo (Wiesbaden) 1959

Immoos, Thomas und Fred Mayer: *Japanisches Theater.* Zürich 1975

Pound, Ezra, Ernest Fenollosa und Serge Eisenstein: *Nô – vom Genius Japans.* Zürich 1963

Bogenschießen und Schwertfechten

Herrigel, Eugen: *Zen in der Kunst des Bogenschießens.* München 1975

Hoff, Feliks F.: *Kyudo. Die Kunst des japanischen Bogenschießens.* Berlin 1981

Kammer, Reinhard: *Die Kunst der Bergdämonen. Das Tengu-geijutsu-ron des Shissai Chozan. Zen-Lehre und Konfuzianismus in der japanischen Schwertkunst.* Weilheim/Obb. 1969. Gekürzte Neuausgabe unter dem Titel: *Die Kunst, das Schwert zu führen. Zen in der altjapanischen Fechtkunst.* München 1976

Ikebana

Graefe, Ayako: *Das Ikebana-Buch. Von Geist und Schönheit des japanischen Blumensteckens.* Stuttgart 1982

Herrigel, Gusty L.: *Zen in der Kunst der Blumenzeremonie.* München 1979

Ishimotu, Tatsuo: *Japanische Blumenkunst. Eine Einführung in die Kunst des Blumendekorierens.* München/Zürich 1975

Richie, Donald und Meredith Weatherby: *Ikebana – die japanische Blumenkunst.* München 1968

Sparnon, Norman: *Ikebana-Kurs.* Stuttgart 1977

Teshigahara, Kasumi: *Das Ikebana-Jahr. Die schönsten Beispiele aus der Sogetsu-Schule.* Stuttgart 1979

Kochkunst

Abehsera, Michel: *Zen-Kochkunst. Eine Sammlung makrobiotischer Rezepte.* München 1974

Brown, Edward Espe: *Das Tassajara-Kochbuch.* Freiburg i. Br. 1975

Steinberg, Rafael: *Die Küche in Japan.* o. O. u. J.

Yamakaze, Takeko: *Japanische Küche.* München o. J.

Register mit Worterklärungen

dem »Pfirsichberg«-Schloß Hideyoshis benannte »Barock«-Periode Japans 176–180, 189, 202f., 219, 230f.

Mondô (»Frage-und-Antwort«): Dialoge zwischen Meister und Schüler des Zen; viele überlieferte *Mondô* wurden später als *Kôan* verwendet 12f., 62

Mongdsi (372–289 v. Ch.): chin. konfuzianistischer Ethiker 82

Mongolen 50, 71

Monochrome Malerei → *Sumi-e*

Motonobu, Kanô 138

Mu-ch'i (ca. 1210–ca. 1280): berühmter chin. Mönchsmaler, der eine eigene Stilrichtung begründete 134f.

Mûdra (Sanskr. »Siegel«): magisch-symbolische Handzeichen des »esoterischen« Buddhismus und Hinduismus 46

Mumonkan → *Wu-men kuan*

Murasaki Shikibu: Hofdame am Heian-Hof, Verfasserin eines berühmten Tagebuchs (um 1010) *30, 34*

Musô Soseki (1275–1351): Zen-Meister und Berater der Ashikaga, durch dessen Einfluß *Rinzai*-Zen zur Staatsreligion wurde 82f., *82,* 105, 107f.

Myôshin-ji 117

Nageire (»Hineinwerfen«): freierer Stil des Blumenarrangements, der sich, von Rikyû inspiriert, mit dem Bau von Teehäusern in der Momoyama-Periode gegen Ende des 16. Jahrhunderts durchsetzte 230ff.

Nageshi: Gesimsbrett im trad. jap. Haus 154

Namu Amida Butsu (»Heil dem Amida Buddha!«): Erlösung verheißende Namensanrufung des Amida in den *Jôdo*-Sekten 48ff.

Namu Myôhô Renge-kyô (»Heil dem Wunderbaren Gesetz des Lotus-Sûtra!«): »*Nembutsu*« der Nichiren-Sekte 50

Nembutsu: Kurzform von *Namu Amida Butsu*

Nichiren (»Sonnen-Lotus«), eigentl. Renchô (1222–1282): streitbarer Stifter der gleichnamigen buddh. Sekte 50f.

Nichiren Shôshû: auf den Lehren Nichirens begründete militante buddh. Sekte, die auf der Anrufung des *Lotus-Sûtra* basiert 51, 184; →*Komeito*-Partei, *Sôka Gakkai*

Nicht-Haften 12, 57, 59, 67, 93, 121, 123, 221

Nô (»Fertigkeit, Kunst«): in der Ashikaga-Periode entwickelte und durch Zeami aufblühende, von volkstümlichen Tanzspielen abstammende streng stilisierte Theaterform 7, 9, 15, 21, 85, 90, 131, 160–174, *166, 171, 222,* 237f. – Bühne 164f., *166;* Masken 169f., *171;* Musik 165ff., *166,* 172; Repertoire 168f; → *Sarugaku (-no-Nô)*

Nobunaga, Oda (1534–1582): grausamer Initiator der Einigung Japans nach der Entmachtung des Ashikaga-Shôgunats 176–180, 183, 188, 202f.

Nördliche Schule des Ch'an → »Schule der Allmählichkeit«

Nördlicher Stil (chin. Landschaftsmalerei der Sung-Zeit): »nur Pinsel und keine Tusche«, härterer Stil 132ff., 140; → *Shin*

objet trouvé 7, 122f.

Onin-Krieg (1467–1477): zerstörte

tet; bezeichnet die Reife und stille Würde des Alterns und Gebrauchtseins, die unaufdringliche Schlichtheit 196f., 208, 212, 221, 226, 228

Saichô (767–822): jap. Priester, der die *Tendai*-Schule des Buddhismus aus China nach Japan einführte 45

Saihô-ji: von Musô entworfener Landschaftsgarten in Kyôto (ca. 1339) 105–108, *106*, 111f.

Samurai (»Dienender«): feudale Kriegerkaste, die ihre seit der Kamakura-Zeit bestehende Vorrangstellung mit dem Ende der Tokugawa-Periode im 19. Jh. verlor 18, 68–79, 148ff., 178–182 et al.

Sangaku (»Musik zur Zerstreuung«) → *Sarugaku*

Sansom, George B. *14, 32, 66, 143, 240*

Sansui (»Landschaft«) → *Kare sansui, Sumi-e*

Sarugaku (»Affenmusik«): zirzensisch-theatralische Volksbelustigung, die sich im 13. Jh. zum »Kunst-S.« *(S. no Nô)*, einer Vorform des *Nô*, entwickelte 161ff.

Sashimi: roher Fisch 235

Sato, Shozo *230f.*

Satori (»Erleuchtung«) 123; → Kenshô

»Schatzkammer des Auges des Wahren Dharma« →*Shôbogenzô*

Schrift, japanische 28, 32f., 215f.; → Kalligraphie

»Schule der Allmählichkeit«: die Nördliche (von Hui-nêng spöttisch »die staubwischende« genannte) Schule des Ch'an-Mönchs Shên-hsiu, die das Achthaben auf die Reinigung des Geistes vom Staub der trübenden Leidenschaften hervorhob 63f., 66, 245; →Sôtô-Zen

»Schule der Plötzlichkeit«: die Südliche Schule des Ch'an-Meisters und 6. Patriarchen Hui-nêng, die das Plötzliche der Erleuchtung betonte 61, 63f., 245; → *Rinzai*-Zen

»Schule vom Reinen Land« → *Jôdo-shû*

Schwertfechten 16, 68, 70, 74f., 77f., 237

Seigen-in 118

Sei Shonagon: Hofdame der Heian-Zeit, Verfasserin des *Makura no Soshi* (um 1002) 24, *30f.*

Seika: vereinfachte Form des *Rikka*-Blumenarrangements 232

Sengai (1751–1837): Abt des Shofuki-ji, berühmter Zen-Maler und Kalligraph, dessen humorvolle Tuschbilder von der Heiterkeit des Zen-Geistes zeugen 225

Seng-ts'an (gest. 606): chin. Bettelmönch und 3. Patriarch des Ch'an 57

Sen no Rikyû (1521–1591): berühmter Zen-Lehrer und Tee-Meister, von unüberschätzbarem Einfluß auf die *Wabi*-Ästhetik der Tee-Zeremonie, der Entwicklung des Teehauses und des *Ikebana* 188ff., 196f., 204, 207f., 230

Seppuku 70; → *Harakiri*

Sesshû Tôyô (1420–1506): größter japanischer Zen-Maler 137–141, *139, 141*

Sesson (ca. 1502–ca. 1589): von Sesshû beeinflußter Zen-Maler 142

Shakespeare *113*

Shâkyamuni (»Weiser aus dem Geschlecht der Shâkya«) → Buddha

Shên-hsiu (gest. 706): Gegenpart Hui-nêngs, Initiator der Nördlichen Schule des chin. Ch'an 59, 59

Shibui (svw. »zusammenziehend«): ästhetischer Begriff, der ruhige, auf das Wesentliche konzentrierte Zurückhaltung umschreibt 20f., 157f., 247

Shih-mên-cheng-t'un (chin. Werk, 1237) 52

Shikantaza (»Nur-Sitzen«) 64, 66; → auch Zazen

Shiki (1867–1902): berühmter Haiku-Dichter 226f., 227

Shin: kantig-schroffer, von der chin. Nordschule beeinflußter Stil der jap. Tuschmalerei 138, 139, 140

Shincha: Teesorte 234

Shinden(-zukuri): aristokratischer Architekturstil der Heian-Zeit (10.–12. Jh.) 146–149

Shingon (chin. Chên-yen): von Kûkai 808 nach dem chin. Vorbild in Japan begründete Sekte des »esoterischen« Buddhismus 46f., 186

Shino: erster originär japanischer und vom Geist des Zen inspirierter Keramik-Stil (Momoyama-Zeit) 203ff., 205, 208

Shinran (1173–1262): Begründer der amidistischen Jôdô Shin-Sekte 49f.

Shintô (jap. auch Kami no michi »Weg der Götter«): der vorbuddhistische, naturreligiöse Glaube und Kult der Japaner, seit dem 9. Jh. teilweise mit buddh. Lehren verschmolzen 15, 96, 144f., 162, 168

Shite (»Handelnder«): Hauptdarsteller des Nô-Theaters 167–171

Shite-bashira: dem Shite zugeordneter Pfeiler auf der Nô-Bühne 167

Shite-zure (»Hauptdarsteller-Begleiter«): Rollenfach des Nô-Theaters 169

Shôbogenzô (»Schatzkammer des Auges des Wahren Dharma«): Hauptwerk des Dôgen, die »Bibel« des jap. Sôtô-Zen 66, 67, 253

Shôgun: ursprüngl. nur der kaiserliche »Heerführer«, seit 1192 bis 1867 Titel der (aus den Familien Minamoto, Ashikaga und Tokugawa stammenden) Militärregenten Japans 69, 87, 148, 177 et al.

Shoin: Fensternische mit Schreibpult, ursprüngl. der Studierplatz chin. und jap. Zen-Mönche 118, 148, 155

Shoin(-zukuri): in der Ashikaga-Periode aufkommender Wohnbaustil der vom Zen beeinflußten Samurai-Krieger, Vorläufer des trad. jap. Hauses von heute; übernahm von den Zen-Mönchen Chigai-dana, Shoin und Tokonoma 91, 118, 143, 149ff., 156, 195

Shoji (»Unterbrecher«): mit lichtdurchlässigem Papier bespannte Schiebetüren im trad. jap. Haus 152–157, 155, 190f.

Shôkoku-ji: einer der 5 Zen-Tempel in Kyôto, Sitz der von Josetsu und Shûbun (15. Jh.) geleiteten Maler-Akademie 92, 135, 137

Shûbun (gest. ca. 1460): Zen-Maler, Schüler Josetsus und Lehrer des berühmten Sesshû 135–140

Siddhârta (»der das Ziel erreicht hat«) → Buddha

»Silberner Pavillon« → Ginkaku-ji

Zen in der Gelben Reihe

Chang Chung-yuan
Tao, Zen und schöpferische Kraft
Übersetzt von Stephan Schuhmacher. Gelbe Reihe Band 30. 224 Seiten
mit 9 Tuschzeichnungen, 7 Schaubildern und Kalligraphien

»Ein Buch von überragender Bedeutung zum Verständnis des chinesischen Buddhismus und seiner Fortentwicklung im Zen« *(Der Kreis).* –
TAO und ZEN zeigen sich als Möglichkeiten neuer Kreativität in Wissenschaft, Philosophie und Kunst.

John Blofeld
Der Taoismus
oder Die Suche nach Unsterblichkeit. Aus dem Englischen übersetzt von
Wolfgang Höhn und Leo Wagner. Gelbe Reihe Band 61. 352 Seiten mit
14 Abb.

Die spirituellste Religion, die China je hervorgebracht hat, wird hier in
ihren wesentlichen Aspekten beschrieben. Der Leser wird Schritt für
Schritt mit den Meditationsstufen vertraut gemacht, deren Befolgung
ihm »Dimensionen der Unsterblichkeit« erschließt.

Robert Aitken
Zen als Lebenspraxis
Aus dem Amerikanischen von Christian Quatmann. Gelbe Reihe Band
78. 192 Seiten mit 8 Abbildungen

Die Grundlagen des Zen in der Praxis des Zazen. Aus diesem Zentrum
fließt alles, was Zen ausmacht, richtiges Atmen, Haltung, tägliche
Übung, das Studium der Koans. Aitken stellt den Zusammenhang her
zur Lehre und angewandten Praxis in klarem methodischen Aufbau und
einer jedem Leser faßlichen Sprache. Er macht Lust auf Zen.

Robert Aitken
Ethik des Zen
Aus dem Amerikanischen von Christian Quatmann. Gelbe Reihe Band
79. 256 Seiten

Zehn Essays sind den »Zehn Hauptgeboten« des Zen gewidmet, anders
als die Zehn Gebote der jüdisch-christlichen Tradition werden sie jedoch
weder positiv noch negativ als Verbote aufgefaßt, vielmehr gelten sie als
Ausdruck einer mitfühlenden Weisheit, welche Gegensatzpaare wie
positiv/negativ nur mit äußerster Zurückhaltung verwendet.

Eugen Diederichs Verlag